Coleção Espírito Crítico

TRABALHO DE
BRECHT

Coleção Espírito Crítico

Conselho editorial:
Alfredo Bosi
Antonio Candido
Augusto Massi
Davi Arrigucci Jr.
Flora Süssekind
Gilda de Mello e Souza
Roberto Schwarz

José Antonio Pasta

TRABALHO DE BRECHT
Breve introdução ao estudo
de uma classicidade contemporânea

Livraria
Duas Cidades

editora 34

Livraria Duas Cidades Ltda.
Rua Bento Freitas, 158 Centro CEP 01220-000
São Paulo - SP Brasil livraria@duascidades.com.br

Editora 34 Ltda.
Rua Hungria, 592 Jardim Europa CEP 01455-000
São Paulo - SP Brasil Tel/Fax (11) 3816-6777 www.editora34.com.br

Copyright © Editora 34, 2010
Trabalho de Brecht © José Antonio Pasta, 1986

A FOTOCÓPIA DE QUALQUER FOLHA DESTE LIVRO É ILEGAL e configura uma apropriação indevida dos direitos intelectuais e patrimoniais do autor.

Edição conforme o Acordo Ortográfico da Língua Portuguesa.

Capa, projeto gráfico e editoração eletrônica:
Bracher & Malta Produção Gráfica

Revisão:
Fabrício Corsaletti
Mauricio Baptista Vieira

1ª Edição - 1986 (Editora Ática, São Paulo),
2ª Edição - 2010

Catalogação na Fonte do Departamento Nacional do Livro
(Fundação Biblioteca Nacional, RJ, Brasil)

Pasta, José Antonio
P162t   Trabalho de Brecht: breve introdução
ao estudo de uma classicidade contemporânea / José
Antonio Pasta. São Paulo: Duas Cidades; Ed. 34, 2010.
352 p. (Coleção Espírito Crítico)

ISBN 978-85-23500-44-3 (Duas Cidades)
ISBN 978-85-7326-445-6 (Editora 34)

1. Literatura alemã - História e crítica.
2. Brecht, Bertolt, 1898-1956. I. Título. II. Série.

CDD - 801.95

Índice

Nota prévia 13

Primeira parte
1. Traçado preparatório 21

Segunda parte
2. A organização da glória 47
3. *Hydatopyranthropos*
   (A organização do escândalo) 57
4. A suma do escândalo 85

Terceira parte
5. A suma e o salto 111
6. *Faustrecht*
   (Brecht como autor clássico nacional) 157
7. *Aere perennius* 273

Bibliografia 339

Sobre o autor 347

TRABALHO DE
BRECHT

"Ele pensava dentro de outras cabeças; e na sua outros, além dele, pensavam. Este é o verdadeiro pensamento."

Bertolt Brecht

"Procuro por toda parte formas novas e faço experiências com os meus sentimentos, como os mais jovens. Mas depois volto sempre à essência da arte, que é simplicidade, grandeza e sensibilidade, e à essência de sua forma, que é frieza."

Bertolt Brecht

para
Luíza e Zezito
Bio e Be
sempre

Nota prévia

Este estudo foi, originalmente, dissertação de mestrado em Teoria Literária e Literatura Comparada apresentada, em 1982, à Faculdade de Filosofia, Letras e Ciências Humanas da Universidade de São Paulo. Em 1986, apenas com correções de pormenor, saiu em livro na coleção Ensaios, da Editora Ática. Acolhido, agora, nesta editora, de novo recebeu somente modificações pontuais, na maioria devidas ao zelo dos editores. Mantive a bibliografia final, de resto sumária, apenas em vista do seu caráter de documento do que se tinha à mão naquela época.

Na primeira edição, não tratei de dar prefácio ao livro, nem o farei agora. Esta nota antecedente é, no entanto, necessária para situá-lo e, também, para reconhecer algumas dívidas.

Como ficou dito acima, o estudo foi dissertação de mestrado. À moda daquele tempo, entretanto, quando os mestrados costumavam demorar muito e considerava-se carreirismo abreviar prazos, contornar angústias e reduzir pretensões intelectuais. Assim é que este estudo corresponde apenas à primeira parte, introdutória, de um plano mais longo, que previa duas mais e que não foi possível completar, para grande desgosto do mestrando. Isso talvez explique por que o subtítulo traz as palavras "breve" e "introdução", que resolvi manter.

Havia nisso tudo, como se vê, além da parte de ilusão, coisas boas e ruins, de modo a não deixar muito espaço para a nostalgia dos bons velhos tempos. Esta última, aliás, tampouco rolaria bem na bitola política e intelectual da época, feita de muita repressão política, de um lado, e de bastante ideologia francesa, de outro, ambas substituídas, no correr dos anos de 1980, por cooptação neo-liberal generalizada e pós-modernismo teórico e prático — situação que, em parte, ainda é a de hoje. Dessa conjunção este estudo sofre os efeitos, notórios principalmente na sua primeira parte, tão tateante. Mas, de longe, vejo melhor que ele todo é uma tentativa de escapar a tal bitola, o que se dá a ver já na escolha do assunto que, além de lhe ser ostensivamente avesso política e ideologicamente, ainda induzia ao exame dos paralelos que a constituíam. De fato, por incipiente que seja, o estudo da formação da obra madura de Brecht no seu contexto de cultura alemã e de repressão extrema — vistas ambas contra o pano de fundo da crítica da mercadoria — dá lugar, aqui, à percepção de uma crítica *moderna* e radical do moderno (a brechtiana), em tudo oposta à feição desfrutável e apologética dos ditos pós-modernos.

Entende-se assim, talvez, por que aquele mestrando não conseguiu renunciar a um trabalho sobre Brecht, quando o vasto assunto encontrava-se, a tantos títulos, fora de seu alcance — a começar pelo alemãozinho precário, que não daria para atravessar o Reno. O leitor verá que foi na tradução francesa que fiz a maior parte das leituras de Brecht, a edição alemã das obras completas servindo de texto-controle, a que recorri quando duvidava do que lia ou quando uma passagem crucial me mandava fazê-lo. Ambos os casos encontram-se indicados nas notas correspondentes. Também por esse motivo me mantive em níveis de abordagem e âmbito interpretativo compatíveis com essa aproximação.

Nota prévia

A mencionada vinculação crítica deste estudo a suas condições locais de produção instala nele, ainda que precariamente, um foco *brasileiro*, interno e a deduzir: a contraposição da obra de Brecht à situação político-ideológica do Brasil daquele tempo revelou entre as bases de ambas um conjunto motivado e estruturado de, digamos, *afinidades eletivas*, que traçavam correspondências numerosas entre a natureza e a recorrência contemporânea da *miséria alemã* e as renitências de nossas malformações nacionais — o "calamitoso Brasil", de Mário de Andrade. Isso tudo, evidentemente, é frágil, em particular na medida em que constitui mera dimensão implícita e referência triangulada, que precisou ficar assim porque não teria forças (nem meios de produção intelectuais) senão para se tornar alegórica, saída aliás frequente nas letras e artes locais, que o texto obscuramente sabia necessário evitar. Frágil como é, essa dimensão no entanto motivou bastante a escrita e em vários momentos ajudou a organizar o pensamento. Não será demais confessar que no verso dos originais manuscritos eram muitas as anotações sobre assuntos brasileiros. Assim, ainda que trate de assuntos remotos no espaço e no tempo, o livro é bem de seu tempo e de seu país, principalmente no modo inconclusivo e ensimesmado de sê-lo. Mas é de se compreender, acredito, que aspectos muito "alemães" do objeto, tais como o deslocamento das ideias "francesas" no contexto alemão retardatário, a decorrente exigência de um *salto* dialético, a necessidade de fazer das fraquezas forças, a demanda do "autor nacional clássico", a virtual impossibilidade de síntese etc. — exercessem atração segura sobre o estudante brasileiro que experimentava na própria pele os rigores da penosa formação de nós mesmos, desenvolvida na dialética rarefeita entre o não-ser e ser outro, na formulação de Paulo Emílio Salles Gomes. Vista a coisa pelo ângulo menos desfavorável, era ainda o trabalho de Brecht que operava na mente do ruim discípulo, procurando ensiná-lo a se dar por achado ali mesmo onde se encontrava, tarefa que incumbe ao indivíduo, mas cuja envergadura nacional se conhece.

Em tal conjunto de circunstâncias, a feitura do trabalho experimentou bastante isolamento intelectual. Os raríssimos professores de inclinações socialistas que haviam sobrevivido à degola ditatorial olhavam torto o estudante duas vezes desterrado em sua terra, enquanto as hostes formalistas, então na ofensiva, viam com desconfiança crescente (e logo *fatal*) a "esquerdização do ponto de vista". Ambos tinham razão. Ei-lo, no entanto, o trabalho, que ficava privado da estima das duas colunas máximas da opinião. Era a decantada união de "todos" contra a ditadura que começava a trincar, abrindo caminho à maré regressiva que se seguiu e terminou por juntar na mesma vasa antigas denominações "de esquerda" e os habituais roedores do osso da ditadura. Hoje, quando essa regressão já se completou, o isolamento do trabalho fica mais nítido. A figura de Brecht é objeto de difamação sistemática e sua obra é dita "ultrapassada". Em boa parte, acho que foi ultrapassada para trás. Curiosamente, nos deslocamentos efetivos que, no tempo, essa obra sofreu, e dos quais não dá conta a ideologia, ela se moveu na direção de tornar-se, na cultura, um elemento permanente e ativo, cujo efeito discriminante é hoje ainda menos dispensável do que há vinte ou trinta anos.

Fizeram companhia ao trabalho, no entanto, os livros que pude encontrar, em um tempo no qual o acesso a eles era mais complicado do que é agora. O leitor verá que em três autores, *principalmente e as diferenças contando*, apoio passos decisivos de minha interpretação, no que se refere a sua hipótese condutora — a que fala do corte *clássico* da obra madura de Brecht: Hans Mayer, Walter Benjamin e Anatol Rosenfeld. Praticamente "tudo" estará neles, exceto talvez o fato de o trabalho pro-

Nota prévia

curar reuni-los na constituição de uma perspectiva que, espero, seja a sua própria, produzida também por argumentos que são seus. Não conhecia, então, o curto e interessante texto de Sartre, "Brecht e os clássicos", que só li recentemente, mas com grande satisfação.

A linhagem polêmica que inclui Hegel, Marx, Lukács, Benjamin impõe-se no trabalho como diretriz, no mesmo passo em que se vai impondo na formação da própria obra de Brecht, que nele está em estudo. Essa construção recíproca de objeto e "método" talvez responda pelo que o trabalho eventualmente tenha de concreto, ou de menos abstrato.

Os textos de Anatol Rosenfeld e de Roberto Schwarz (deste possuíamos, além dos ensaios de *A sereia e o desconfiado*, os então recentes *Ao vencedor as batatas* e *O pai de família e outros estudos*) são operadores muito especiais no trabalho. Os primeiros possibilitavam um vaivém teórico e crítico entre temas "europeus" e questões locais, ao qual os segundos começavam a dar uma disciplina analítica e um gume político que permitiram ao estudante, na sua medida, sustentar os referidos dilemas de seu assunto e de seu próprio processo formativo.

Não fossem esses e outros apoios, o trabalho teria de todo sucumbido às circunstâncias desfavoráveis e à desproporção da empreitada. Como não havia qualquer disposição heroica, apenas a temeridade renitentemente juvenil o autorizava. Todavia foi feito, ainda que não na extensão planejada. As fragilidades dos resultados, naturalmente mais visíveis, para mim, com a distância dos anos, são o que são, mas são também um testemunho do tempo. Por isso, deixo o trabalho como foi escrito. Sabe qualquer pessoa sã que, depois de tantos anos, tudo seria feito de modo diferente. Das posições fundamentais nele firmadas, entretanto, não me movi um passo: continuam as mesmas, todas vinculadas à opção pelo esclarecimento e pelo partido materialista da análise, mais as disposições sociais e políticas correspondentes.

Seja como for, teve sorte o trabalho na sua primeira encarnação como livro. Volta e meia, caiu nas mãos de gente nova e animada que, por sua própria força, tirou dele consequências inesperadas. É mais do que o autor poderia imaginar.

Meu irmão Paulo me ajudou na dificultosa preparação dos originais, que Mitico Ikeda Ushimaru datilografou como só ela sabe fazer.

A Fapesp (Fundação de Apoio à Pesquisa do Estado de São Paulo) concedeu-me bolsa de estudos que garantiu a continuidade do trabalho. A todos que me ajudaram, agradeço.

José Antonio Pasta
março de 2010

Primeira parte

Traçado preparatório

"Escrevo minhas propostas em forma
[duradoura
Com medo que muito tempo corra sem
[que elas se cumpram."
Bertolt Brecht

"Parece, com efeito, que o principal resultado de uma produção como a minha, hoje, seja o de destruir e arruinar tanto teatro quanto possível."
Bertolt Brecht

Longo tempo, já, nos defrontamos com a obra de Brecht. Foi, no entanto, propriamente para um combate no tempo que ele a preparou, e tudo indica que de caso pensado e muito engenhosamente (*adrede preparada* — a expressão, duvidosa, talvez agradasse a ele, que punha muito gosto no uso ambíguo de surradas fórmulas jurídicas e burocráticas e, mais que isso, preferia passar por um tipo sorna, premeditado e mesmo mau, o que definitivamente não era, a passar por uma bela alma).

No seu caso, entretanto, a premeditação está muito além da mera transposição de um traço de caráter: nós a vemos agir em todos os níveis do trabalho, com imensa força performadora no todo e no interior de cada tema e de cada relação, o que lhe dá, a essa premeditação, um estatuto estético mais alto e mais amplo do que provavelmente jamais alcançou em qualquer produção artística.

Tanto mais espantosa é essa premeditação que age, traça claras e firmes configurações e a si mesma se retoma, se alça e transpõe a outros planos, se nos lembrarmos da variada matéria em que operou, dos campos tão diferentes em que aceitou provar-se. Não trabalhou por redução. Já se teria um experimento estético de realização entre todas notável em uma obra que, livrando-se como um combate ao acaso, aceitasse provar sua necessidade por um experimento de redução radical do mundo à linguagem e, desta, a um universo imaginário de escolhida, brilhante e restrita configuração.

Para o vasto conjunto e multiforme da obra de Brecht não podemos falar em *redução utópica*, aquela que obtém o movimento de universal expansão — o *fiat mundus* das utopias — por uma contração inicial, miniaturizante, da linguagem, em cuja escala reduzida a lei que a obra suscita se expõe, se arrisca e se satisfaz, ou seja, sobre a qual se impõe como a um mundo em que se prova. Também não se pode afirmar que o recurso à redução dela esteja ausente. Ele aí se encontra, tanto em pequena escala, como procedimento específico, de eleição, quanto na medida em que é inerente a toda transformação qualitativa[1] que

---

[1] A questão da "redução" como inerente a toda "obra de arte", encontramo-la desenvolvida em uma página de Lévi-Strauss: "Vejamos agora este retrato de mulher, por Clouet, e perguntemo-nos quais as razões da emoção estética, muito profunda, que suscita, inexplicavelmente parece, um cabeção de renda reproduzido fio por fio e num escrupuloso *trompe-l'oeil*.

O exemplo de Clouet não vem por acaso; pois sabe-se que ele gostava de pintar em proporções menores que as naturais: seus quadros são, portanto, como os jardins japoneses, os carros em miniatura e os navios dentro de garrafas, o que, em linguagem de *bricoleur*, se denomina 'modelos reduzidos'. Ora, surge a ques-

sucede à linguagem no trabalho artístico, transformação a que Brecht nunca renunciou.² Sua tentativa de expansão da quali-

tão de saber se o modelo reduzido, que é também a 'obra-prima' do companheiro, não oferece, sempre e em toda parte, o tipo mesmo da obra de arte. Pois parece antes que todo modelo reduzido tenha vocação estética — e donde tiraria esta virtude constante senão das próprias dimensões? —, inversamente, a imensa maioria das obras de arte são também modelos reduzidos. Poder-se-ia crer que esse caráter se prenda, de início, a uma preocupação de economia, levada aos materiais e aos meios, e invocar, como apoio desta interpretação, obras incontestavelmente artísticas, se bem que monumentais. É preciso, ainda, entender-se sobre as definições: as pinturas da Capela Sixtina são um modelo reduzido, apesar de suas dimensões imponentes, porque o tema que elas ilustram é o do fim do mundo. O mesmo acontece com o simbolismo cósmico dos monumentos religiosos. Por outro lado, pode-se perguntar se o efeito estético, digamos, de uma estátua equestre de tamanho maior que o natural, provém do fato de ela aumentar o homem até as dimensões de um rochedo e não do de reduzir o que, primeiro, de longe, parecia um rochedo, às proporções de um homem. Enfim, mesmo o 'tamanho natural' supõe o modelo reduzido, pois que a transposição gráfica ou plástica implica sempre a renúncia a certas dimensões do objeto; em pintura, o volume; as cores, os perfumes, as impressões táteis, até na escultura; e, nos dois casos, a dimensão temporal, já que o todo da obra representada é apreendido num instante" (*O pensamento selvagem*, São Paulo, Nacional/Edusp, 1970, p. 44).

Quanto a Brecht, a questão é importante porque se relaciona tanto à *vocação de universalidade* de seu projeto quanto ao correlato movimento de totalização de sua obra, aos quais a dialética entre partes e todo, implicada na específica *redução* inerente a todo empreendimento estético, é fundamental. Além disso, no caso de Brecht, o fato de que este movimento de totalização se exerce no âmbito da *obra* mas procura ultrapassá-lo, para incidir já sobre as coisas mesmas, potencia esta dialética e lhe dá uma nova dimensão que não está presente nestas reflexões de Lévi-Strauss. Estas questões estão presentes em todo o nosso trabalho, mas são tratadas mais diretamente na sua terceira parte.

² Numa produção como a de Brecht que, operando na intersecção de teoria e prática, aproxima arte e ciência e tem como dimensão constitutiva a militância

dade estética é mais larga, mais generosa e mais arriscada — estaríamos tentados a dizer. Ela visou o mundo, e diretamente — nada mais, nada menos.

Disso, o primeiro sinal é a quantidade e a variedade das linguagens que o projeto, em ação, recobriu, trabalhou e procurou recuperar para si. Outros sinais, de que mais adiante deveremos falar, são a profundidade histórica e a universalidade cultural deste trabalho de recuperação. No campo da literatura (*lato sensu*), raro foi o gênero de que não se reclamasse — o romance, o conto, o poema, a crônica, a anedota e o epigrama, o diário, a epistolografia; o diálogo, o ensaio crítico, político, filosófico; o aforismo, o discurso, o escrito de intervenção do militante, o texto didático e o artigo jornalístico. Das linguagens que no seu tempo surgiam ou se expandiam, de permeio com os avanços técnicos, não procurou isolar-se; ao contrário, trabalhou de modo pioneiro e exemplar com o rádio e o cinema, cuja influência informa todo o seu trabalho (um pouco à semelhança de seu amigo e grande interlocutor Walter Benjamin), e sobre os quais escreveu também textos maduros, de certa forma únicos e que guardam extremo valor de atualidade. Ainda sem mencionar a música, que também compôs e à sua moda executou, e sobre a qual escreveu — além de sua colaboração célebre com K. Weill no campo da ópera e da música de cena, e sobretudo com H. Eisler, discípulo de Schönberg e ao mesmo tempo pioneiro e grande inventor dos concertos e cantos de massas.

---

política, a questão da especificidade do texto artístico se torna particularmente aguda. A discussão dessa questão surge em seu trabalho sob muitas formas, algumas das quais iremos observar, embora do ângulo de nosso tema. Mas cremos que se pode verificar em Brecht uma crescente irritação contra os julgamentos de obras de arte que parecem conter uma recusa apriorística da "qualidade estética", fato que o aproxima de Schiller e devemos observar no último capítulo deste trabalho.

Traçado preparatório

Mas essa expansão formativa do projeto se procura não um núcleo, mas uma nucleação: ela se concentra. E se verificarmos bem, veremos que este ponto onde se concentra é na verdade uma expansão — talvez o lugar emblemático da simultânea concentração e expansão da linguagem — o teatro. Aí, onde essa expansão múltipla da obra de Brecht num trabalho mais denso se concentra, encontramos já uma região de fogos cruzados, a "espessura de signos"[3] contra a qual exemplarmente vêm quebrar os projetos mais radicais de universal codificação da linguagem. Encontrando sua especificidade justamente numa combinatória múltipla e complexa de linguagens diferentes, o teatro é uma espécie de lugar de todos os lugares — *O Lugar*, por excelência, de trânsito da linguagem. O texto sendo aí formatividade, pedindo complementação, o "autor" se refrata, é figura entre figuras. Ao mesmo tempo a forma mais acabada da representação — espécie de emblema ou espaço arquetípico da representação — o teatro é também o modo mais "ingênuo" da mimesis, o mais pronto a dissolver-se sobre as coisas mesmas, constituindo-se sempre na fronteira entre o fixado e o abolido.

Tomado desta forma (nesta sua generalidade simbólica, com a qual, aliás, Brecht teve de se haver), o teatro, assim como essa obra múltipla que nele se concentra, também, de modo especial, abre sobre o mundo. Também nele, o primeiro sinal disso é a multiplicidade de linguagens que constitui sua arriscada especificidade. Produto de um coletivo de linguagens em combinação e luta, é também sempre o produto imediato de um específico coletivo humano, onde a ação do sujeito encontra seu

---

[3] Esta expressão, de largo curso entre estudiosos de questões teatrais, é de Roland Barthes e surge em "Littérature et signification", incluído nos *Essais critiques* (Paris, Seuil, 1964, p. 258).

espaço na luta e no acordo com outros sujeitos. Neste espaço, entre todos o mais "dramático", por fronteiriço, instável, múltiplo, neste espaço aceitou nuclear-se uma obra cuidadosamente premeditada, justamente aí, onde a consecução do premeditado é a mais difícil. A mais alta, também: justamente a dificuldade prevista, para dizer curto, dá a medida de sua grandeza e de sua distância de qualquer projeto personalista ou de glória individual. As duas coisas, aliás, resultam numa só: sua grandeza é a de, premeditando-se até o extremo, só admitir sua consecução última como real e coletiva, consecução maior de que a obra quer ser emblema (modelo) e instrumento prático. Essa obra, assim, premeditada, e que prevê e provê ferreamente por sua duração e reposição, programa também sua consecução como sua abolição. (Nesta perspectiva, o *coletivo*, para Brecht, está como o *fracasso*, para Mallarmé — e nesta grande semelhança se refratam também todas as diferenças que os distanciam imensamente. A grandeza de um e de outro estaria em que não permitem que a obra se satisfaça integralmente em si mesma — na sua vocação para o mundo.)

É sintomático que, ao alcançar-se, de um golpe, uma primeira visão de conjunto da produção de Brecht, se tenha a impressão de um coletivo organizado em ação, não de uma obra individual. Não por acaso, é também a mais típica das querelas shakespearianas tradicionais a disputa sobre o caráter individual ou coletivo do seu legado, e o debate secular, tão rico em lances interessantes, sobre a existência ou inexistência do dramaturgo.[4]

---

[4] Brecht interessou-se largamente, de modo geral, por Shakespeare (assunto que novamente mencionaremos), mas por esta questão, muito do espírito de seu próprio trabalho, interessou-se de maneira bastante particular. Em 8/12/1940 lançou esta nota aguda e bem-humorada em seu *Diário de trabalho* (na grafia pe-

Traçado preparatório

Para além da suposição habitual de que tal *performance* esteja acima da competência de um homem, no caso de Brecht tal impressão encontra lastro e motivação em sua obra, que não só incorporou, de fato, várias formas de produção imediatamente coletiva,[5] como também trabalhou em todos os níveis, uma "mo-

---

culiar que aí utiliza, abolindo o uso regular das maiúsculas, usando-as às vezes para ressaltar algum nome próprio): "o argumento que recusa a shakespeare a paternidade de sua obra: um indivíduo tão inculto não teria escrito tais peças, é um argumento caduco. fragmentos de saber pescados aqui e ali bastam para dar no palco a impressão de um poço de ciência. da mesma forma que o comediante, ainda que seja estúpido, pode interpretar seres inteligentes não mais do que imitando seu *gestus*, o dramaturgo ignorante pode exibir saber em suas peças. nenhuma necessidade de adquiri-lo, basta observar aqueles que o possuem, e principalmente ele não tem de saber uma palavra a mais do que seu texto exige.

o que me leva a crer que um pequeno coletivo fabricou as peças de shakespeare, não é que teria sido impossível a um indivíduo escrevê-las sozinho, porque um indivíduo não poderia possuir de uma só vez tantos dons poéticos, conhecimentos múltiplos e cultura geral. apenas, de um ponto de vista puramente técnico, eu acho essas peças montadas de tal maneira que creio reconhecer o modo de trabalhar de um coletivo. esse coletivo não teve sempre necessariamente a mesma composição, pode ter trabalhado de maneira muito solta, shakespeare pode ter sido sua personalidade marcante, pode ter simplesmente utilizado colaboradores ocasionais etc. mas as ideias diretoras podem muito bem provir de qualquer pessoa de alta posição que, em seguida, se servia constantemente de shakespeare. de minha parte, eu me inclino pelo shakespeare chefe-dramaturgo. a utilização de peças antigas, a necessidade de criar um repertório, os papéis escritos sob medida, o caráter de livro de ponto, a colagem apressada das partes, o prazer teatral ingênuo e o desempenho no ofício, o fato de que o lirismo como a reflexão pareçam inteiramente cênicos, subordinados, tudo argumenta em favor de um autor comediante ou diretor de teatro" (Bertolt Brecht, *Journal de travail*, Paris, L'Arche, 1976, pp. 148-9).

[5] Brecht, sempre que pôde, trabalhou diretamente com as equipes teatrais, atuando um pouco em todas as atividades que participam da montagem e da car-

delização coletivizante" da produção artística, com valor de emblema para todas as demais formas de produção. Mais, portanto, do que uma transposição romanesca de um traço de caráter, a premeditação é, aí, antes, uma elaborada relação entre autor e obra, que a ambos os termos transforma e desloca de sua significação tradicional. É como se, por um paradoxo aparente, justamente essa exacerbação e tensão extremas do trabalho da vontade violentamente estourassem os limites individualizados, que confinam "autor" e "obra", e os instaurassem como existência objetiva, à maneira de elementos *incriados* com que nos defrontamos.

Sem dúvida, é sempre um tanto estranho ou excessivo escrever-se a palavra *incriado* a propósito de uma obra literária e teatral, sobretudo quando esta obra é a de Brecht, cuja face mais conhecida assinala o partido da historicização mais radical e da ostentação programática das marcas do artifício. A sua aparição sob a forma do incriado, no entanto, não é menos verdadeira nem menos planejada ou menos suscitada desde seu interior. Ambas as aparições, a do artificial e a do incriado, estão antes em distribuição complementar nessa figuração total que a obra ofe-

---

reira de uma peça. Enquanto esteve na Alemanha, antes do exílio, em 1933, e depois de 1948, sempre procedeu assim. Mesmo no exílio, procurou todas as oportunidades para manter-se próximo da produção dos espetáculos teatrais, o que só raramente conseguiu e com as dificuldades que se podem imaginar, Mas ainda na sua atividade de dramaturgo, além das numerosas adaptações que realizou, teve diversos colaboradores diretos, que menciona como tais em suas peças, como é o caso de Margarethe Steffin, para *Os fuzis da senhora Carrar*, *A vida de Galileu*, *A boa alma de Setsuan* (esta ainda com a colaboração de Ruth Berlau), Lion Feuchtwanger, para *A vida de Eduardo II da Inglaterra*, Hella Wuolijoki, para *O senhor Puntila e seu criado Matti*, o verdadeiro "time" composto por Emil Burri, Slatan Dudow, Elisabeth Hauptmann, Caspar Neher e Bernhard Reich, para *Homem é homem* etc.

rece de si; são tributárias, ambas, desse duplo e paradoxal movimento que apenas, de raspão, assinalamos — o de se fazer obra e o de se fazer mundo, ser palavra e coisa, constituir-se e abolir-se ao mesmo tempo, aparições problemáticas dessa obra que, frente ao mundo, quer ser emblema e instrumento, e que aí se entrega, simultaneamente, ao trabalho duplo e imbricado de construir e destruir. E frente ao mundo como a si mesma — igual determinação, igual método. Ainda, no caso de Brecht, ambas as faces do trabalho são levadas à hipérbole. Tanto constituir-se como abolir-se são movimentos simultâneos que executa com exacerbação e de maneira exemplar, o que lhe dá um forte dinamismo interno e obriga a um trânsito, a uma oscilação violenta tudo aquilo que incorpora. Sob este aspecto é que tal obra é mais que tudo um *trabalho*, porque ao deslocar-se a si mesma desloca a tudo quanto toca — realiza uma *operação* exemplar na organização da cultura.

Talvez seja interessante, a este título, aproximar duas notas do *Diário de trabalho* de Brecht, especialmente autorreferenciais. No exílio da Finlândia, em abril de 1941, escreveu sobre suas peças, assinalando as grandes diferenças que entre si apresentam: "[...] estas peças divergem entre si à maneira dos astros no novo universo da física, como se ali também não sei que núcleo da arte dramática tivesse explodido".[6]

Abusando um pouco do direito literário dos pósteros, de ler as coisas a contrapelo do tempo, é significativo encontrar outra nota, do mesmo período da Finlândia, de junho de 1940:

"aconteceu-me ver [...] uma revista de arte francesa, com
o GUERNICA de PICASSO (todas as fases). isto produziu sobre

---

[6] Bertolt Brecht, *Journal de travail, cit.*, p. 185.

mim uma forte impressão, e me prometo fazer algum dia alguma coisa neste sentido. há certamente nele uma expressão artística da época na qual os astrônomos comparam o universo a uma granada que explode. furacão bárbaro que fez voar um mundo em estilhaços, furacão poético que reuniu tais pedaços em seu turbilhão!"[7]

Empreendimento exemplar de construção/destruição, poderíamos dizer que no seu conjunto a obra de Brecht encena uma *aparição/desaparição* (de que são avatares menores a relação publicado-impublicado e a completude-incompletude de cada fragmento, traços estes assinalados de maneira brilhante, e algo criptográfica, por J. Thibaudeau).[8]

Das suas formas de aparição, sobre as quais este trabalho pretende se concentrar, deveremos falar com algum pormenor. Das suas formas de desaparição (sobre cuja estranha existência também se deverá falar, sob pena de perder a essência, que é movimento) uma ao menos se pode entrever desde já. Ela é semelhante à desaparição de Shakespeare encenada pela tradição. Uma espécie de desaparição pletórica, por assim dizer, uma desaparição por excesso de existência. Trata-se, *grosso modo*, da desaparição que acontece com os "clássicos".

Com a licença de utilizar uma referência que nos é cara, um símile encontramos que nos ajude a expressá-la. Não por acaso, em espaço tão limítrofe, um símile borgiano. Escreve Borges, sobre *D. Quijote*, em texto famoso, que este teria "a imprecisa

---

[7] *Id., ibid.*, p. 93.

[8] J. Thibaudeau, "Pour la lecture de Brecht", *L'Arc*, Paris, 55, 1973, pp. 16 ss. Número dedicado a Brecht.

imagem anterior de um livro não escrito"[9] — (paradoxo, este, típico do gosto borgiano, da mesma família da "*orbis tertius*" de "Tlön"[10] — construto artificial e coletivo, mas que, por seu impulso cosmogônico, acaba por se assimilar o mundo — e do irônico "mapa",[11] que no seu afã mapeante recobre por igual a superfície mesma das coisas mapeadas e assim "desaparece"). Obra "anterior" — "livro" — no entanto "não escrito", "desaparece" o *Quijote* por sua inscrição mesma na face do mundo. Refratado em mil imagens, glosado, pastichado, mil vezes transposto aos mundos plástico e musical, ressurgente em inúmeros avatares — pelo direito e pelo avesso — ao longo de vários séculos de literatura, desdobrado em edições sucessivas e inumeráveis, manuseadas por sucessivas gerações de leitores e escritores, encontrando conformação e intimidade no molde de tantas línguas, a onipresença do *Quijote* (sua *inevitabilidade*), encontra, no limite, uma forma de não presença, (como parece ser de lei no âmbito da literatura, em que o artifício que se oculta por isso mesmo se mostra, e aquele que se revela, nisso desaparece, um pouco como a "carta roubada", de Poe).[12] Disseminado em toda linguagem, filigranado na tessitura mais íntima das letras (e do nosso ima-

---

[9] Cf. Jorge Luis Borges, "Pierre Menard, autor del 'Quijote'", *in Ficciones*, Madri/Buenos Aires, Alianza/Emecé, 1972, p. 54. Nosso argumento, todavia, de certa forma *inverte* o argumento de Pierre Menard (não o de Borges) para justificar sua "escolha" do *Quijote*.

[10] Cf. Jorge Luis Borges, "Tlön, Uqbar, Orbis Tertius", *in Ficciones, cit.*, pp. 13 ss.

[11] Cf. Jorge Luis Borges, "Del rigor en la ciencia", *in Historia universal de la infamia*, Madri/Buenos Aires, Alianza/Emecé, 1971, p. 136.

[12] Para um excelente desenvolvimento desta ideia, ver G. Genette, *Figuras*, São Paulo, Perspectiva, 1972, pp. 245 ss.

ginário), consubstanciado ao próprio solo da nossa experiência cultural, nesse âmbito o *Quijote*, para prosseguir na linha deste nosso exemplo propiciatório, figura como um elemento de *natureza*.[13] Não é preciso ser cervantista ou espanholista, não é preciso ser especialista em literatura, não é preciso, no limite, ter lido propriamente o *Quijote* para receber seu influxo — basta respirar o ar do tempo. Se nós não lemos o *Quijote*, ele, no entanto, de certa forma nos lê.[14]

Nessa presença obrigatória, no limite do *incriado*, encontra-se um dos traços mais fortes, senão o principal, de sua classicidade. O que lhe concede tal estatuto, numa perspectiva de pósteros, é a sua disseminação múltipla e multiforme na linguagem, concomitante a sua reposição continuada e multissecular. Ao longo de sucessivas gerações de leitores que, nele e a partir dele, depositaram seus signos e exercitaram seus diferentes projetos, duplamente a moldura que o isolava como obra "individuada" foi sendo rompida, e em ambos os aspectos no sentido de uma coletivização. Este longo trabalho de gerações, que o fez reverberar na linguagem, deu-lhe uma extensão significante que, refluindo sobre o quadro de seu recorte primeiro, o fez explodir e espraiar-se a territórios que certamente não imaginava um remoto D. Miguel de Cervantes Saavedra, no entanto presente. Repondo-se ao longo dos séculos, foi ganhando também *profundidade* e *densidade* históricas, por uma volta reflexa à matriz das

---

[13] Para um desenvolvimento muito interessante deste "efeito de natureza", que sofre a cultura, ver: T. W. Adorno, "Para uma historia natural del teatro", *in El teatro y su crisis actual*, Caracas, Monte Ávila, 1969, pp. 11 ss.

[14] Este argumento conhece um desenvolvimento célebre em Jorge Luis Borges, "Magias parciales del 'Quijote'", *in Otras inquisiciones*, Buenos Aires, Emecé, 1971, pp. 65 ss.

inumeráveis reinvenções que propiciou, à semelhança da narrativa mítica para Lévi-Strauss, que incorpora todas as suas variantes, é a soma de todas elas.[15] Visto assim, na sua longa existência, sempre nova, de quatro séculos, o *Quijote* toma a feição de uma obra largamente coletiva, de que são a causa eficiente, concomitantemente, o progressivo estilhaçamento/multiplicação da autoria e a ampliação/adensamento da carga significativa (sua extensão na linguagem e sua assimilação por outros homens e outras gerações). Nesta perspectiva, o que o impõe como referência incontornável no âmbito da cultura é sua reposição e ampliação, o fato inquestionável de que durou quatro séculos e sustentou os trabalhos de muitas gerações. O longo trabalho do tempo e no tempo aparece aí como a dimensão fundamental de sua influência inescapável, de seu caráter "clássico", tributário de seu duplo estatuto em relação à cultura, de que não é, mais, apenas uma bela florescência: em relação a ela tem já, ao mesmo tempo, valor de expressão e fundamento, ou seja, é ao mesmo tempo manifestação e condição de manifestação. (Considerando-se este seu valor de forma ao mesmo tempo que seu poder *formativo*, mais uma vez, sob este aspecto, nós o vemos aproximar-se da narrativa mítica — ainda para Lévi-Strauss —, pois, como esta, assume o estatuto perturbador — de difícil apreensão — dos objetos limítrofes, simultaneamente da ordem do sintagma e do paradigma.)

No caso deste nosso exemplo propiciatório, o *Quijote*, esses fenômenos interligados da sua extensão a linguagens diversas (e mesmo a *matérias* significantes diversas), coletivização da autoria (e correspondente adensamento significacional), e con-

---

[15] Cf. Claude Lévi-Strauss, *Antropologia estrutural*, Rio de Janeiro, Tempo Brasileiro, 1967, cap. XI.

sequente inevitabilidade para a experiência cultural, de que é corolário o seu influxo modelizante, seriam, então, numa perspectiva de pósteros, em larga medida devidos à sua repetida reposição — como dissemos, trabalho multissecular de gerações a que, é preciso acrescentar, não está alheio também um multissecular trabalho do acaso, a contribuição inumerável de todos os acasos.

É claro, no entanto, que não se pode atribuir simplesmente às potências "cegas" do acaso a duração de uma obra. Certamente há, no *Quijote*, propriedades constitutivas que o tornam apto à reposição, dados de sua constituição primeira que propiciam tal duração e o trabalho que ela enseja. A tarefa de os explicitar de modo satisfatório certamente pediria um longo trabalho especial. Para os fins desta introdução, entretanto, é possível mesmo apontá-los brevemente, sem dúvida que de maneira dirigida e muitíssimo resumida.

Ao trabalho de *coletivização* desenvolvido pela posteridade corresponde, na matriz, já um trabalho *coletivizante* configurado sobretudo no que se chamou o "dialogismo" do *Quijote*,[16] ou seja, sua constituição que incorpora e dialoga em todos os níveis com as formações coletivas e alheias histórias, indo da fala das ruas à tradição clássica, da narrativa cavaleiresca à pastoril e popular. Ainda, dividido exemplarmente em duas "partes", a parte segunda dialoga com a primeira, e o conjunto acaba dialogando com um *Quijote* apócrifo, que circulou no tempo. O livro não é, pois, monolítico, mas sim um *trabalho*, constituindo-se, aberto, como trânsito entre as linguagens do mundo que nele encontram reunião e conflito. Por isso mesmo abre sobre o mundo,

---

[16] Cf. M. Bakhtine, *La poétique de Dostoievski*, Paris, Seuil, 1970, sobretudo pp. 220 ss.

incorpora na dinâmica das linguagens em choque o movimento da história mesma e convida — modelar — ao trabalho de ampliação coletivizante.

Desse trabalho é outra face aquela sua multiplicação "linguageira" a que por sua vez responde, na matriz, a *simplicidade* — propriamente modelar — de uma obra no entanto de imenso arco de incorporação dialógica. Trata-se da dialética, a que a obra não renuncia, entre o complexo e o simples, representada exemplarmente pela relação D. Quijote/Sancho, feita em "traço grosso" e por isso extremamente preênsil e apreensível, mas na qual reverbera multidão de significados em movimento. Não é, também, de outro lugar que nasce sua aptidão modelar e seu progressivo estabelecimento como referencial incontornável, ao longo dos séculos. Nesta visada, um tanto a cavaleiro (e a galope...) do tempo, o que aparece é uma espécie de "colaboração" entre obra e história, em que à constituição de uma a outra secundou com seu trabalho, efeitos e causas se amalgamando em dinâmica de bola de neve.

Se à dimensão *clássica* do *Quijote* — como os traços definidores com que a vimos delineando aqui — respondem traços existentes na obra, não é possível, entretanto, atribuí-la unicamente a eles. É preciso lembrar o quanto esses traços foram também desenhados e aprofundados pelo trabalho da posteridade, o quanto são tributários da própria longa duração dessa obra, por aquilo que definimos como uma espécie de refluxo das variações inúmeras sobre a matriz ao longo dos séculos.

Que se volte aqui a Brecht, já não sem tempo: o que é espantoso, e provavelmente revelador, é que tais atributos *clássicos* — que só o trabalho do tempo termina por conferir de modo definitivo a uma obra — estejam em plena vigência em seu legado incomparavelmente mais recente, nosso contemporâneo mesmo.

Indo um pouco mais longe: assim como não é possível, no caso do *Quijote*, nosso exemplo, atribuir o valor *clássico* de maneira absoluta a características intrínsecas à configuração primeira da obra, mas é preciso atribuí-los em sua maior parte à duração, também esta mesma duração não é possível atribuir unicamente a uma intenção programática do autor, a um consciente projeto de *durar* estabelecido por Cervantes — sobretudo ele, que antes escrevia *para o século* que para os séculos, antes em diálogo vivo com seu tempo do que com a eternidade. Tal duração é, aí, sobretudo uma felicidade lograda, em que o acaso certamente não joga o menor jogo. Nova exemplaridade de Brecht: assim como sua obra tão recente incorpora signos de duração (como que se construindo, para si, um estatuto de *clássico*, de quem atravessou séculos), também sua própria duração ou reposição ele não a entrega aos azares do mundo, da divulgação "selvagem" e da incerta posteridade. Ao contrário, ela se *programa para durar*: com reflexão, com método, com engenho, *organiza* sua produção, reprodução e reposição — prevê e provê ferreamente por sua duração.

O projeto de Brecht é, assim, a empresa de uma domada impaciência histórica, que intenta concentrar o tempo e fazê-lo saltar. Dito de maneira muito simplificada, este intento aparece como o de já surgir como um clássico, sem "aguardar" o trabalho do tempo.

Fazer-se *clássico*, de um golpe, significa desejar para sua obra um estatuto de que o *Quijote* foi aqui, por um momento, metáfora e exemplo, sem no entanto contar, para isso, com iguais condições. Significa postular, basicamente, o mesmo valor de referência monumental e incontornável, os mesmos alcance coletivo e influência modelar — valor de paradigma —, contando, para isso, apenas com a força de seu próprio trabalho em marcha, com a capacidade de organizá-lo e potenciá-lo para a consecução de um fim que, por definição, parece exceder desmedidamente o seu alcance, por maior que ele seja.

É evidente que tal projeto implica desenvolver e exercitar uma agudíssima autoconsciência do fazer poético. Por outro lado, já se afirmou que "quem desejar refletir sobre o teatro e sobre a revolução encontrará fatalmente Brecht. Brecht, ele próprio, quis assim: sua obra se opõe com toda sua força ao mito reacionário do gênio inconsciente [...]".[17] Os dois impulsos, se, ao final, confluem para um só e complexo, não vão porém sem contradição: um é o trabalho de se impor como referência obrigatória, de se tornar encontro a que "fatalmente" não se escapa; o outro, oposição e combate a todas as formas de inconsciência, destruição, entre outras, das mitologias do "gênio inconsciente".

Ambos os impulsos refluem sobre a obra, onde desencadeiam um embate fundamental: por um lado, o partido da *necessidade*, da edificação da obra que livra combate ao acaso, que se impõe de maneira fatal e inescapável; por outro, o partido do *arbitrário*, das formas do artifício, combate à fatalidade e às muitas formas da inconsciência.

Na verdade, no âmbito da obra de Brecht e para os fins que ela persegue, ambos aparecem entrelaçados. Já se disse que o próprio trabalho de impor a obra como referência incontornável supõe uma autoconsciência que obriga à percepção da arbitrariedade do fazer poético. O próprio exercício dessa arbitrariedade, por sua vez, se desejar não se esgotar em si mesmo, perder-se num infinito jogo de espelhos, talvez frívolo, precisa superar-se através de um gesto firme, carregado de afirmação e necessidade interna.

---

[17] R. Barthes, *Essais critiques*, cit., p. 84.

Vê-se que ambos, ainda, oferecem um ao outro uma correção dialetizadora recíproca: à obra como referência obrigatória se impõem as marcas do artifício, sinais do trabalho da mão; à consciência do arbitrário se impõe uma necessidade de afirmação e mobilização que a subtrai ao risco do ludismo ingênuo e da autodestruição. Por esta mesma conjunção dialética é que são especiais e exemplares tanto a aparição de um projeto *clássico* em Brecht quanto o exercício da autorreferencialidade, pois, corrigindo-se mutuamente, nem o primeiro é um tolo sonho de glória, nem o segundo um mero espetáculo de autodestruição narcísica, banal revelação do artifício que se esgote numa consciência — em curto-circuito — do fazer poético, fogos de artifício.

Assim, também, o projeto de durar não é o de se repor enquanto obra individuada, pois cedo engendra em seu próprio interior os mecanismos de sua própria abolição. Tampouco a metalinguagem interna é o caminho de um puro autodilaceramento, suicídio da obra, que se anula — pois quer durar, mas pelo movimento de realizar-se, fazer-se mundo.

O que os unifica, já se vê, é que, na sua relação, ambos abrem sobre o mundo, isto é, ambos se transcendem para ultrapassar a esfera dos signos e das "obras", amalgamando-se em construção/destruição, aparição/desaparição, pois, aí, construir-se é já abolir-se, e desaparecer será já realizar-se.

A existência concomitante destes dois movimentos começa a mostrar, também, até que ponto a obra de Brecht se fere entre contrários e até que ponto ela se dialetiza internamente. No entanto, a elaborada correção recíproca que estes dois movimentos, certamente fundamentais, oferecem um ao outro começa a revelar também qual o estatuto da contradição nessa obra: ela não se deixa perder na conflagração das contradições que aciona e dos embates que produz; ela os *organiza*, a esses embates, e *se organiza* através deles, espécie de objeto estável e conflagrado.

Sabe-se que Brecht dizia que "não podia suportar senão a contradição".[18] Se esta acaba por se converter em um elemento de seu *gosto*, estamos todavia bem longe de um gosto maneirista pelos conflitos. O que primeiro assinala esta diferença é, ainda uma vez, a análise e a intencionalidade pressupostas na organização das contradições deflagradas. Mas é sobretudo porque esta intencionalidade não se esgota na revelação de uma autoconsciência do fazer poético, mas se elabora e organiza num planejamento da duração que tal diferença definitivamente se conquista. Ao alcançar esta maquinação para o tempo é que essa intencionalidade revela toda sua extensão, pois atinge aí uma dupla dimensão de consequência.

Primeiro, porque, planejar a duração da obra, sua reposição no tempo, implica definir operacionalmente o "fazer poético" em relação às demais formas de produção social no seu desenvolvimento histórico, ou seja, abri-lo e vinculá-lo radicalmente ao movimento da história — que o atravessa assim como ele a atravessa, trabalhá-lo como produção entre produções, defini-lo em relação ao que já não é ele. Isto acaba por fazer estourar os limites tradicionais da noção de "fazer poético", pois dotar de tal intencionalidade histórica o trabalho na linguagem é trazer para o seu interior algo que inclui e ultrapassa a intervenção na linguagem — a consciente organização dos signos no interior do texto — e que é já da ordem da intervenção no mundo — (neste estágio representado pelo trabalho consciente de prever e organizar a inscrição do texto na história). A esta intencionalidade que se exerce no âmbito da organização do texto como rara

---

[18] Cf. Bertolt Brecht, *Les arts et la révolution*, in *Écrits sur la littérature et l'art*, Paris, L'Arche, 1977, v. 3, p. 41, e *Journaux 1920-1922; Notes autobiographiques 1920-1954*, Paris, L'Arche, 1978, p. 188.

"consciência de linguagem", mas que se transpõe (e a transpõe) a outros planos, vimos chamando *trabalho da vontade* e *premeditação*. Ao exercício desta premeditação, que hiperbolicamente afirma e nega o trabalho na linguagem, vimos chamando "abrir--se para o mundo".

Segundo, porque lhe designa um campo de luta — o mais alto — e lhe define os interlocutores — as obras *duradouras*, de grande poder *modelador*, aquelas que a tradição, funcionalizada pelo universalismo burguês, votou à *eternidade* e chama *clássicos*.

O campo de luta é o mais alto porque o que está em jogo (o que se objetiva) é uma posição basilar na organização da cultura — posição que, sob certos aspectos, é justamente a do *clássico*. Este campo, se não é jamais um campo neutro, mas sempre sacudido por tensões contraditórias, tampouco é apenas um aglomerado caótico. Ele se organiza, na base, através de um sistema de referências privilegiadas, autores incontornáveis que, mesmo em estado de tensão e luta, encontram-se sempre em contínua homeostase. Este equilíbrio tampouco é neutro, mas sempre o produto de uma *triagem* complexa, que opera por conferir distinções e impor recalcamentos, por recuperar e obliterar. Para Brecht essa triagem é sempre operada por um sujeito coletivo e de classe, mais precisamente, pela classe dominante. Para ele, como para Walter Benjamin,[19] esse campo aparecia como a *herança*, cujo recorte, composição e organização — cujo equilíbrio — são definidos pela classe então dominante. Trata-se, no projeto de Brecht, de fazer de sua obra uma intervenção profunda nesse campo, que o obrigasse a refazer sua ordem, a alterar a composição e o valor de seus elementos constitutivos, desloca-

---

[19] Cf. sobretudo W. Benjamin, "Thèses sur la philosophie de l'histoire", *in* *Poésie et révolution*, Paris, Denoël, 1971.

dos *todos* pela intromissão de um novo elemento. É evidente que, para alcançá-lo, não bastava impor a presença de um legado, mas era preciso construí-lo informado por um outro ponto de vista que só pode ser o de outra classe.

A altura e o risco de um tal projeto aparece bem em seus textos relativos à questão da *herança* e das *fontes* da produção cultural — assunto que, naturalmente, retomaremos — sobretudo quando se refere à situação das então nascentes sociedades de projeto socialista:

> "É aqui que surge a questão da *herança*. Trata-se de passar no crivo as obras legadas pelo passado, obras de uma cultura que era dominada por uma outra classe, uma classe inimiga, mas que cobre absolutamente tudo o que foi produzido até este dia; estamos diante, aí, do último estágio atingido sob a dominação e o controle da burguesia, mas também do último estágio atingido pela evolução humana em geral. É claro que, neste caso, em seguida a uma vitória, numa situação na qual os combates que ficam por livrar podem ser realizados numa posição de superioridade, onde toda a infraestrutura econômica e política da cultura se encontra refundida numa velocidade impetuosa em direção ao socialismo, o exame crítico das produções da cultura burguesa difere daquilo que ele deve ser na época dos combates que precedem à vitória."[20]

Numa ou noutra situação política, *o que não está em dúvida é que, para Brecht, se trata de refundir e reorganizar toda a cultura numa outra direção.* O que ele distingue aqui são estágios

---

[20] Bertolt Brecht, *Sur le réalisme*, in *Écrits sur la littérature et l'art, cit.*, v. 2, p. 170 e *Schriften zur Literatur und Kunst* (G. W. 19), Frankfurt am Main, Suhrkamp Verlag, 1967, v. 2, pp. 378-9.

(e estratégias) diferentes de um mesmo trabalho — concebido sempre de maneira ampla e radical. Em ambos os estágios, a presença do risco, menor ou maior em cada caso, mas também o mesmo: trabalhar com instrumentos produzidos pelo inimigo, aproximar-se perigosamente do que se trata de recusar, construir o novo sob o fantasma do velho:

> "Nós, marxistas, nos encontramos em situação difícil em nossas controvérsias, porque precisamos, para refutar as asserções de nossos poderosos inimigos, servir-nos de suas palavras e de seus conceitos. Isto complica até as discussões que temos entre nós. Porque ainda que disponhamos de um arsenal conceitual relativamente preciso e próprio, encontramo-nos sempre compelidos a operar com conceitos e oposições emprestados das ideologias que combatemos. Nós o fazemos, por assim dizer, por nossa própria conta e risco, mas pode ocorrer que o leitor que aí se aventure, aí pereça."[21]

O risco que atravessa o projeto clássico de Brecht é da mesma ordem, porque se trata, também neste caso, de incorporar, como instrumento de luta, muito da *forma* do oponente. Na verdade, o momento não poderia deixar de ser de luta e risco para ambos os lados, pois, para interferir decisivamente nesse campo e comprometer seu equilíbrio, o "invasor" deve tomar emprestadas do adversário muitas das características que lhe garantem a força, o valor paradigmático, a capacidade de reposição. Designado o campo, indicados os interlocutores, vemos que o combate se trava no fio da navalha, num balanço perigoso entre as necessidades simultâneas e contraditórias de se assemelhar

---

[21] Bertolt Brecht, *Écrits sur la politique et la société*, Paris, L'Arche, 1971, p. 68.

ao inimigo e de se diferenciar dele, de ambos os lados vigiado pelo risco permanente da neutralização.

Se a obra de Brecht, ainda tão recente, de fato recobre um projeto clássico, trata-se, aí, de uma classicidade muito peculiar, sacudida entre forças antagônicas. Ela necessariamente será constituída pelo grande conjunto de embates que, neste traçado preparatório, apenas esboçamos de maneira muito geral e abstrata. O estatuto de uma tal classicidade, se ela existe, não se encontra estabelecido, nem se deixará colher fácil e pacificamente. Nosso intento não é, nem poderia ser, o de estabelecê-lo. Vamos, se tanto, examinar um pouco alguns elementos e circunstâncias que é possível interessem à sua constituição.

Mas, se não podemos estabelecê-lo, a este estatuto, sabemos ao menos que ele terá de ser procurado no ferir-se desses combates. Vamos tratar de observá-lo na sua constituição movente e no movimento de sua produção. Sob pena de criar uma dialética no vazio ou de coser a esta introdução apenas alguns "retalhos de púrpura", procuraremos examinar os seus traços no processo de sua formação.

Um pouco para abrir passo ao espírito clássico, vamos seguir o preceito de Horácio, autor caro a Brecht, que manda não se inicie "pela morte de Meléagro o regresso de Diomedes, nem pelo par de ovos a guerra de Troia".[22] Se existe um projeto clássico brechtiano, vamos começar a vê-lo, acreditamos, no momento em que ele se *precipita*, e através de algumas atuações e textos em que se manifesta seu caráter exemplar e programático.

---

[22] Horácio, *Arte poética* (*Epistula ad pisones*), in *A poética clássica*, São Paulo, Cultrix/Edusp, 1981, p. 59.

Segunda parte

A organização da glória

> "Nós somos muito lentos em reconhecer na fisionomia particular de um novo escritor o modelo que leva o nome de 'grande talento' no nosso museu de ideias gerais."
>
> Marcel Proust

Um dos textos, a que anteriormente nos referimos, em que melhor se explicita o caráter autoconsciente e programático do projeto clássico de Brecht, chama-se "Contra a glória 'orgânica', pela organização".[1]

No aforismo 336 da *Gaia ciência*, intitulado "Sovinice da natureza", escreve Nietzsche com ironia: "Por que a natureza foi tão parcimoniosa em recusar aos homens o dom de brilhar mais ou menos segundo a intensidade de sua luz? Por que os grandes homens não têm, à sua aurora e ao seu poente, um brilho tão belo quanto o do Sol? Quantos equívocos desapareceriam assim da vida social!".[2]

Acostumado a dever sua "dignidade à dignidade de sua tarefa"[3] e acreditando nela, Brecht tampouco deixou sua credi-

---

[1] Bertolt Brecht, *Sur le cinéma*, in *Écrits sur la littérature e l'art, cit.*, v. 1, p. 116; *Schriften zur Literatur und Kunst, cit.* (G. W. 18), pp. 108 ss.

[2] F. Nietzsche, *Le gai savoir*, Paris, Gallimard, 1972, p. 274.

[3] Cf. Bertolt Brecht, *Journal de travail, cit.*, p. 326.

bilidade e valor social ao descuido de uma natureza avara ou ao cuidado dessa segunda natureza que preside ao nascimento da *glória* — o aparelho tradicional da "crítica", da produção e difusão de opiniões —, que, se não é sempre avaro, sempre é errante e irracional: tem a irracionalidade da produção anárquica do capitalismo, à qual vem atrelado e a cujos fins inexoravelmente serve:

"1.
Uma questão importante, para a execução das experiências que servem para transformar o teatro, é a da produção da *glória*.

2.
O capitalismo desenvolve práticas que provêm de seu modo de produção e de sua ordem social, que têm por fim sustentá-la ou explorá-la, mas que são também parcialmente revolucionários naquilo em que repousam sobre modos de produção capitalistas, é certo, mas em que representam etapas preliminares a modos de produção superiores. É por isso que devemos estudar essas práticas desenvolvidas pelo capitalismo, para extrair seu valor de uso revolucionário.

3.
Como se constitui hoje a glória literária ou teatral e que utilidade esta prática tem para um processo revolucionário? [...]."[4]

Um traço decisivo já aparece aí bem definido: a questão da *glória* é "importante para a execução das experiências que servem para transformar o teatro", vale dizer, sua importância é a de uma condição do trabalho da obra, o qual, não custa desde já subli-

---

[4] *Id., Sur le cinéma*, cit.

nhar, é o de "transformar o teatro". Ao conectar assim imediatamente a "glória" a uma finalidade "transformadora", assinala-se alguma coisa importante: ela não é aí nem o brilho vulgar do *star system*, nem a simples glória que fica, eleva, honra etc. Mas, ao fazê-lo, como que se esquece, por saltá-lo muito rapidamente, o inusitado, o insólito da própria presença de uma consideração metódica da produção da glória no âmbito de um trabalho artístico e, mais que isso, o grau e a natureza da autoconsciência que essa presença indica e da qual é já a primeira prova de força.

Outro traço a ressaltar: não se está, aí, a braços com a glória eterna, ou do Espírito, mas com a glória literária ou teatral, tal como ela é produzida e sustentada no interior do sistema capitalista de produção — mas que, no entanto, é já "etapa preliminar a modos de produção superiores" e com possível "valor de uso revolucionário". O que estas últimas afirmações vêm indicar se esclarece melhor nos fragmentos seguintes, de números 4 e 5. Neles se aponta o funcionamento de uma "importante e complexa estrutura econômica", no interior da qual é produzida a glória: concentrando-se no exemplo do teatro, estes fragmentos mostram que a ação da crítica responde a impulsos, prioritariamente, dos "aparelhos teatrais" e, secundariamente, mas *também*, dos veículos de imprensa e do público. "Nesta prática, a crítica não representa aliás absolutamente o público, como se poderia crer à primeira vista, mas o teatro. Ela pesca público para os teatros [...], porque os teatros são entidades econômicas dotadas de uma organização, um controle, portanto de vantagens sociais e de possibilidade de exercer uma influência". A crítica, acrescenta-se, tampouco pode perder de vista que não deve indicar senão aquilo que "poderia agradar ao público" — caso contrário "perderia contato com ele e não teria o mesmo valor para os teatros". Conclui Brecht que o "gosto privado" do crítico não é, pois, elemento seguro de ganhar a influência desejada, pois nada menos "privado" que esse gosto, na verdade dividido e mediado entre as necessidades dos aparelhos teatrais e os desejos difusos desse grupo de compradores heterogêneos que é o público: "Por 'gosto privado', é preciso naturalmente entender o conhecimento que o crítico tem do gosto de seus leitores!".

O que poderia haver, então, de aproveitável em tal mecanismo? Brecht no entanto acentua: "o fato de que nós nos oponhamos à concepção idealista habitual poderia fazer crer que somos contra esse modo de produção da glória. Não é nada disso. É um modo definido pelo nosso sistema capitalista, é preciso primeiro reconhecê-lo e daí tirar as consequências".

Estamos diante, *aperto libro*, da dupla posição de Brecht diante da existência e da organização da cultura, em cujo campo executa um arriscado movimento pendular, permanente, de aceitação e recusa.

Por onde seria, pois, aproveitável esse "modo de produção da glória"? Exatamente, como Brecht o indicara um pouco antes, na medida em que, ainda capitalista, representa uma etapa preliminar "a modos de produção superiores". O ponto onde tal virtude melhor se evidencia é no estouro do conteúdo "privado" do gosto do crítico, cuja atividade, se ainda não serve a uma produção socializada, também já não serve apenas a finalidades individuais. (O movimento do aparecer social da ideologia é que mascara e valida como "gosto individual" a fala do crítico.) A produção da glória, porque transita do privado para o público, é um epifenômeno da circulação das mercadorias (bens culturais) e se torna, ainda que no interior do capitalismo, uma socialização parcial da produção. Aí mesmo onde ela se perde, portanto, é que será possível utilizá-la. A *glória* — pelo movimento revelado de sua produção — surge como uma dimensão já coletiva do trabalho artístico, retira-o da ilusória esfera do privado e abre-o para o influxo das forças sociais contemporâneas.

A organização da glória

Se é preciso recuperar da *glória* o seu movimento já coletivizante, é preciso recusar nela, todavia, o caráter orgânico que assume no âmbito das relações capitalistas, representado por sua completa funcionalização na conexão dos aparelhos teatrais e do público pagante, em cujo mecanismo integra-se como mera engrenagem intermediária:

> "Desta maneira se produz a glória 'orgânica', tão orgânica quanto alguma coisa pode sê-lo nesta sociedade; ela corresponde em todo caso à necessidade de uma certa camada de leitores e de espectadores que fareja uma distração ou ao menos um bem cultural; é portanto orgânica. Ao contrário, temos necessidade para a arte revolucionária de uma
>
> 6.
> Organização da glória. O que é isto? [...]"

As razões que se seguem (nos curtos fragmentos de 7 a 13) apontam para a contradição entre o trabalho coletivo de "produção da glória" e a paralisação desta contradição pelo uso "individualizado" e "orgânico" que dele faz a sociedade capitalista. Apontam ainda para a crise do drama ("dissolução do drama") como resultante do impasse a que chega esta contradição.

A questão, note-se, e a análise que Brecht encaminha já em 1931, são a muitos títulos semelhantes àquelas que irá realizar Walter Benjamin no texto famoso "A obra de arte na época de suas técnicas de reprodução" — posterior a 1934 —, onde analisa a "crise'" deflagrada pelo conflito entre o avanço das forças produtivas (no caso representado pelos meios industriais de reprodução da "obra de arte" e seu influxo coletivizante) e as práticas "rituais" e "artistificadas" de produção e posse privadas do "objeto único" na arte tradicional. Cumpre ainda acrescentar que Benjamin, trabalhando imediatamente com os meios de comunicação de massa e com a direta reprodução técnica inerente às matrizes formais (seu exemplo principal é o cinema), apanha a contradição num caso em que ela se apresenta mais acirrada e em exposição mais nítida. Já Brecht, trabalhando a partir do caso do teatro, irrecusavelmente mais artesanal e, enquanto teatro, inacessível à "reprodutibilidade técnica" (no sentido de Benjamin), apanha a questão por um "indireto", mas que é justamente aquilo que o abre para um coletivo mais largo: a "produção da glória" como função da crítica junto ao público e em relação ao teatro, ou seja, a consideração da "glória" como dimensão coletiva mais ampla do trabalho teatral e, logo, como condição de possibilidade para a expansão produtiva e transformadora do trabalho teatral em uma escala mais ampla. Esta dimensão, Brecht deseja recuperá-la, arrancando-a à sua existência *orgânica* e dotando-a de *organização*.

Do que seja essa "organização da glória", este texto de Brecht, embora se prolongue ainda, não nos dá nenhuma definição *in extenso*, nos moldes da definição discursiva tradicional. Ele de certa forma se mantém suspenso na interrogação — até graficamente — e na proposta que ela veicula, como que a sublinhar sua importância *intrínseca* e, por assim dizer, *bruta*, o que lhe dá uma qualidade estranha, como a de uma pergunta que fosse sua própria resposta, em curto-circuito. Estranha que seja, essa qualidade não é, por isso, menos verdadeira. A resposta é aí concomitante à pergunta, e surge disseminada no texto, à maneira de anagrama do qual a formulação da pergunta — "Organização da glória. O que é isto?" — fosse a enunciação recifrada.

Ora, quando o texto chega a enunciar "organização da glória", ainda que sob a forma de pergunta, na verdade já *incorporou* e começou a "organizar" (transformar) a "glória orgânica" — pois propor sua "organização" significa que já a aceitou em sua dimensão coletiva e já a retirou, ao menos para si mesmo, do domínio naturalizado da ideologia, onde jazia como numa espécie de inconsciente social da produção artística. "Organizar a glória" é, pois, reconhecê-la em sua existência social, torná-la consciente e manejá-la em função de um projeto ao qual também já se havia dado um nome: transformar o teatro.

Mas onde tal resposta melhor se confirma, é no valor prático ou gestual do próprio texto. Assim como, no interior do texto, a resposta vinha anagramatizada, o *gesto total* do texto, por sua vez, oferece, dela, uma demonstração *dramatizada*, tornada concreta: se ao resgatar a dimensão coletiva da "glória orgânica" o texto propõe que se "organize a glória", ele o faz dirigindo-se à crítica, isto é, propondo a *outros* uma associação organizada e consciente em torno de um projeto coletivo e que só pode ser concebido e realizado coletivamente. Vale dizer: o texto inaugura a prática que ele mesmo teoriza, justifica e propõe, e desta forma a demonstra, por assim dizer, *na prática*. "A glória organizada é a glória organizativa" — esta é, na verdade, a principal resposta que Brecht nos dá — e duplamente: tanto como enunciado, quanto como enunciação. (Esta prática textual, que aqui se exemplifica — a de procurar a *verdade concreta* do texto e, assim, transformá-lo simultaneamente em signo/ação, teoria/prática, pergunta/resposta, é central na poética brechtiana e atravessa com espantosa coerência toda a sua produção. Devemos vê-la em outras manifestações, no curso deste trabalho.)

O texto de Brecht na verdade vai mais longe: se deseja transformar o teatro, não pode se esquecer de transformar os críticos e, logo depois dessa proposta organizativa, introduz um "Deveres de uma nova crítica",[5] onde esclarece, com pormenor e bons exemplos, o que um crítico deve observar, valorizar e difundir. Em suma, se ligarmos os dois textos, esclarece o que se

---

[5] *Id., ibid.*, pp. 121 ss.

deve promover, *organizadamente*, à glória. Os traços com que o define, não por acaso, coincidem ponto por ponto com aqueles que definem o seu próprio teatro. Se for possível acusar aí uma coerência, digamos, excessiva, não é possível deixar de acusar também o exercício da mais limpa lealdade.

A esta coerência, impaciente e metódica, que observamos em exercício já no plano da divulgação da obra, indo até ao ponto de trabalhar e adequar a sua própria recepção, temos chamado *premeditação*, nesta tentativa em curso de procurar observar sua existência na obra de Brecht. Outros, tomando-a exclusivamente pelo seu aspecto promocional, já a chamaram "cinismo", "defeito de caráter", "filosofia de lúcida autopromoção baseada na convicção de que a sobrevivência — e o sucesso — são muito mais importantes do que qualquer gesto heroico", como fez Martin Esslin.[6] Não resta dúvida de que o zelo de Brecht pela distribuição e colocação de seus trabalhos o aproxima perigosamente do cinismo e das manobras de mercado, cujos métodos promocionais ele, como se vê, realmente observou e incluiu nos seus cálculos. Há algo das técnicas de operação de mercado no seu cuidado com a distribuição do produto e, mais, na sua recuperação para a produção das leis do mercado. É muito fácil tomar-se como cínico e descarado arrivismo, por exemplo, a proposta, feita aos críticos por um dramaturgo e escritor, de uma "organização da glória", sobretudo quando a representação habitual do escritor se figura um ser cuja "transcendência" mínima e máxima cabe tão só e estritamente nos limites da obra.

É muito fácil, também, explicar e justificar esta incorporação do jogo mercadológico (da difusão de produtos culturais) como circunstância inescapável, a que era o caso de se ajustar.

---

[6] M. Esslin, *Brecht: dos males o menor*, Rio de Janeiro, Zahar, 1979, p. 51.

Sem dúvida há em Brecht um reconhecimento da existência e da expansão do mercado como historicamente inexoráveis — o que, inclusive, dá um tom novo e consequente ao seu projeto e faz com que outros, perto dele, pareçam ingênuos e desaparelhados. Mas, para poder compreender a dimensão de seu projeto, é preciso compreender o que ele faz dessa *fatalidade conjuntural*, é preciso continuar a procurar o que esta incorporação à produção da lei do mercado *se torna* e que contornos assume no conjunto de seu trabalho e diante de seus problemas mais específicos. Em outras palavras, trata-se de ver em que medida e como o trabalho de Brecht é amigo e inimigo dessas forças, ou seja, se ao incorporá-las ele as supera ou submete-se ao seu jugo e como isso se dá.

Hydatopyranthropos
(A organização do escândalo)

> "Brecht é um fenômeno difícil de se apanhar. Ele se recusa a utilizar 'livremente' seus grandes talentos de escritor. E talvez não haja nenhuma acusação contra sua conduta literária — plagiário, perturbador, sabotador — que ele não reivindicasse como título de glória para sua ação não literária, anônima mas sensível enquanto educador, pensador, homem político, encenador."
>
> Walter Benjamin

Paralisar esta consideração no movimento inicial de reconhecimento e incorporação, por Brecht, da lei do mercado, é o que já fez muita crítica, que daí só pôde extrair o julgamento mencionado: trata-se de individualismo autopromocional, de caráter cínico e provocador. Esses traços de sua figura pública Brecht não os recusou; ao contrário, como que considerando também a inevitabilidade de tais avaliações diante de uma conduta como a sua, ele reivindicou, incorporou e dinamizou, ao longo da vida, praticamente todas as acusações que lhe foram lançadas e os escândalos em que se envolveu.

Mas como há, primeiro, uma completa *coerência* nessa sequência de escândalos — que compõem, em parte, um conhecido "anedotário" brechtiano, incorporado à sua figura pública — e considerando-se, segundo, que todos eles foram recuperados para a produção teórica, ensaística e poética de Brecht, onde repontam transformados e integrados num todo analisado e coerente — é quase obrigatório postular que também a eles Brecht conferiu o estatuto de *obra*. A rigor, a questão do "escândalo" é da mesma ordem que a questão da "glória". É, na verdade, a sua contraface, a face escura e algo *satanista* do mesmo fenômeno de que a "glória" é o anverso, digamos, *solar*.

Se observarmos bem, veremos que à sua consideração metódica da glória, Brecht antepôs, também, uma consideração metódica do escândalo e, assim como escreveu um trabalho postulando uma organização da glória, escreveu também um texto que é um verdadeiro tratado sobre a organização do escândalo. Este texto é "O processo dos três vinténs — experiência sociológica".[1] Este longo, sério e minucioso trabalho de Brecht — o que não o impede de possuir o mais rematado senso de humor — que logo adiante iremos abordar, é uma espécie de *suma* ou *teoria* do escândalo na vida/obra de Brecht — já que sua existência mesma torna difícil separar as duas coisas. Para ele, como para uma destinação inesperada, encaminha-se um longo e refletido itinerário de escândalos, que aí se cristaliza em produto destilado de uma verdadeira aprendizagem social do escândalo que, consumando-se, se *precipita* numa formulação teórica abrangente e pormenorizada.

Desse itinerário devemos abordar apenas alguns passos mais importantes, no interesse do nosso tema. Não o examinaremos com a minúcia biográfica, por exemplo, do livro de Martin Esslin, cujo gosto maldoso, algo jornalístico, pelo *fait-divers* acaba produzindo um relato bastante pormenorizado. Acrescento, apenas, que o livro de Esslin, útil pela massa de informações que

---

[1] Bertolt Brecht, *Sur le cinéma, cit.*, pp. 148-221; *Schriften zur Literatur und Kunst I, cit.*, pp. 139-209.

alinha, o faz, no entanto, numa perspectiva desfavorável a Brecht justamente porque reduz sua aptidão para a glória e para o escândalo a um traço de caráter — que ele atribui, por sua vez, a certa veia camponesa e "manhosa" (sic) de seus antepassados e a uma certa "facilidade" de família para o escândalo, manifestada na bisavó de Brecht que ele pinta como uma senhora um tanto patusca e que teria tresvairado em idade provecta. O que Martin Esslin talvez não soubesse — salvo refinada astúcia — é que, mesmo maledicente e recheado de moralismo pequeno-burguês — estava dando sequência e amplificando um trabalho que é também o da obra de Brecht, trabalho que nela se deflagra e se programa de maneira consciente e metódica, embora de início não se percebam facilmente todas as suas conexões.

Do primeiro período de Berlim (fevereiro de 1927) é significativo sobretudo o conhecido escândalo que sucedeu à participação de Brecht no júri do prêmio de poesia da importante revista *Literarische Welt*. Brecht que, a essa época, já havia recebido o prêmio Kleist de dramaturgia, e era também um poeta bastante conhecido, recusa-se a conceder o prêmio a qualquer dos concorrentes e *publica* um "Breve relatório sobre 400 (quatrocentos) jovens poetas",[2] referido por quase todos os seus biógrafos, onde expõe suas razões e recomenda um inesperado modelo:

> "Tenho a impressão de que devo me expressar polidamente: portanto, percorrendo o monte de poemas que a *Literarische Welt* me mandou entregar a domicílio, tenho a impressão de que no momento atual qualquer alemão pode escrever um poema [...]. Tenho a sensação de não poder receber essa gente senão com uma explosão de riso. Este magma

---

[2] *Id., ibid.*, pp. 62 ss.

participa da corrida defendendo as cores da 'juventude'? Bem, eu vou me facilitar a tarefa: depois de uma rápida olhada num *velho* amontoado de poesias (desde 'os olhos, encantadoras janelinhas', [...] etc.) meus cabelos se arrepiam vendo ainda um novo monte. As pessoas deviam começar por fazer o seu serviço militar [...].

 A poesia certamente deve ser alguma coisa que se possa avaliar segundo seu valor prático [...]. Todos os grandes poemas têm valor de documento. Eles contêm o modo de se expressar de seu autor, que é um ser humano significativo [...]. Mais de quinhentos poemas deram a largada, e eu devo dizer desde já que nenhum dentre eles me pareceu verdadeiramente bom. [...] Mas é ainda pior: tomei conhecimento aqui de uma certa juventude sem cujo contato eu passaria muito bem [...]. O que temos aqui, mais uma vez, são essas criaturas tranquilas, delicadas, sonhadoras, aquele segmento sensível de uma burguesia gasta com a qual não tenho o menor desejo de manter contato [...].

 Talvez ninguém compreenda que eu tenha necessidade dessa introdução amarga para acabar propondo que se imprima uma canção que encontrei num jornal de ciclismo. Não sei se ela agradará a todos os leitores. Mas, em todo caso, para provar que sou consciencioso, procurei a original e uma foto do autor. Esta canção de Hannes Küpper: 'He! He! The Iron Man' tem um tema interessante: o campeão dos 'Seis Dias', Reggie Mac Namara; a canção é bastante simples, pode-se cantá-la muito bem, é aquilo que o autor pôde fazer de melhor e, ao menos a meus olhos, tem um certo valor documental. Aconselho a Küpper que faça várias canções neste gênero e aconselho ao público que o incentive nisso através de seu repúdio."

Tal provocação, pois é uma, certamente não é um "repente", pois tem, no mínimo, a coerência das posições sustentadas ao longo do tempo e publicamente, pois ecoa e varia uma outra resposta a uma pesquisa de opinião, escrita pouco tempo antes. À pergunta: "O que é, para você, *kitsch*?", Brecht respondeu:

"Senhores
 Para informá-los de uma maneira um pouco exaustiva sobre o que para mim é *kitsch*, eu teria necessidade, mesmo limitando-me apenas ao domínio da literatura, de que os Senhores me reservassem vários números de seu jornal, da primeira à última página, e isto somente para uma simples enumeração de nomes e de artigos. [...] Para lhes dar uma pequena ideia da extensão de um tal trabalho: seria preciso incluir aí quase todo o *Kürschner* [anuário dos escritores alemães].
 P.S. — Se, de qualquer forma, os Senhores pudessem colocar à minha disposição um número ao menos para minhas enumerações, eu lhes pediria neste caso que reproduzissem simplesmente o *Kürschner*. Uma conversa telefônica de três minutos me permitiria indicar-lhes os nomes que excluiríamos."[3]

Não havia provocação que Brecht não assumisse e, sobretudo até à época imediatamente anterior ao exílio (1931), que seria longo, não houve acusação que não chamasse sobre si. Cultivava, mesmo, entre os amigos, nas aparições pessoais em público e através da imprensa, a imagem algo demoníaca do provocador, no entanto de vida sempre aberta e, por assim dizer, coletiva — *coram populo* — como o indica a vinheta que ante-

---

[3] *Id., ibid.*, pp. 41-2.

cede a primeira edição (1927) de seu *Breviário doméstico*, onde, sob uma caricatura de Brecht por Caspar Neher, vem a seguinte inscrição, em latim mais que suspeito:

*"Iste erat Hydatopyranthropos
vivens Augustis Vindelicorum
per unum saeculum,
1898-1998* [...]
*major nisi Himalaya
tamen certe Monte Blanco
Caput Benevolentiae Integritatis
semper aequam servans mentem
pueris puelisque amicus
inimicis terror* [...]"[4]

A esta inscrição, a que chama "reveladora", Esslin irá agregar o seguinte comentário: "Este tocante tributo, com seus votos para que ele pudesse viver cem anos e sua insistência na natureza amigável e na integridade de Brecht, bem como em sua amizade por meninos e meninas, reconhece a contradição interior de sua natureza ao dar-lhe o rótulo 'Hydatopyranthropos' — um homem composto de água e fogo — e proclamá-lo o terror de seus inimigos".[5] Algumas coisas acrescentaríamos: primeiro, mais que "interior" é *exterior* — ou ao menos sistematicamente exteriorizada — esta qualidade de *Hydatopyranthropos*, à maneira de um grande experimento teatral do poeta e dramaturgo que transcendesse as salas de espetáculos e se estendesse a uma reveladora *dramatização* de sua presença e função no conjunto da vida social. A própria *extensão* extrema dessa macrorrepresen-

---

[4] *Apud* M. Esslin, *op. cit.*, p. 34.

[5] *Id., ibid.*

tação acaba por colocar em causa seu caráter representacional, porque, tendencialmente, ultrapassa a dualidade interno/externo: ao estender-se à vida social, esta macrorrepresentação que o dramaturgo deflagra se volta sobre ele mesmo e o inclui, descentra e relativiza — torna-o figura entre figuras, num desventramento de qualquer "interioridade" psicológica. (A essa relativização, por assim dizer, do lado personalista do escândalo seria preciso acrescentar a dose de risco pessoal implicada no expor-se socialmente à maldade irracional do preconceito, à vingança dos inimigos poderosos angariados e, no limite, à repressão econômica e policial que, aliás, não tardou a abater-se sobre Brecht — e também sobre a Alemanha. Na "lista negra" dos "inimigos do Estado e do povo alemão" preparada à época da primeira tentativa de golpe do nazismo já constava — quinto da lista — o nome de Brecht.)[6]

Macarrônico que seja o latinório da inscrição citada, é interessante anotar também seu (risonho) pendor "classicizante", sua opção arcaizante ao falar de um poeta tão moço. O texto todo tem ainda uma *vis laudatoria*, um tom do *hommage* que só se rende a um grande antecessor, e, por fim, um certo sabor pacificado de necrológio ou do *memento* que se dedica a obras e homens que o tempo tornou consumados e distanciou. Ao livro de um quase estreante é sintomático que se conceda, de saída, algo do que Nietzsche chamou "privilégio dos mortos": "*Sub specie aeterni* — *A*: 'Tu te distancias sempre mais dos vivos: logo eles vão te riscar de suas listas!' *B*: 'É o único meio de participar do privilégio dos mortos!' *A*: 'Que privilégio?' *B*: 'Não mais morrer'".[7]

---

[6] *Id., ibid.*, p. 76.

[7] F. Nietzsche, *op. cit.*, p. 217.

O lado personalista do escândalo — como da glória — em Brecht vai desde cedo engendrando assim o seu contrário — uma certa impersonalização de sua figura que pode então assemelhar-se à de um grande morto ou à de um acidente natural, o "Himalaya" (!) ou o "Monte Blanco" (!). Esta passagem é na verdade menos brusca do que parece, e bem conhecida da vida social: ao viver *para fora*, dando à sua existência a exterioridade e extensão de uma dramatização pública, sua figura se torna realmente patrimônio coletivo, uma espécie de signo ou palavra, que desvinculado de quem o criou, circula e reparte-se como coisa coletiva que cada um pode fazer sua. Ainda Nietzsche, que muito meditou sobre o escândalo e a glória, diz que "quando o reconhecimento de um grande número por um só perde todo o pudor, é o nascimento da glória".[8] Numa transposição não isenta de pudor, mas que se distanciasse da moral individual, seria possível dizer que quando o reconhecimento de muitos por um só chega a transformá-lo em linguagem, é o nascimento da glória.

Para Brecht, entretanto, não se tratou nunca de suspender a interrogação moral. À dimensão pública de sua vida e de seu trabalho agregou permanentemente — e sem falha — uma preocupação e uma moldagem de corte moral, configurada numa preocupação permanente com a exemplaridade. Não apenas uma dimensão pública, mas, decididamente, uma dimensão pública e exemplar, sempre e simultaneamente. Não é a outra coisa senão ao trabalho de dar a essa dimensão pública ainda uma dimensão exemplar coletiva, que Brecht chamou *organização*: para a glória, ou para o escândalo, trata-se de *organizá-los em exemplaridade*. Esta moralidade não era professoral ou dogmática,

---

[8] *Id., ibid.*, p. 194.

mas da ordem de uma *moral interrogativa*,[9] por isso mesmo uma moralidade ou um impulso, um desejo e uma necessidade ética em movimento. Dos elementos que a configuram, já temos a dimensão coletiva associada a sua preocupação da exemplaridade, elementos cujo sentido, mais adiante, devemos explorar melhor.
 Esta exemplaridade, por sua vez, volta-se, com perfeita coerência e repetição, para uma exemplaridade do coletivo, o que lhe dá um caráter de moto-contínuo e a impede de paralisar o movimento de geração moral permanente. Observe-se o que Brecht coloca em jogo na questão do famigerado concurso de poesia: o seu gesto *coletivizador*, na forma da provocação e do escândalo, aponta — nada mais, nada menos — que para uma concepção coletiva da poesia. Ainda uma vez seu texto assume valor gestual, pela perfeita superposição — exemplar — daquilo que diz na forma com que o diz, em curto-circuito de pergunta e resposta e, neste caso, sobretudo em curto-circuito de proposta e exemplo. Ele aí critica a "tranquilidade", a feição "sensível" e "sonhadora" dos concorrentes, em suma, critica a sua "interiorização" individualista — (que, por ser igual em todos, é um individualismo de clichê) — e o faz através de um gesto provocador e de recusa, impondo ao seu bloco amorfo a presença afirmativa/negativa de uma alteridade gritante — que ao transformá-los em um *bloco* (verifique-se a insistência em "monte", "amontoado" etc.) revela neles a mentira de seu "individualismo" e de sua "psicologia".
 O texto, quase um manifesto, não se esquece de incluir também na crítica os modelos nacionais dessa postura: "Devo reconhecer aqui que não tenho muita consideração pela poesia de

---

[9] Para uma interessante análise da *suspensão* da *resposta* em Brecht, cf. R. Barthes, *op. cit.*, pp. 259 ss.

Rilke [...], de Stefan George e de Werfel: esta confidência é para mim a melhor maneira e a mais radical de revelar aos que me leem minha incapacidade de fazer qualquer julgamento que seja sobre produções deste tipo ou de tipo semelhante".[10]

Note-se ainda que não só ao bloco dos concorrentes Brecht antepõe uma alteridade radical, mas ele a amplifica e antepõe também a todo traço individualista e nefelibata que atravessa a cultura burguesa — transformando-a, assim, também num bloco e, como tal, recusando-a e distanciando-a.

O experimento e a dimensão dessa recusa dão ideia, já num Brecht com menos de trinta anos, da dimensão e natureza de seu projeto, do projeto que, diga-se desde já, ele irá configurar em trabalho e obra. Ao antepor à cultura burguesa (ou ao seu "individualismo" o que dá no mesmo) uma recusa em bloco e a proposta de que *outra* coisa se faça, Brecht nega qualquer reconhecimento ao campo burguês *como um todo*. A partir disso, seu projeto só pode ser o mais radical, o mais totalizante — o de refazer por inteiro o campo da cultura, da vida, do homem. Em outra parte Brecht dirá sem meias-palavras: "Antes de tudo é importante opor-se a toda pretensão que tenha esta gente de fazer parte da humanidade". Por "esta gente" leia-se, como vem pouco antes: "[...] classe possuidora, corja degenerada, repugnante, objetiva e subjetivamente inumana".[11]

Para tal projeto, sem dúvida, glória e escândalo são inevitáveis, mas muito mais será necessário. No campo de sua atuação cultural, Brecht fez de glória e escândalo aspectos e instrumentos de uma produção que, para estar à altura de seu projeto, precisou trabalhar mais fundo, mais profundamente, no campo

---

[10] Bertolt Brecht, *Sur le cinéma*, cit., pp. 63-4.
[11] Id., *Écrits sur la politique...*, cit., 1971, p. 66.

mesmo das matrizes culturais onde obrigatoriamente desemboca todo trabalho radical, ou seja, aquele que "toma as coisas pela raiz". Não é tal projeto, conforme a ótica, uma empresa de glória ou, precisamente, gesto escandaloso?

No cotidiano desse exercício, onde a totalidade do projeto não se dá facilmente a ver, a organização do escândalo faz as vezes de escaramuça algo ligeira, mas a que não escapa o fundamental. Examine-se, antes de passarmos adiante, ainda a contraproposta de Brecht a *Literarische Welt*: que se fizesse imprimir "Oh! oh! The iron man", canção em louvor de um campeão esportivo e que, diz Brecht, encontrou "numa revista de ciclismo". A coisa claramente tende à derrisão e a um sarcasmo hilariante, no entanto de leve toque ingênuo. A mudança brusca de paradigma, sem dizer água-vai, indo das alturas do modelo de Rilke e de "os olhos, encantadoras janelinhas" para "Oh! oh! The iron man", tem algo daquelas enumerações abstrusas de Borges, impossíveis taxinomias — de que fala Foucault — e do riso que à sua leitura "sacode todas as familiaridades do pensamento — o nosso: daquele que tem nossa idade e nossa geografia — agitando todas as superfícies ordenadas e todos os planos que tornam sensata para nós a pululação dos seres, fazendo vacilar e inquietando por longo tempo nossa prática milenar do Mesmo e do Outro".[12]

Uma tal capacidade de estranhamento, que Michel Foucault capta num texto de Borges, Brecht a desenvolveu nas escalas menor e maior de seu trabalho, em cada fragmento ou ação e no conjunto da obra (a que se entretece uma vida "exemplar"), indo do restrito ao totalizante, *estranhando* mais localizadamente através de cada trabalho individual, *estranhando* o conjunto da cultura em sua conformação de classe através do conjunto da obra.

---

[12] M. Foucault, *Les mots et les choses*, Paris, Gallimard, 1972, p. 7.

Se o "riso" que se levanta no exemplo de Brecht aqui mencionado, no entanto, tem algo do pequeno escândalo e da antiga "infâmia", o modo como ele ecoa no conjunto da obra, sacudindo-a em todas as suas esferas, lhe confere também estatuto muito especial. Sublinhamos, rapidamente, que ele participa do amplo desígnio de "estranhamento" que, com aplicação e método, Brecht desenvolveu em todos os níveis do seu trabalho, indo e voltando entre cada fragmento e o conjunto da obra, sobretudo na forma de uma teoria e prática do "efeito de distanciamento"[13] — o que já confere a esse riso verificado aqui muito localizadamente a coerência e a disseminação regrada que o elevam a princípio de método. (Não por acaso, dada esta sua disseminação e *pregnância* o "distanciamento" dito "brechtiano" se tornou durante longo tempo pedra de toque das discussões, digamos, brechtianas, onde, se encontrou repercussão polêmica apreciável, encontrou também muita desfiguração e precoce endureci-

---

[13] Antes de adotar o termo *Verfremdungseffekt*, que se convencionou traduzir por *efeito de distanciamento*, Brecht utilizava o termo de *Entfremdungseffekt*, que pode ser traduzido por *efeito de alienação*. O editor anota que, segundo Bernhard Reich, colaborador de Brecht, este teria adotado o novo termo por influência de seu tradutor russo, Serguei Tretiakóv, o que colocaria a teorização brechtiana do "efeito de distanciamento" sob o influxo direto da noção de "estranhamento" do formalismo russo, notadamente desenvolvida por Chklóvski. A hipótese é muito provável, já que o contato entre ambos foi intenso, e Tretiakóv, ligado ao futurismo russo, membro da *LEF* e da *Nova LEF*, particularmente amigo de Maiakóvski e O. Brik, participava do próprio meio em que esta noção tivera origem. (Brecht fizera, também, em 1932, uma viagem à União Soviética onde, guiado por Tretiakóv, conhecera, entre outros, O. Brik.)

O sentido da noção brechtiana de *efeito de distanciamento* devemos observá-lo, na perspectiva de nosso tema, principalmente no penúltimo e último capítulos deste trabalho.

mento, sobretudo ao se transformar em elemento esquemático da difusa e corrente "vulgata" brechtiana. Neste âmbito, à força de ser tudo, tal procedimento corre já, e muito, o risco de não ser mais nada, ou pior, elemento involuntário de uma *doxa* tanto mais irritante quanto menos corresponde à complexidade do seu modelo inicial. Não é objetivo deste trabalho analisar detalhadamente as "deformações" a que a esfera do consumo sem dúvida submeteu a obra de Brecht e esta noção em particular. Devemos, todavia, voltar ao assunto no interesse e perspectiva de nosso tema. De toda maneira, gostaríamos de, trabalhando de preferência com Brecht do que com o "brechtismo", deixar que surjam, ao longo do trabalho, alguns de seus *movimentos* no interior da produção de Brecht — de onde nasce a sua complexidade. Além disso, a crítica dessas "deformações" se encontra já bastante avançada sobretudo no extenso trabalho brechtiano de Bernard Dort, cuja dedicação a estes temas tem já quase trinta produtivos anos.)[14]

O caso citado, e "escandaloso", da canção de esportistas, nos permite verificar, em pequena escala, como esse "riso", aí localizado, efetivamente se alça e transpõe a outros planos, tecendo em vários níveis a sua coerência, além dessa evidente inserção num procedimento global e complexo de distanciamento. Se no exemplo em foco, tomado isoladamente, temos uma espécie de riso "solto", embora incisivo, ao ecoar em outros planos esse riso, por assim dizer, como que *prende*: nessa transposição ele se arma em estrutura, uma outra e a mesma, porque aí se torna "sério", mas já diferente — já com a correção dialetizadora do riso. Estamos falando da múltipla e complexa presença do esporte na

---

[14] Alguns textos em que esta crítica se encontra bem desenvolvida acham-se em B. Dort, *O teatro e sua realidade* (São Paulo, Perspectiva, 1977).

obra de Brecht.¹⁵ O risonho exemplo da canção de esportistas não apenas "estava lá", pois, e puramente *pour épater* ou provocar um localizado "efeito de texto", pequeno escândalo algum tanto gratuito. O riso *prende*, por exemplo, quando se rebate naqueles textos de Brecht onde, com alguma gravidade, analisa a presença e a função social do esporte, realçando sua dimensão coletiva e, caso bastante raro, apontando para sua dimensão de forma de conhecimento.¹⁶ Observe-se, ainda, no plano de suas elaborações ensaísticas e teóricas, a profunda consideração das práticas esportivas como referência e modelo para muitos elementos de sua teoria do teatro, onde, à tendência individualista e psicologizante do drama burguês, Brecht opõe também a força coletiva, antipsicológica e exteriorizada das práticas esportivas. Anote-se, ainda, a elaboração de práticas esportivas tanto como tema quanto como modelo para a poesia e para a dramaturgia — por exemplo, a luta, que em *Na selva das cidades* é matriz da construção "agonística", e em *Ascensão e queda da cidade*

---

¹⁵ Para uma breve mas excelente interpretação do sentido do esporte — como, aliás, de outras questões ligadas aos "escândalos" brechtianos — no desenvolvimento da produção de Brecht, cf. Hans Mayer, *Brecht et la tradition* (Paris, L'Arche, 1977, pp. 38 ss.). Mayer assinala que "o caminho que deveria conduzi-lo [a Brecht] à tradição plebeia começou por uma adoção da tradição não literária", na qual destaca o *romance policial*, o *esporte* e a *técnica*. Neste trabalho, no entanto, Mayer não atribui nenhum peso específico à experiência de Brecht com os meios de comunicação de massa — seja no que se refere ao seu itinerário de "escândalos", seja no que diz respeito ao seu modo de se relacionar com os diferentes veios da tradição e de equacioná-los —, experiência que, em nossa interpretação, deve ter um papel fundamental.

¹⁶ Cf. sobretudo "Les ennemis mortels du sport", além de "Sport et productivité de l'esprit" e "La crise du sport", todos incluídos em Bertolt Brecht, *Écrits sur la politique et la societé, cit.*, pp. 26 ss.

de Mahagonny "enforma" importantes momentos dramáticos. Por fim lembremos principalmente o largo influxo das práticas esportivas em muitos dos elementos fundamentais da encenação brechtiana: a visibilidade das fontes de luz — como a da arena esportiva, a participação empenhada e "técnica" do espectador teatral — como a dos espectadores da partida de futebol ou do *match* de boxe, a "verdade" exteriorizada e antipsicológica do *gestus* lapidar do ator — como os signos "estalados" de triunfo, dor, decepção, alegria e derrota do jogador/lutador etc.

Ainda, para encerrar esta breve enumeração, recordemos a utilização simbólica de um acontecimento esportivo proletário no filme *Kuhle Wampe* (com roteiro de Brecht e E. Ottwald, música de H. Eisler e dirigido por Slatan Dudow) — "o único filme comunista jamais produzido na República de Weimar" — cuja exibição foi inicialmente proibida, seus realizadores tendo sido acusados de ofensa ao presidente da República, tentativa de incompatibilização do "povo" com as "autoridades constituídas", e enfim, de insulto à religião. Brecht já arcava também, à época, com uma denúncia judicial por blasfêmia.[17]

Destaque-se apenas, para este passo de nosso trabalho, o núcleo da prática esportiva que principalmente interessava a Brecht: sua feição coletiva, exteriorizada, antipsicológica. Nada mais, nada menos do que aquilo que postulava, risonha e algo escandalosa, a presença de um ignoto, certamente um tanto bárbaro "Oh! oh! The iron man" no provocador "Breve relatório sobre 400 (quatrocentos) jovens poetas".[18]

Que se retome aqui a questão da exemplaridade com que Brecht dá valor ético e semiológico — organiza — à aproveitá-

---

[17] M. Esslin, *op. cit.*, p. 66.

[18] *Id.*, *ibid.*, p. 44.

vel dimensão pública e já embrionariamente *coletiva* de glória/escândalo: o escândalo do "Relatório" se torna exemplar na postulação de práticas artísticas de valor coletivo e se consolida e corrige ao transpor-se e elaborar-se em outros planos do trabalho de Brecht. Ao fazê-lo, ele se estrutura num conjunto mais amplo onde todos os elementos se apoiam e se repelem — é pois *organizado*; ao organizar-se, cristaliza-se em prática modelizante que se dá enquanto gesto público, "escandaloso" — é, pois, *organizativo*.

A coerência da aprendizagem/ensino do escândalo em Brecht se confirma, ainda, se observarmos aqui, com certa brevidade, já que o assunto deve ser retomado adiante, a natureza de outro escândalo em que se envolveu. Trata-se, desta vez, da conhecida acusação de plágio — uma das várias e célebres que recebeu — por haver utilizado versos da tradução alemã de Villon por K. L. Ammer, sem mencionar o nome do tradutor. Responde Brecht, pelos jornais, com a seguinte nota, que reaparece incorporada aos *Escritos sobre literatura e arte*:

> "Um jornal berlinense acabou por dar-se conta, mas antes tarde do que nunca, de que a edição das *songs* da *Ópera dos três vinténs* publicadas por Kiepenhauer não continha, ao lado do nome de Villon, o do tradutor alemão Ammer, uma vez que entre seiscentos e vinte e cinco versos há efetivamente vinte e cinco que são idênticos aos dessa excelente adaptação. Pedem-me explicações. De acordo com a verdade, eu me explico portanto: infelizmente me esqueci de mencionar o nome de Ammer; e isto, eu o explico, por sua vez, pela minha negligência básica em matéria de propriedade intelectual."[19]

---

[19] Bertolt Brecht, *Sur le réalisme, cit.*, p. 108.

A "explicação" de Brecht, com sua proposital cara de vilão, foi, é claro, saudada por um quase unânime coro de respostas indignadas. Ao que consta, Brecht, à época, além da publicação desta nota, reagiu de maneira bem-humorada, como que sublinhando certa "inocência" de seu gesto apropriador ao assumi-lo publicamente.[20] Já outros dois textos pouco posteriores revelam uma postura um tanto diversa e, ao mesmo tempo, apontam para o real dimensionamento dessas questões em sua obra. Em "Sobre os plágios", o tom muda e, se o sarcasmo se mantém e até se aprofunda, ele se desdobra entretanto em um certo amargor a que, no texto, vem fazer contraponto compensatório um orgulho exibido, pomposo, sinal certo de que algo fora ferido. O desgosto, verdadeiro, não é aí o de quem fosse apanhado em ato considerado indigno: "[...] Com efeito, o plágio que me davam a honra de atribuir-me naquele momento não era exatamente um plágio, e mesmo os esforços sinceros do Sr. Kerr[21] não puderam alterar este fato".

---

[20] Martin Esslin anota: "Todo esse escândalo teve ótimas consequências para a carreira de *A ópera dos três tostões*: a tradução das baladas de Villon por K. L. Ammer ficou tão famosa que teve nova edição, precedida de um soneto de Brecht, no qual alegremente confessava que se havia 'servido' de algumas delas. E, naturalmente, K. L. Ammer, que era um oficial austríaco chamado Klammer, recebeu uma parcela dos direitos autorais. Segundo uma notícia recente dos jornais, ele continuava a receber sua parte da bilheteria em 1958". Cf. M. Esslin, *op. cit.*, p. 55.

[21] Esslin (*op. cit.*, p. 55) apresenta este Kerr (Alfred) como "o decano dos críticos berlinenses", e como "velho inimigo de Brecht". Acrescenta Esslin que a "descoberta de Kerr causou um tumulto: não faltavam nos círculos literários os que ficavam deliciados por ver o jovem e triunfante poeta denunciado como ladrão de propriedade literária". A acusação e tais reações parecem, digamos, típicas.

Descartava-se, pois, Brecht da acusação de plágio? Renegava tal procedimento? Ao contrário, já se vê, não negava a acusação de plágio — *negava havê-lo praticado suficientemente*:

> "Mesmo neste domínio restrito e parcial (o do plágio) não havia ainda chegado o tempo em que eu poderia ser citado ao lado de Shakespeare, Goethe etc... No máximo, podia me vangloriar de haver criado para a cena uma personagem capaz de declamar ou recitar algumas frases de Rimbaud. Bom número de outras passagens tiradas de Verlaine, de Kipling etc. perceptíveis a pessoas cultas, não foram notadas por Kerr, e eu as achava muito pouco representativas e identificáveis: poderia haver disputa para saber se finalmente eram ou não minhas."[22]

O que fora ferido, então? Na verdade, o desgosto é o de não poder sustentar e desenvolver esse "escândalo" até limites mais amplos, dado o caráter algo "prematuro" de sua deflagração.

> "[...] Não respondi de pronto [...] sobretudo porque não queria lançar num momento desfavorável, ou seja, num momento em que não havia feito, eu mesmo, nada de significativo neste domínio, o panegírico do plágio literário — que eu planejava desde sempre — e a exigência de sua reintegração nos seus antigos direitos hereditários. Eu queria sair-me brilhantemente. Penso que este pequeno movimento egoísta não é um crime."[23]

O núcleo do argumento — "não havia feito, eu mesmo, nada de significativo neste domínio" — lembra, porém, numa situação com sinal invertido, a orgulhosa advertência de Pound — de que não se deve prestar atenção à "crítica de pessoas que

---

[22] Bertolt Brecht, *Sur le cinéma*, cit., p. 87.
[23] *Id.*, *ibid.*, p. 87.

jamais escreveram um trabalho notável".[24] A diferença está em que Brecht não pode, no momento, recomendar-se a si mesmo como exemplo. É, antes, ironicamente autodepreciativo — "nada fiz [...]"; além disso, note-se, ao surgir aí essa preocupação de exemplaridade, trata-se da exemplaridade — do plágio (!). Porque, enfim, é ainda uma vez de exemplaridade que se trata. O desgosto único, neste caso, em Brecht, é o de não poder secundar — no momento — a dimensão pública do escândalo com o valor exemplar de rigor. Mais precisamente, não podia pagar com moeda que levasse a sua própria efígie: preocupação da soberania na medida em que ela é necessária à força da exemplaridade. Só podia no momento pagar com moeda alheia, citando Goethe e Shakespeare. Lamentando só haver criado até então "uma personagem capaz de declamar ou recitar algumas frases de Rimbaud", lembra os "casos sensacionais em que um autor teve sucesso em assimilar atos inteiros, como o fez abundantemente Shakespeare",[25] e "a bela e franca grandeza de alma com que Shakespeare cobre com seu largo nome tudo aquilo que se diz em cena durante a representação de uma de suas peças".[26] Não era então um descuidista vulgar, armado de má-fé.

Sem dúvida que a exemplaridade perde em força quando o exemplo é diferido e recuado. O que faltava aí, no caso, eram condições favoráveis àquela alta concomitância, quase consubstanciação, de pergunta e resposta, proposta e exemplo, curto-circuito que dá caráter concreto ao texto e à sua "verdade", pelo

---

[24] Cf. Ezra Pound, *apud* Boris Schnaiderman, *A poética de Maiakóvski*, São Paulo, Perspectiva, 1971, p. 13. Tomo emprestada aqui, além da citação, a *tournure* da frase.

[25] Bertolt Brecht, *Sur le cinéma, cit.*, p. 109.

[26] *Id., ibid.*

mesmo movimento com que o aproxima do *gesto*. Essa falta, e a consequente impossibilidade de trabalhar melhor a publicidade/ exemplaridade do escândalo, o desgosto de Brecht, no entanto revelador.

Em primeira instância o que se revela aí é uma determinada concepção, e altamente consciente, do trabalho literário, que se afasta dos limites estreitos da "autoria" e da "originalidade" e o aproxima dos modelos de corte incomparavelmente mais largo, de que Goethe, citado por Brecht, é realmente exemplar. Sirvo-me, em Haroldo de Campos, de algumas indicações famosas, já pinçadas das conversações com Eckermann, onde bem se revela até que ponto era consciente o processo que instaurava o grande arco incorporador do *Fausto*. Respondendo a uma acusação de plágio, rebate Goethe: "Então meu Mefistófeles entoa uma canção de Shakespeare? E por que não poderia fazê-lo? Por que eu me deveria dar ao trabalho de encontrar algo próprio, quando a canção de Shakespeare cabia à maravilha e dizia exatamente o que era preciso?".[27]

Menos localizada, mas já teorizante e de corte moral, é esta outra passagem de Goethe:

> "Não pertence tudo o que se fez, desde a Antiguidade até ao mundo contemporâneo *de jure* ao poeta? Por que ele haveria de hesitar em colher flores onde as encontrasse? Somente se pode produzir algo grande mediante a apropriação dos tesouros alheios. Eu não me apropriei de Jó para Mefistófeles e da canção de Shakespeare?"[28]

---

[27] J. W. Goethe, *apud* Haroldo de Campos, "A escritura mefistofélica: paródia e carnavalização no *Fausto* de Goethe", *Tempo Brasileiro*, 62, Rio de Janeiro, jul.-set. 1980, p. 131.

[28] *Id., ibid.*

Com efeito, Brecht parece traduzir, com sua "exigência" de reintegração do plágio nos seus "antigos direitos hereditários", o *de jure* goethiano, ou aquilo que o escritor brasileiro, de quem tomamos emprestada a citação, chamou, por seu turno, "[...] direitos paródicos, ou seja, [...] plena assunção daquilo que se poderia chamar movimento plagiotrópico da literatura".[29] O paralelismo entre Brecht e Goethe no entanto, já nesta questão vai ainda mais longe. Escreveu Brecht:

> "Naturalmente, quase todos os grandes períodos literários repousam sobre a força e inocência de seus plágios. No que concerne em particular ao drama, uma certa conformidade entre as obras de uma mesma época não é menos característica de uma época brilhante do que a paixão que têm os autores em reunir em suas obras tudo o que puderam encontrar, um pouco por toda parte."[30]

O projetado "panegírico do plágio literário" de Brecht encaminha-se, portanto, para uma revalorização do plágio como procedimento literário e, mais ainda, para sua consideração como um traço distintivo dos grandes períodos literários e das grandes obras que produzem. É de se compreender que doesse, pois, a Brecht, deter-se apenas no gesto altaneiro e provocador de uma "negligência básica em matéria de propriedade intelectual", uma vez que essa "negligência" se revela, na verdade, a pequena ponta emergente ("escandalosa") de um fenômeno muito mais amplo e rico, já não apenas "negligência", portanto, mas princípio programático para a construção literária e artística em geral; não

---

[29] Haroldo de Campos, *op. cit.*, *loc. cit.*
[30] Bertolt Brecht, *Sur le cinéma*, p. 109.

apenas um ocasional descaso pelo atual regime de propriedade dominante na produção literária, mas denúncia e desrespeito programáticos desse regime.

Parece perspectiva realmente comum a Brecht e Goethe essa consideração da literatura como *trabalho coletivo*, e da *grande literatura* como *trabalho eminentemente coletivo*. E parece, também, que ambos vão ainda mais além: não se trata, frente a essa produção coletiva, de se conformar a ela como a uma condição inescapável, mas de, uma vez verificada essa condição, a erigir em princípio formativo, ou seja, trata-se de a assumir dotando-a de valor programático e regular para o trabalho literário.

É, aqui, quase desnecessário acentuar que, mesmo nas águas de um escândalo ironicamente imperfeito, de novo a atuação de Brecht desemboca numa exemplaridade do coletivo, de novo se encena a mesma, e central, contradição entre o desenvolvimento coletivo da produção e o regime de privatização e individualização a que é submetida pelas relações de propriedade capitalistas.

Se àquela época (1929) Brecht não podia exibir àqueles que o acusavam de "plágio" uma produção já marcadamente coletiva, quando, em 1956, ele morreu em Berlim, sua obra configurava um amplo e poderoso arco incorporador, de enorme profundidade histórica e proposital abrangência internacional. Vista em seu conjunto, movimento, aliás, a que ela mesma nos obriga, também a obra de Brecht cobre com seu largo nome produções de épocas e culturas muito diversas, trabalha amplamente por recuperação, paródia, adaptação e tradução — incorpora, "plagia".

Aquilo, pois, que Brecht chamou "pequeno movimento egoísta", e que tratamos como uma preocupação da soberania se traduz, como vimos, de maneira imediata, em soberania para a exemplaridade e, imediatamente, numa soberania *sui generis*, posto que se define por sua excelência "plagiária", isto é, por seu valor coletivo. Na verdade, também aqui ambos os movimentos se oferecem uma correção dialetizadora recíproca: à preocupação de soberania — visível como procura de autonomia de sentido — a incorporação de produções alheias e coletivas vem opor sua extensão coletivizante; ao risco de dissolução no multiplamente diverso e ao limite do informe a preocupação da soberania opõe a necessidade imperiosa de unificação e totalização.

Do fato de que Brecht, para esclarecer o que significa aquela sua "negligência básica em matéria de propriedade intelectual" evoque os exemplos de Goethe e Shakespeare, ainda há algumas indicações a extrair desde já. Uma delas se refere àquela unificação negativa da tradição burguesa, a que anteriormente nos referimos, operada por Brecht quando trata esta mesma tradição também como um bloco, que também como um bloco é recusada. Esta recusa se manifesta também, além de pela afirmação do coletivo contra o individualismo e o psicologismo, por meio da seleção de referências culturais historicamente anteriores à institucionalização da tradição burguesa de propriedade intelectual — o que vem radicalmente historicizá-la, pois a transforma numa espécie de único, longo "lapso" ou hiato. A este respeito, comentando o que chama de "a estúpida acusação de plágio", escreveu o crítico e historiador da literatura alemã Hans Mayer, amigo de Brecht:

> "Brecht não era sem tradição, mas opunha uma tradição a uma outra tradição. A uma concepção da originalidade intelectual que não conseguira tornar-se dominante senão ao fim do século XVIII, com o individualismo burguês e a aparição de uma literatura da confissão e da descrição do eu, ele opunha uma concepção da arte da época da burguesia nascente e em parte da era pré-burguesa, que considera todos os temas e todas as formas como já existentes, à manei-

ra de um material para a habilidade artesanal do escritor que vem depois."³¹

Explicando, a partir daí, o que entende pela dita "negligência" de Brecht, avança um pouco mais o crítico: "O que ele queria dizer era que sua concepção da tradição intelectual se distinguia fundamentalmente da tradição burguesa de propriedade. Seu conceito de tradição era ao mesmo tempo pré e pós-burguês".³²

Outro dado que convém sublinhar é que, ao chamar a si as comparações de Goethe, Shakespeare, Brecht nos coloca diante de alguns de seus modelos e medidas. (Mais uma vez, por integrar rapidamente este dado num contexto explicativo um pouco mais largo, corremos o risco de o naturalizar e deixar de anotar também seu peso específico.) Essas referências monumentais é que Brecht já então chamava a si, eram esses os interlocutores de que se reclamava, era por eles que se media. O texto de Brecht que citamos pouco anteriormente, ainda que algo despeitado, tem o sabor inequívoco de um ousado programa: "[...] não havia *ainda* chegado o tempo em que eu poderia ser citado ao lado de Shakespeare, Goethe [...]".³³

O fato de que os modelos indicados sejam não só monumentais, mas também representativos do período pré-burguês ou da ascensão da classe burguesa, é também bastante revelador para o estabelecimento daquilo que Brecht considerava um *clássico* e, portanto, revelador também dos modelos pelos quais se definia o seu próprio *projeto clássico*, como o vimos chamando aqui.

---

³¹ Hans Mayer, pp. 55-6.

³² *Id., ibid.*, p. 57.

³³ O grifo é nosso.

Para esta passagem seria necessário, talvez, remarcar apenas que, nessas questões ligadas ao plágio, uma outra forma de identidade se tece entre esses exemplos antigos e a prática da glória/escândalo tal como se configura em Brecht. Os pontos extremos de um mesmo e amplo movimento da História como que se tocam, embora tendencialmente inversos. Ao tomar os modelos pré-burgueses, ou do início da ascensão burguesa, é com uma realidade *em transformação* que Brecht trabalha. Surgidos no bojo de um largo trânsito entre realidades histórico-culturais diversas, estes modelos, no seu movimento instituinte — de produção de algo novo — carregam ainda como lastro e traço de contraste todo um conjunto de procedimentos que são tributários do modo de produção que se vai ultrapassando. A figura do novo, neles, se às vezes já com nitidez se configura, se esbate todavia contra um horizonte ainda pouco recuado — o das relações sociais que se vão aos poucos distanciando, horizonte que se abandona mas que ainda, nesses modelos, compõe a cena. Confira-se, a este respeito, a nota de Brecht sobre o *Hamlet*, na qual diz que "um novo tipo de homem, plenamente acabado, surge aí, inteiramente distanciado, no seio do universo medieval mantido quase intato".[34] Coisas semelhantes se poderia di-

---

[34] Bertolt Brecht, *Journal de travail*, cit., p. 489. A parte substancial desta nota, de 25/11/1948, no que se refere a Shakespeare, é a seguinte: "chegam justamente alguns volumes de hegel que vêm bem na hora, entre eles a estética. eisler havia recomendado, quando de sua leitura do *órganon*, uma releitura de hegel sobre shakespeare. ele é efetivamente muito bom, como de costume, mas vê hamlet, que me serve de exemplo no *órganon*, aparentemente com os olhos de goethe, se bem que seu 'ato' não lhe pareça igualmente nobre. que obra, este hamlet! o interesse persistente que ela suscita através dos séculos vem sem dúvida de que um novo tipo de homem, plenamente acabado, surge aí, inteiramente distanciado, no

zer do *Lear* (e Brecht o fez),[35] do próprio *Fausto* de Goethe e são quase uma evidência exemplar no *Quijote*.

Nestes modelos, por exemplo, ao surgimento do herói individualizado, dotado daquela "interioridade" problemática de que Hamlet é o clássico emblema, respondem ainda numerosos procedimentos coletivos e "exteriorizados" de que a incorporação "plagiotrópica" é também a amostra privilegiada. Nestes modelos, ainda, transita-se do "público" para o "privado", mas no seu interior ambos ainda se relativizam e combatem mutuamente, conflagração, aliás, que lhes dá condições de eventualmente serem fonte e arcabouço de tragédia, como é bem o caso para o *Hamlet* e o *Lear*. De toda maneira, este seu trânsito entre as esferas do público e do privado os abre para ambos os lados, circunstância em que ambas as esferas, neles incompletamente constituídas, aparecem como presença/ausência, presenças quase virtuais porque em luta permanente.

---

seio de um universo medieval mantido quase intato. o grito de vingança, enobrecido pelos trágicos gregos, depois desqualificado pelo cristianismo, se encontra reproduzido no drama de hamlet, suficientemente sonoro, suficientemente contagiante ainda para tornar espantosa a nova maneira de duvidar, de testar, de formular planos".

[35] Trata-se de um passo do diálogo de *A compra do latão*, de que é o caso reproduzir-se o seguinte trecho: "*O dramaturgo*: E o trágico em Shakespeare?/ *O filósofo*: A queda dos feudais nele é vista pelo ângulo trágico. Lear, prisioneiro de concepções patriarcais; Ricardo III, indigno de amor, que exerce o terror; Macbeth, o ambicioso, alucinado pelas feiticeiras; Antônio, o voluptuoso, que se arrisca à conquista do mundo; Otelo, morto pelo ciúme — todos existem num mundo novo a cujo contato eles se destroem./ *O ator*: Para muitos esta explicação tornará as peças banais./ *O filósofo*: Mas o que há de mais variado, de mais importante e de mais interessante que a queda de grandes classes dominantes?" (Cf. Bertolt Brecht, *Écrits sur le théâtre*, Paris, L'Arche, 1972, v. 1, pp. 559-60.)

Como vimos pouco anteriormente, ao postular uma organização da glória, é justamente de uma, digamos, presença virtual do socialismo na produção e circulação de mercadorias que Brecht procura extrair as consequências desejáveis para seu trabalho. Aí, como anotamos, a produção da glória transita do privado para o público, no que inverte tendencialmente o movimento dos modelos da ascensão burguesa, mas ainda mantendo, como eles, a dupla clivagem que os abre para ambas as esferas entre as quais se transita.

Nisto não diferem, para Brecht, glória e escândalo, não obstante seu diverso *tonus* social. Uma e outra, pelo movimento de sua produção, surgem como dimensão já coletiva do trabalho artístico, naquilo em que rompem a própria individualização "aurática" pressuposta na glorificação.

Nesta contradição é que Brecht aposta, e é sob o seu signo que ele coloca seu arriscadíssimo, pioneiro e verdadeiramente extraordinário trabalho "O processo dos três vinténs", tão importante e significativo no percurso de Brecht quanto pouco conhecido ou levado em consideração. Este trabalho, que leva por subtítulo "Experiência sociológica", tem por epígrafe: "Nossas esperanças estão nas contradições".[36]

---

[36] Bertolt Brecht, *Sur le cinéma, cit.*

A suma do escândalo

"[...] a luta de classes [...] uma categoria poética."
Bertolt Brecht

"Comparações, variações, analogias, deduções, arbítrios [...] trazem à cena esta personagem rara e *realmente progressista*, o desejo de raciocinar com os elementos à mão."
Roberto Schwarz

A este trabalho, "O processo dos três vinténs" — e deve-se estendê-lo à "experiência" em que se inclui — chamamos *suma* ou *teoria* do escândalo, pelo seu caráter totalizante em relação a toda esta prática de Brecht. Com efeito, neste âmbito, ele ganha um caráter de exemplo dos exemplos, pois para ele confluem, na formação de um *acontecimento* unitário, complexo e bem desenvolvido em todas as suas partes, todas as exemplaridades, que coerentemente já se desenvolviam nos outros casos aqui mencionados. Se nestes o questionamento dos padrões literários vigentes e da privatização da propriedade intelectual atingia, de certa forma, o aparelho da crítica, mas sobretudo a imprensa, já o desenvolvimento do "Processo dos três vinténs" ataca o problema diretamente, no coração da coisa, de onde rebate em cadeia na imprensa e aparelhos conexos, na indústria cultural, em geral, e no próprio aparelho da justiça (*last but not least*, rebate na própria obra de Brecht, na qual se recupera e integra através de três importantes obras, como se verá, comunicando-lhe ainda a propulsão para fundamentais transformações). O coração da coisa, já se vê, é o problema da mercadoria. Mais precisamente: aquilo que se torna a produção artística frente aos aparelhos da indústria cultural, enfoque este que, justamente por ser central, permite a Brecht estender seu experimento aos importantes domínios mencionados, dotando-o, ao mesmo tempo, de maior completude e consequente incremento da exemplaridade.

Neste caso, diferentemente do que ocorrera na questão do plágio, Brecht não se ressentia, no plano de sua própria produção, de qualquer insuficiência específica que o impedisse de dramatizar pública e mais completamente a contradição que punha em evidência. Ao contrário, *pela primeira vez*, encontrava-se em situação de colocar incisivamente uma questão à indústria cultural (e aparelhos conexos), e em condições de treplicar verossimilmente, estribado em sua própria produção, sem necessidade imediata de invocar o exemplo alheio para dar sequência ao experimento.

Na verdade, a luta de Brecht por uma *performance* pública e exemplar, tão marcada no período que ocupa os anos vinte e vai até o exílio, em 1933, representada pelos acontecimentos aqui mencionados, encontra neste caso uma situação-limite e um campo de prova decisivo para seu encaminhamento posterior. Esta situação-limite, como frequentemente ocorre, se expressa também como uma correlação bastante simples e até elementar: pela primeira vez Brecht se via solicitado como *fornecedor* da *indústria cultural*, ou seja, pela primeira vez sua atividade de escritor e dramaturgo encontrava-se diretamente conectada com a reprodução e comercialização em grande escala de mercadorias, no âmbito da grande indústria cultural capitalista. Não resta dúvida de que, aí, a vocação pública de Brecht em seu já extenso exercício experimentava a fronteira última que o capitalismo lhe antepunha neste domínio: a expansão comercial indiferenciada e em escala internacional.

Naquele momento a *Ópera dos três vinténs* (estreada em agosto de 1928), trabalho conjunto com Kurt Weill, alcançara enorme sucesso de público[1] — era mesmo o acontecimento teatral da temporada — e chamara sobre si a atenção da companhia cinematográfica Nero-film: Brecht encontrava seu primeiro sucesso de público verdadeiramente excepcional e, com ele, a primeira proposta de transcender a escala relativamente restrita da atuação de um homem de teatro na sua cidade para ingressar no circuito mais largo da indústria cinematográfica. Quisesse ou não, Brecht tornava-se candidato "natural" a membro de pleno direito no mundo das mercadorias. Donos de um produto então cobiçado, Brecht e Weill obtêm da Nero-film um contrato economicamente vantajoso, no qual ainda conseguem inserir cláusulas especiais que lhes reservam o direito de colaborar em todas as etapas da adaptação da obra para o cinema, tendo direito à palavra final em todas elas, desde a adaptação do texto para o roteiro até aos arranjos finais da montagem.

---

[1] Sobre a dimensão de "sucesso" da *Ópera*, cf. Anatol Rosenfeld, *Teatro moderno* (São Paulo, Perspectiva, 1977, pp. 160 ss). Um trecho expressivo: "Foi em 1928, exatamente duzentos anos após o triunfo da *Beggar's Opera*, de John Gay, que estreou em Berlim a *Ópera dos três vinténs*, 'musical' que iria tornar Brecht e Weill mundialmente famosos e que lhes renderia o maior êxito de suas carreiras. Desde então, poucos países de certa expressão no campo teatral deixaram de apresentar a curiosa 'ópera'. A encenação no Teatro de Lys, em Nova York (março de 1954), manteve-se durante mais de sete anos em cartaz, ao que parece o recorde absoluto na Broadway. Fenômeno curiosíssimo: Brecht na Broadway, durante sete anos".

O conjunto destes dados prévios possui bem a elementaridade dinâmica de um traçado dramático básico: de um lado, uma dupla de autores cheios de prestígio e dotados de uma reputação "de esquerda"; de outro, uma empresa cinematográfica poderosa, interessada em seu produto. Entre ambos, um contrato firmado que guarda sérias possibilidades de ensejar um conflito de interesses, porque reserva o direito de *produtores* a ambas as partes.

No momento em que a indústria já lastreara seu contrato investindo perto de um milhão de marcos na produção do filme — soma elevada para a época — Brecht deflagra o conflito e lhe designa o palco, digamos, natural: os tribunais da Alemanha. Como público, basicamente a Imprensa e, com ela, escritores, militantes políticos, cidadãos. É a história deste "Processo" — seu processo, sua teoria, sua repercussão, seu saldo, que nos conta o "Processo dos três vinténs — experiência sociológica". Brecht deflagra o conflito apresentando uma adaptação que preservava e acentuava os traços críticos da peça, mas que, ao fazê-lo, contrariava os interesses comerciais da empresa, isto é, dificultava sua maior expansão no mercado. Esta denuncia o contrato e prossegue na realização do filme, "tratando de fazê-lo tão comercial quanto possível",[2] como diz Brecht, o qual, por sua vez, a leva à barra dos tribunais, onde "todo um auditório de escritores vigiava atento as palavras dos juristas"[3] — na expressão de um jornal da época.

Não será, absolutamente, forçar a situação tratar em termos teatrais este acontecimento — ainda que se refiram a um "teatro" muito especial. Brecht, ele mesmo, o concebeu em termos

---

[2] Brecht, *Sur le cinéma, cit.*, p. 150.

[3] *Id., ibid.*, p. 155.

teatrais, mais precisamente, nos termos de seu próprio teatro: "[...] era preciso tanto quanto possível organizar este processo de tal maneira que, desenrolando-se suficientemente rápido e de maneira suficientemente pública, ele pudesse ser percebido distintamente. [...] Era preciso que o processo se tornasse uma cópia da realidade, que ele informasse sobre esta realidade. Era preciso reconstituir a realidade no interior do processo".[4] Fica evidente que esta noção de "cópia da realidade", referida a um processo judiciário, aponta para algo muito diferente de qualquer naturalismo, indicando antes o interesse pela dramatização exemplar — rápida, concisa, nítida — de *processos* (sem jogo de palavras) do que imitação de fatos.

Brecht, visivelmente, nas notas acima citadas, comporta-se simultaneamente como encenador e ator que planeja sua tarefa e estuda seu papel numa grande encenação que ele precipita, mas que ao mesmo tempo o inclui e ultrapassa. Se esta dramatização vai poder reagir em numerosos campos e agitar um grande número de "representações" sociais do "artista", do "autor", da "indústria", da "técnica", do "Direito" etc., é porque ela é duplamente *central*: tanto porque trabalha em nível de processos (tratando de evidenciar processos sociais básicos em sua generalidade), quanto porque vai fazê-lo pela ótica da economia. Já o indica o próprio traçado básico da situação que deflagra o processo (cujas potencialidades "dramáticas" ou demonstrativas em relação a questões fundamentais, e por isso mesmo de vasto alcance, certamente não escapavam a Brecht, como, aliás, o demonstra o próprio ensaio/relato): Brecht e Weill haviam vendido direitos de adaptação para o cinema e se reservado o direito de adaptadores, e a empresa cinematográfica já havia investido na

---

[4] *Id., ibid.*, pp. 160-1.

realização do filme perto de um milhão de marcos. Sobre este último ponto, assinalava Brecht:

> "É por isso que insistimos junto à opinião pública quanto ao fato de que nós livrávamos combate contra um milhão de marcos, fazendo assim claramente aparecer nossa preocupação em saber se, nestas circunstâncias, era possível obter justiça."[5]

Indo aos tribunais, Brecht sabia, no entanto, que "mesmo por essa via não obteria justiça", e que "a vitória da lógica das realidades não era senão uma questão de tempo".[6] Esta "lógica das realidades" não era outra que a desproporção entre "um milhão de marcos" e a impossibilidade, para ele, de suportar "um risco que já ultrapassava quinze mil marcos".[7]

Essa realidade nua, que estava na base de todo o processo, é que deveria logicamente prevalecer, mas ao mesmo tempo — evidenciar-se. Assim, era não só obrigatório, mas necessário perder a demanda: "Este processo tinha por objetivo mostrar a impossibilidade de uma colaboração com a indústria cinematográfica, mesmo quando o contrato comportasse garantias. Este objetivo foi atingido quando perdi meu processo".[8]

Nascido, pois, dessa desproporção econômica básica, o processo tinha ainda um desenlace *previsto*, no qual o que se demonstrava era a prevalência do capital sobre o trabalho. Além disso, não apenas era preciso perder o processo, como também era preciso perdê-lo *rapidamente* — em primeira instância —,

---

[5] *Id., ibid.*, p. 163.

[6] *Id., ibid.*, pp. 159 e 161.

[7] *Id., ibid.*, p. 161.

[8] *Id., ibid.*, p. 158.

de novo, aqui, duplamente por razões econômicas: "Valia mais perder o primeiro processo que o terceiro, e foi isso que determinou nossa conduta depois que perdemos o primeiro [Brecht não recorreu]. Nós nos teríamos encontrado na pior das situações se tivéssemos ganho em primeira instância [...], porque então sem dúvida nossa habitual falta de dinheiro nos teria impedido de expor com clareza a verdadeira situação jurídica que faria com que, de toda maneira, perdêssemos em terceira instância. O filme teria saído ao mesmo tempo em que o tribunal nos haveria autorizado a impedir sua saída contra o depósito de uma soma que não possuíamos".[9]

Ainda sem jogo de palavras, a ótica econômica de base se traduzia, no modo de "organizar" o processo, num princípio de *economia* de meios, visível sobretudo na sua organização temporal, ritmada por um tempo que "desenrolando-se suficientemente rápido [...] pudesse ser percebido distintamente" e, ainda, "modelando o processo para que ele seja mais visível, acelerando-o e condensando-o".[10]

O modo de pensar, aqui, o processo judiciário lembra imediatamente a preocupação do dramaturgo e do encenador com a necessária condensação temporal no teatro e ecoa até mesmo a antiga e desventurada lei da "unidade de tempo", paralela às de "espaço" e "ação". A esse modo peculiar de misturar economia e efeitos de signo — "[...] nossa habitual falta de dinheiro nos teria impedido de expor com clareza [...]" — e fazê-los plasmar-se reciprocamente, Brecht deu uma formulação lapidar em outro texto do mesmo período, onde como que se desdobra a reflexão do "Processo dos três vinténs": "Um pensamento que

---

[9] *Id., ibid.*, p. 161.

[10] *Id., ibid.*, p. 214.

intervém não é apenas um pensamento que intervém na economia. Mas um pensamento que intervém no pensamento principalmente numa ótica economista".[11]

Há, sem dúvida, boa dose de ironia na denominação semelhante de *Ópera dos três vinténs* e "Processo dos três vinténs", a importância e a irrisão do que Brecht chamou (entre aspas) "lado financeiro",[12] sendo aí sublinhadas pela reiteração dos vinténs e sua cifra. Em ambos os trabalhos, de fato, tematicamente, estamos diante de representações e grupos de representações que se confrontam a imperativos econômicos: assim o "Amor" e a "Fidelidade" às alternâncias da fortuna, a "Arte" e o "Direito" às leis da economia de mercado etc. — o horizonte das ações humanas e as representações em que se desdobram sendo sempre, num caso e no outro, as finanças — e a polícia.

A titulação semelhante encontra ainda outra esfera de motivação, não mais temática e já um tanto mais complexa. Diríamos que se trata de um desdobramento, em duas escalas, de um conflito básico da esfera da *produção*: com efeito, Brecht trabalhou deliberadamente na *Ópera* uma superposição entre o que chamava caráter "culinário" do teatro e a crítica desse mesmo caráter. Isto aparece em suas "Notas sobre a *Ópera dos três vinténs*" como uma proposta de apresentar "uma espécie de relatório do que o espectador deseja ver na vida do teatro"[13] e assim ir ao encontro da demanda do espectador e "saciá-la", mas, ao

---

[11] Bertolt Brecht, *Schriften zur Politik und Gesellschaft* (G. W. 20), Frankfurt am Main, Suhrkamp Verlag, 1967, p. 158.

[12] *Id.*, *Sur le cinéma, cit.*, p. 167.

[13] Citamos pela tradução brasileira de "Notas sobre a *Ópera dos três vinténs*", *in* Bertolt Brecht, *Teatro dialético*, Rio de Janeiro, Civilização Brasileira, 1967, p. 57.

fazê-lo, levando-a à liquidação, à hipérbole, à derrisão, ao esgotamento; em suma, criticando-a ao mesmo tempo que a satisfaz.

A empresa, como se vê, por fronteiriça, era das mais arriscadas e exigia de qualquer encenação ou adaptação extremo cuidado para que não descambasse para qualquer dos lados, a possível eficácia de sua específica proposta crítica residindo justamente no equilíbrio contraditório de seus dois movimentos de base.[14] (Compreende-se, pois, a especial sensibilidade de Brecht em relação às adaptações desta peça, sensibilidade que aparece também no acento rascante e incisivo laconismo das inacabadas "Notas" sobre a ópera, que dirigiu aos possíveis encenadores.[15] Tem-se, também, notícia de que ele deixou, esparsas, recomendações de que a ópera não fosse encenada senão em situação de iminência revolucionária.[16] Compreende-se também o potencial

---

[14] Há uma excelente formulação de Brecht quanto a este ponto: "Numa representação de Piscator, ou na minha *Ópera dos três vinténs*, os elementos didáticos eram por assim dizer *introduzidos por montagem*; eles não tinham nenhuma ligação orgânica com o conjunto, mas encontravam-se em contradição com ele; rompiam o curso da representação e dos fatos; duchas frias para as almas sensíveis, eles impediam qualquer identificação. Espero que as partes moralizantes da *Ópera dos três vinténs* e os *songs* didáticos sejam relativamente divertidos, mas não se pode negar que se trata, neste caso, de um gênero de divertimento diferente do fornecido pelas cenas representadas. O caráter desta peça é dúplice, divertimento e aprendizagem nela se enfrentam em pé de guerra como o ator e a maquinaria em Piscator". (Cf. Bertolt Brecht, "Sur le théâtre expérimental", *in Écrits sur le théâtre, cit.*, v. 1, p. 287.)

[15] Cf. "Notas sobre a *Ópera dos três vinténs*", *cit.*

[16] Numa nota de 25/9/1945, Brecht escreveu: "ouvimos dizer que a *ópera dos três vinténs* foi montada em berlim, diante de salas lotadas; depois teve de sair de cartaz pela pressão dos russos. que a bbc (londres) citou, como causa de protesto, a balada 'primeiro encher a pança, depois a moral'. eu próprio não teria

"escandaloso" e de sucesso de público que este trabalho logo revelou.) Ao recuperar para o momento de produção uma espécie de inventário do "gosto" do público, propondo-se a criticá-lo, Brecht incorporava como elemento essencial da peça o seu caráter de mercadoria — ainda que, digamos assim, de mercadoria "decepcionada". O caráter de mercadoria não lhe era, portanto, simplesmente superposto a partir do exterior, mas lhe era interior e constitutivo.

Não apenas, portanto, no nível temático a *Ópera dos três vinténs* dramatiza as contradições entre a esfera econômica e a das representações sociais, mas também no nível da própria produção do sentido, da sua própria constituição em seus elementos estruturais básicos. Precisando um pouco mais, diríamos que sua dinâmica interna e sua eficácia crítica, numa só palavra — seu funcionamento — se baseavam no conflito constitutivo entre a incorporação da forma-mercadoria e sua crítica — conflito que nela se feria e dramatizava em todos os níveis da produção e significação.

Neste sentido é que, também a partir de seu interior e sem dúvida mais do que como num simples caso judiciário superveniente, a *Ópera dos três vinténs* se desdobra e expande num "Processo dos três vinténs", onde em escala social o mesmo conflito de base amplamente se dramatiza, ferindo-se entre produção artística e produção de mercadorias, e utilizando como atores e participantes "forças que é difícil engajar em outras circunstâncias"[17] —, a saber, o aparelho da Justiça, a indústria cultural, os

---

deixado montar esta peça. na ausência de movimento revolucionário, a 'mensagem' se torna puro anarquismo". (Cf. Bertolt Brecht, *Journal de travail*, cit., p. 434.)

[17] Bertolt Brecht, *Sur le cinéma*, cit., p. 159.

escritores — já aí compreendidos como categoria profissional —, a imprensa. (Na verdade, seria interessante notá-lo, três vezes vai rebater na obra de Brecht o caso dos "três vinténs": numa *Ópera*, num "Processo" e num *Romance* (o *Romance dos três vinténs*), este último uma longa e radicalizada reelaboração da adaptação cinematográfica não utilizada pela indústria.)[18]

Essa grande dramatização, a que Brecht chamou "experiência sociológica", não se dá, portanto, como acontecimento exterior ao seu trabalho, à maneira de incêndio que ele ateasse mas do qual permanecesse puro espectador. Brecht faz questão de assinalar a transformação do "Processo dos três vinténs" de "diligência especulativa" em "diligência experimental".[19] Ora, se, por um lado, este caráter de "experimentação" acentua sua dimensão de (relativos) controle e intencionalidade, por outro lado aponta para a significação que Brecht lhe emprestou do ponto de vista da avaliação e dos destinos de seu próprio trabalho, uma vez que era sobretudo ele próprio, enquanto trabalho em progresso, que aí se jogava na experiência de seus limites.

Se nos lembrarmos de que no mesmo ano (1930) em que se davam as sessões públicas do processo estreava também *Ascensão e queda da cidade de Mahagonny*, onde, conforme anota Brecht,[20] demonstrava-se a transformação do prazer — e de tudo mais — em mercadoria e onde também, como na *Ópera dos três vinténs*, fundava-se esta demonstração na superposição contraditória da forma-mercadoria e sua crítica, fica ainda mais

---

[18] Sobre esta radicalização, o melhor trabalho que conhecemos é de Walter Benjamin, "O romance dos três vinténs", *in Essais sur Bertolt Brecht*, Paris, Maspero, 1969, pp. 95 ss.

[19] Bertolt Brecht, *Sur le cinéma, cit.*, pp. 159-64.

[20] *Id.*, "Notas sobre a *Ópera dos três vinténs*", *cit.*, pp. 54-76.

patente que o trabalho de Brecht se encaminhava para uma espécie de curto-circuito entre interior ("obra") e exterior ("sociedade") — a obra internalizando como movimento constitutivo fundamental o que divisava como essencial na sociedade e, ao mesmo tempo, desdobrando em grande experimento "dramático" social aquele antagonismo que fundava já a obra mesma. Neste sentido é que, além de procurar verificar o "funcionamento da cultura", nessa "experiência sociológica" Brecht punha em causa o seu próprio trabalho, aí levado a uma situação-limite. É possível ainda confirmá-lo se lembrarmos que toda a experiência anterior de Brecht, que, como vimos, já se dirigia para a constituição de um modo de atuar coletivo e exemplar, mantendo-se simultaneamente na intersecção de teoria e prática, atinge aí sua cristalização teórica mais apurada ao mesmo tempo que se exemplariza na sua prática mais amplamente coletiva (envolvendo já "cena", "atores" "público" coletivos e institucionais).

Na quinta parte do ensaio em questão, ele sintetiza:

> "Há 'experiência sociológica' quando, por medidas apropriadas (e uma atitude apropriada) provocam-se e tornam-se perceptíveis as contradições imanentes à sociedade. Semelhante experiência sociológica é ao mesmo tempo uma tentativa de compreender o funcionamento da 'cultura'."[21]

É exatamente a partir dessa etapa de seu desenvolvimento que Brecht passa a pensar a cultura como um conjunto — do qual não se excluem as Instituições e o regime de propriedade dos meios de produção — e como uma prática. Brecht já se referira, anteriormente, no próprio ensaio, a

---

[21] *Id.*, *Sur le cinéma*, cit., p. 216.

"este enorme complexo ideológico que constitui a cultura, e não se pode julgar esta última senão se este complexo é observado e tornado observável na sua prática, em ato, em plena atividade, constantemente produzido pela realidade e produzindo-a constantemente. É apenas quando se passaram em revista estas representações na sua totalidade [...] que se chega a fazer uma ideia satisfatória do que é a cultura. Tudo aquilo que é dito da cultura de um ponto de vista mais distante e mais geral, sem consideração da prática, não pode ser, por sua vez, senão uma representação que é preciso primeiramente colocar em prova na prática."[22]

Considerando-se, pois, o modo internamente motivado pelo qual o trabalho de Brecht apura-se e desdobra-se nessa "experiência sociológica", quando ela se torna uma experiência da cultura em seus limites, torna-se ao mesmo tempo uma experiência dos limites da obra na cultura. Ambas, então, "obra" e "cultura" é que estão sendo "experimentadas" no âmbito da "experiência sociológica" do "Processo dos três vinténs", tanto em sua situação quanto na dialética de suas relações, onde o que for revelado a respeito de uma deve influir decisivamente na consideração da outra.

O contexto é, aí, sem dúvida, de extrema exacerbação e registra o ponto extremo a que chega todo o modo de atuar característico de Brecht até o final dos anos vinte, desde a exacerbação apocalíptica (ao nível dos temas e das opções dramatúrgicas) das primeiras peças, como *Baal*, *Tambores na noite* e principalmente *Na selva das cidades*, até o arriscadíssimo jogo de incorporação da forma-mercadoria que é central nas duas óperas poste-

---

[22] *Id., ibid.*, p. 148.

riores (*Mahagonny* e a dos *três vinténs*). O caráter de ponto extremo de uma trajetória de exacerbação crescente que tem o "Processo dos três vinténs" fica sobretudo visível se lembrarmos que aí o impulso formativo positivamente transborda das molduras da "obra", onde até então estivera contido e, borrando fronteiras nítidas, salta sobre a vida social e torna difícil, senão impossível, continuar distinguindo precisamente onde termina a "obra" e onde começa a vida social ou a política, colocando em causa a noção de obra ao mesmo tempo que a obra propriamente dita.

O que permite este salto é o fato de que essa exacerbação crescente não se dá apenas de maneira quantitativa, mas enseja no seu curso uma mudança qualitativa, assinalada na alteração da problemática central às peças de Brecht — que era de natureza marcadamente moral nas primeiras peças e é já de natureza econômica nos dois trabalhos terminais do período, precisamente as duas óperas mencionadas. É pela via de sua inserção econômica (numa "ótica economista"), como se viu, que Brecht executará a amplificação de seu trabalho para além das fronteiras tradicionais da "obra de arte", aqui a mudança qualitativa ensejando, por sua vez, nova alteração quantitativa.

Importa, neste passo de nosso estudo, reiterar que, ao executar esse salto, a obra de Brecht está então jogando, perigosamente, com seus próprios limites, levando ao ponto de acirramento máximo as contradições sobre as quais se articula, no limite de *desaparecer* enquanto tal. Não será, pois, exagero dizer-se que aí, neste acirramento máximo das contradições de base, a obra de Brecht atinge — ao menos para seu próprio âmbito — uma *situação revolucionária*, da qual não poderá sair intocada, sua transformação sendo já inevitável e não estando mesmo descartado o risco de aniquilamento.

É significativo, tendo em vista seu desenvolvimento posterior, que se marquem a exacerbação, o *pathos* apocalíptico e o grau de extremo risco que definem, por assim dizer, o registro da obra de Brecht naquele momento. A dimensão de autodestruição que comporta a "experiência sociológica", Brecht irá sublinhá-la, tempos depois, em uma nota de seu *Diário de trabalho*: "— tema de tragédia: organização de uma 'experiência sociológica', um homem se deixa aniquilar para mostrar o aparelho de destruição em pleno funcionamento. um professor rodeado de seus alunos?".[23]

Escrita mais de dez anos depois, no difícil exílio da Finlândia, esta nota — uma das raríssimas retomadas, por Brecht, da noção de "experiência sociológica" — vem distanciar com uma ironia um tanto amarga o procedimento básico do "Processo dos três vinténs", apontando para seu *pathos* trágico e de autoaniquilamento, mas sublinhando também sua dimensão didática — "um professor rodeado de seus alunos?". Se o didatismo, já então notável no trabalho de Brecht através de diversas "peças didáticas", e presente mesmo na dimensão demonstrativa das óperas e do "Processo", de certa forma se contrapõe e oferece uma correção de perspectiva ao apocalipticismo algo trágico, ele no entanto não altera substancialmente o agudo radicalismo que definia as posições de Brecht no período. A dimensão didática é antes, aí, feição complementar do específico radicalismo de esquerda que floresceu na Alemanha dos anos vinte, do qual o Brecht das fases inicial e intermediária é frequentemente apontado como o exemplo mais perfeito.

Este radicalismo se traduz no trabalho literário (*lato sensu*), sobretudo no seu modo de relacionar-se com o tempo. Não se escreve para o futuro distante, um pouco longínquo ou mesmo próximo. Vive-se (escreve-se) como que num *momento pleno*, em

---

[23] *Id.*, *Sur le théâtre expérimental*, cit., p. 181.

que circunstâncias subjetivas e objetivas parecem enfim, por bem ou por mal, concordar. É um tempo generoso e perdulário, bem diverso do tempo dos programas a longo prazo e da prudência. Brecht, efetivamente, nesse período, escreve como quem conta com o beneplácito da História, chamando a si todos os riscos — de natureza pessoal, literária, política ou mesmo jurídico-policial, como se todo desafio e possibilidade de autossuperação ainda fossem pequenos para a grandeza do momento que se vive. O futuro, a História proverá. É típico em Brecht, neste momento, trabalhar na ponta extrema de seu próprio desenvolvimento, encaminhar-se deliberadamente para o impasse, só respirar com desafogo no clima exacerbado das situações-limite, oferecer-se a si mesmo, no limite do holocausto, como campo de prova para o exercício mais desatado de todos os antagonismos.

Sem dúvida que, como assinalamos, existem em Brecht tanto a dimensão didática quanto um elemento de relativo *cálculo*, pressuposto na *démarche* experimental, que oferecem uma perspectiva dialetizadora, virtualmente de correção e ultrapassagem desse radicalismo — perspectiva que, aliás, dará seus frutos. Mas, também sob este aspecto, Brecht não é, neste momento, completamente diverso de outras vanguardas alemãs do período, nem faz figura de isolado "João Batista" de novos tempos. Ele é, se quisermos, de novo *exemplar*. Leia-se, não só pelo aporte histórico, mas também pelo humor de sua viva prosa, o que escreve sobre este período um crítico brasileiro contemporâneo, num texto significativamente centrado na questão do didatismo:

> "Os anos vinte, na Alemanha, deram frutos de um radicalismo admirável, ligado à iminência da Revolução. Casais não casavam, pois antes dela não valia a pena, e depois não seria mais necessário; não tinham filhos, pois seria melhor nascer já na era socialista, na era da razão. Entre um passaporte de dois

anos e um de cinco, o de cinco parecia um despropósito, pois logo se aboliriam as fronteiras. Tudo seria revolucionado e racionalizado: coisas, costumes, formas e o modo de produção. A Bauhaus, por exemplo, estudava e renovava desde colheres e xícaras até cadeiras, privadas e locomotivas. 'Contra a mediocridade utilitária do lucro, o utilitarismo vibrante das necessidades reais, coletivas, muitas por descobrir!' A mesma combinação de pesquisa e construtivismo encontra-se em Klee: 'A arte não reproduz o visível; ela torna visível'. *A orientação prática dava (e dá) valor poético à razão.* No interior do experimentalismo, utilidade e beleza não colidiam, mas se complementavam e multiplicavam. Mesmo uma obra de teoria como 'História e consciência de classe' (1923) é poética em seu élan transformador. O melhor exemplo é a prosa de Brecht, que é estranha e tem poesia justo porque é vigorosa e desabusadamente lógica."[24]

Tudo o que Brecht produziu neste período é largamente tributário desse contexto, mas sobretudo dessa crença algo generalizada na "iminência da Revolução", esse otimismo estimulando todas as formas, inclusive as mais generosas, da impaciência histórica. Ainda, conviria talvez assinalar, se Brecht de certa forma se "explica", ao integrar-se no contexto das vanguardas alemãs do período, e encontra correspondência imediata também

---

[24] Roberto Schwarz, *O pai de família e outros estudos*, Rio de Janeiro, Paz e Terra, 1978, p. 50. (Apesar da autocrítica feroz que o Autor inseriu nesta reedição do ensaio citado — "Didatismo e literatura; um folheto de Bertha Dunkel" —, insistimos em utilizá-lo, porque, ainda que se concorde com a autocrítica, trata-se de todo modo da melhor exposição que conhecemos, no Brasil, da questão do didatismo em artes. Tratando-se justamente dessa questão, a autocrítica, afinal de contas, não faz mais do que melhorar e tornar mais aguda a exposição.)

em outras partes do mundo, o seu radicalismo, no que tem de específico, faz com que ele se ressinta, mesmo em tal atmosfera, de um certo grau de isolamento. Se, no escândalo do plágio, Brecht se ressentia de certa insuficiência na sua própria *performance* de plagiário, já no "Processo dos três vinténs" a falta que ele lamenta se desloca: é a de companheiros:

> "Nós não empreenderemos uma exploração total desta experiência, que é em si mesma muito insuficiente, porque feita com muito pouca preparação e por muito poucas pessoas, as quais, por outro lado, não eram suficientemente especializadas. Para este gênero de experiências às quais são submetidas instituições tão importantes quanto a Imprensa, os Tribunais etc., seria necessária uma sociedade procedendo segundo um plano metódico e dividindo o trabalho a fim de tornar visível a cada um o que é preciso ver. Aliás, a posição dos escritores, que precisamente trabalham de modo individual, se torna mais e mais problemática."[25]

Brecht dizia, da "experiência sociológica", que se tratava "quase, no sentido próprio, de um processo de pensamento", para acrescentar ao final do trabalho: "[...] é preciso agora métodos de discussão que sejam em uma medida mais larga semelhantes a processos de pensamento coletivo".[26] Para um trabalho de alcance coletivo era também necessária uma organização coletiva do trabalho. Essa hipotética "sociedade" para as "experiências sociológicas", "procedendo segundo um plano metódico e dividindo o trabalho", é apenas uma das "sociedades" para o trabalho que Brecht projetou — uma "Sociedade Diderot",

---

[25] Bertolt Brecht, *Sur le cinéma, cit.*, p. 149.
[26] *Id., ibid.*, p. 221.

internacional, que congregasse os que trabalham com questões teatrais; uma "Sociedade dos Dialéticos", destinada a "dialetizar todos os domínios", e a hipotética "sociedade" que se deveria agregar em torno de uma projetada revista — *Páginas Críticas* — destinada a exercer uma crítica compreendida no seu sentido de raiz: "pôr em crise".[27]

O "Processo dos três vinténs", assim, tanto em seus pressupostos quanto em sua destinação (e até mesmo em suas falhas), dá também testemunho do movimento coletivizante que atravessa todo o trabalho de Brecht e que deve sair desta prova corrigido, reforçado — tornado mais concreto e consequente. Assim como a Bauhaus e outras vanguardas do período, também o projeto de Brecht, em sua dimensão coletivizante e orientação prática, tem seu lugar de nascimento na experiência da relativa

---

[27] Em 1937, quando se encontrava no exílio, em Svendborg, Dinamarca, Brecht estabeleceu um programa para a constituição de uma "Sociedade Diderot", começando assim a justificação da iniciativa: "Faz séculos que existem sociedades científicas internacionais cujos membros podem assim trocar suas experiências e problemas. As ciências possuem um padrão e um vocabulário comuns, elas têm uma continuidade. Se as artes (sob este vocábulo entenderemos, no que se segue, as artes cênicas, no número das quais convém contar também a arte cinematográfica) não conhecem sociedades deste gênero, o fato se deve à sua estrutura fundamentalmente individualista". (Cf. "Notas sobre a *Ópera dos três vinténs*", *cit.*, pp. 298 ss.)

Com a data provável de 1929, encontra-se em Brecht, também, um detalhado programa para o estabelecimento de uma "organização dos dialéticos", "sociedade dos dialéticos" ou "sociedade pela dialética" (ele utiliza as três formas). Muito preciso na definição dos "objetivos" e do "plano geral" dessa sociedade, este programa pode ser encontrado em Bertolt Brecht, *Écrits sur la politique et la société*, *cit.*, pp. 115-8.

O "Projeto de revista: *Páginas Críticas*", encontra-se em Bertolt Brecht, "Notas sobre a *Ópera dos três vinténs*", *cit.*, pp. 93-5.

coletivização da produção ensejada pelo capitalismo industrial e se volta, por assim dizer, naturalmente para os novos meios técnicos de produção industrial, não enxergando na indústria cultural um inimigo absoluto, mas um avanço de fato que é preciso primeiramente reconhecer para daí tirar as devidas consequências. São exemplares sob este aspecto o trabalho e a reflexão de Brecht em relação ao rádio e ao cinema, seu grande interesse pela fotografia — ele não só a utilizou largamente como recurso cênico e documental como também foi um grande *colecionador* de material fotográfico impresso[28] —, bem como suas variadas contribuições sobre a arquitetura de massas, desenho industrial e imprensa. Esta conjunção de vocação publicística e de crença na iminência da revolução é que basicamente vai determinar o verdadeiro assalto aos meios de produção industrial característico de algumas vanguardas da época, movimento no qual seu aporte exacerbado, no entanto de orientação prática e racionalizante, vai chocar-se com a irracionalidade da produção capitalista e a voracidade improdutiva do consumo. O "Processo dos três vinténs" é, em sua base, o registro sensível e arguto desse choque e terá, no trabalho de Brecht, o valor de uma iluminação, no sentido mencionado de que irá totalizar e perspectivar, no ferir-se da ação e do conflito, as tendências mais marcadas de tudo que até então realizara. Também aqui como se algum núcleo da atividade artística tivesse explodido, esse choque deve reverberar no "complexo da cultura", entre cujas principais linhas de força se produz, o clarão do conflito iluminando-o em sua "configuração atual".

---

[28] Um dos melhores exemplos é o próprio *Diário de trabalho*, de Brecht, que, em suas amplas dimensões, tem como procedimento constitutivo farto recorte e colagem de material fotográfico impresso.

As amostragens, análises e conclusões que Brecht registra nesse ensaio são extraordinariamente semelhantes àquelas que, alguns anos depois, irá registrar Walter Benjamin no texto famoso "A obra de arte na época de suas técnicas de reprodução". A vinculação, como se sabe, não é ocasional nem pode ser atirada na vala comum das "imitações" vulgares. Ela é, sim, produto admirável de uma amizade leal e fundada no trabalho, as diferenças contando, fato mais notável do que se poderia pensar. São traços desta colaboração todos os *Ensaios sobre Brecht*, de Benjamin, mas sobretudo "O autor como produtor", inserido nessa coletânea, assim como o ensaio sobre "A obra de arte...", cujo parentesco brechtiano é mais raro que se assinale. Escritos em épocas muito próximas, estes dois últimos trabalhos, mas sobretudo "O autor como produtor", parecem aceitar o convite de Brecht expresso em "Contra a glória orgânica — pela organização", dando amplificação e sequência à exemplaridade que Brecht reivindicava. Na diversidade de suas trajetórias, que no entanto muitas vezes se tocam, o ponto de confluência mais perfeito e mais luminoso é assinalado sem dúvida por estes dois trabalhos de Benjamin, levando-se em conta tanto a comunidade de interesses quanto a identidade das conclusões que apresentam. Diante da intensidade dessa colaboração e da afinidade que sobretudo nesse momento alcança, é difícil não pensar numa relação genética entre o "Processo dos três vinténs" e "A obra de arte...", principalmente porque naquele ensaio, diferentemente do que acontece no trabalho sobre a "organização da glória", centrado no caso do teatro e da crítica teatral, Brecht trabalha diretamente com o caso do cinema, à semelhança do que irá fazer Benjamin.

Apesar do andamento analítico, referido a uma experiência imediatamente anterior, que tem o texto mais longo e minucioso de Brecht, diferente do caráter de reflexão estética imediatamente teorizante que tem o ensaio de Benjamin, certas conclusões deste último soam como sínteses e projeções da "experiência sociológica" de Brecht, onde, de toda maneira, a análise também já encaminhava precipitações de sínteses. Escreve W. Benjamin, em um fragmento sem dúvida central:

> "[...] a reprodutibilidade técnica da obra de arte a emancipa, pela primeira vez na história, de seu parasitismo em face do ritual. A obra de arte reproduzida torna-se em medida crescente a reprodução de uma obra construída com vistas na possibilidade de reprodução. A chapa fotográfica por exemplo permite uma quantidade de cópias, a questão da cópia autêntica não tem sentido. No momento entretanto em que o critério da autenticidade perde a força em face da produção artística, a função da arte se terá transformado por inteiro. A sua fundação no ritual é substituída por outra prática: a sua fundação na política."[29]

Pode-se ler em Brecht:

> "É possível, como nunca o fora antes, utilizar estes aparelhos (de cinema) para ultrapassar a velha 'arte' 'irradiante', não-técnica, antitécnica e ligada à religião. A socialização destes meios de produção será para a arte uma questão de vida ou morte". Logo adiante acrescentará Brecht: "Em verdade, é a arte toda, sem exceções, que está mergulhada na nova situação, é enquanto totalidade, e não como se fosse dividida em mil pedaços, que ela é aí confrontada, enquanto totalidade é que ela se torna ou não uma mercadoria. As metamor-

---

[29] Para efeitos desta citação, embora em outros pontos do nosso trabalho utilizemos outra tradução, optamos pela tradução — ainda que apenas um fragmento — de Roberto Schwarz, *O pai de família...*, cit., p. 44.

foses do tempo não poupam nada: elas apanham sempre a totalidade."[30]

Para um como para outro o advento dos novos meios de reprodução técnica não são acontecimentos "localizados" dos quais a arte "escolhesse" ou sofrer a influência ou manter-se alheia. Para ambos, tal advento altera irrecusavelmente *toda* a situação da arte e da cultura. Escreve Brecht:

"As velhas formas de expressão não permanecem inalteradas desde que surgem as formas novas, elas não subsistem paralelamente a estas. O espectador de cinema lerá os relatos diferentemente, e aquele, por seu lado, que escreve relatos, será também ele um espectador de cinema. A tecnicização da produção literária é irreversível. A utilização desses instrumentos leva o romancista, que, ele, não os utiliza, a desejar fazer o que estes instrumentos sabem fazer, a querer incluir na realidade que constitui a sua matéria romanesca aquilo que os instrumentos mostram ou poderiam mostrar, mas sobretudo a conferir à sua própria atitude de escritor um caráter instrumental."[31]

---

[30] Bertolt Brecht, *Schriften zur Literatur und Kunst I, cit.*, p. 158. Brecht escreve *"ausstrahlenden" "Kunst"*, assim entre aspas, p. 158. *Ausstrahlen* pode-se entender como *lançar ou difundir raios, irradiar*, e optamos pela tradução *irradiante*. A proximidade entre esta imagem escolhida por Brecht e a benjaminiana *Aura*, mais a vinculação que Brecht faz entre *velha "arte" "irradiante"* e *religião*, em oposição à *técnica*, falam por si do fundo comum que se pode encontrar em alguns de seus trabalhos.

[31] *Id., ibid.*, pp. 156-7.

Terceira parte

A suma e o salto

"— É um pouco grandiloquente. Mas por que não, quando uma grande coisa está em jogo?"

Bertolt Brecht
(fala do Operário em *A compra do latão*)

"A função da arte se terá transformado por inteiro" (Benjamin) — "é a arte toda, sem exceções, que está mergulhada na nova situação, é enquanto totalidade [...] que ela é aí confrontada, enquanto totalidade é que ela se torna ou não uma mercadoria" (Brecht): tipicamente, pelo caminho do negativo — a destruição da noção tradicional de "obra de arte" — aponta-se aí com insistência para uma positividade — a de uma nova *totalidade*, obtida pela negação da negação. Se, por um lado, trata-se da explosão da noção de "obra de arte" — que se transforma em outra coisa, "a coisa que nasce desde que a obra de arte transformou-se em mercadoria"[1] (Brecht) —, por outro lado, trata-se também de *uma ruptura de sua percepção e exercício como um domínio "separado" das demais formas de produção social*: o custo é o das "ilusões perdidas" do Artista e da Obra, mas recupera-se de maneira "inesperada", como são os desenvolvimentos "por saltos" da dialética — uma dimensão de totalidade para a atividade artística.

Ao menos em dois sentidos se emprega nestes textos a palavra *totalidade*: tanto no que se refere à unificação totalizadora

---

[1] Bertolt Brecht, *Sur le cinéma, cit.*, p. 214.

a que está submetida toda a produção artística (sem exceções para qualquer ramo ou setor), quanto naquele sentido, mais amplo, que se refere à equalização de base entre a produção artística e as demais formas de produção, realizada pelo comum caráter de produção de mercadorias que a todas atravessa e que relativiza — passa mesmo a fundar — o exercício de suas diferenças recíprocas.[2]

Sobre aqueles que pensam que as obras de arte são "simplesmente afloradas pelo caráter de mercadoria", Brecht irá dizer que "não fazem a menor ideia da força com a qual este caráter de mercadoria modela aquilo que ele toca", para acrescentar em seguida:

> "Mas não há senão aqueles cujos olhos se fecham diante do temível poder desse processo revolucionário, o qual arrasta, sem o menor escrúpulo ou a menor hesitação, todos os objetos deste mundo na grande circulação de mercadorias, que possam crer que as obras de arte de qualquer gênero que seja

---

[2] *Id., ibid.*, pp. 176 ss. Às vezes, as resoluções e arrazoados de tribunais e órgãos de censura, embora sem querer, acabam por formular, mais precisa e agudamente do que a própria crítica, certos problemas da produção artística, como se vê no arrazoado de Sentença da Corte para o processo movido por Brecht: "[...] isto não permite, portanto, afirmar que não haja razão para tratar o autor de um filme diferentemente ou pior do que um autor de peças de teatro. O primeiro fabrica, em grande quantidade, uma mercadoria que é preciso escoar no mundo inteiro. Disto e do risco comercial engendrado, uma pressão econômica mais forte pesa sobre ele. É preciso também dar outro valor às despesas financeiras [...], mas, ainda sob outros pontos de vista, a gestão comercial do fabricante de filmes, cuja produção se orienta totalmente para a fabricação de uma mercadoria que terá de ser escoada, é diferente. Ele deve premunir-se de reservas. É bem mais tributário da época, dos gostos do público, da atualidade do tema e da concorrência mundial do que um diretor de teatro em sua cidade".

possam ainda lhe escapar. *Porque o sentido profundo deste processo é o de nada deixar sem relação com outra coisa, de tudo ligar, da mesma maneira que ele entrega todos os homens (sob a forma de mercadorias) a todos os homens: é muito exatamente o processo da comunicação.*"[3]

Desencantada que seja, privada de "aura" — contraditória em si mesma e cobrando superação — é, pois, nossa hipótese que, para Brecht, uma nova totalidade se atinge aí. De certa forma, todo o seu caminho posterior, configurado em uma maturidade rigorosa, cuja irradiação afetará mesmo o conjunto da obra anterior, será configurado pela tarefa de construí-la e configurá-la em cada um de seus traços. Atingida de um salto, assinalado pela referida confluência das principais linhas de força que impulsionavam seu trabalho até o "Processo", essa nova totalidade que em tal choque primeiramente se ilumina terá de ser longamente trabalhada e, por assim dizer, conquistada sobre a negatividade que se viu atingir o domínio que Brecht passa a chamar "velha 'arte' 'irradiante'". Negar esta negação, ponto que, aqui, podemos agora enunciar, será construir e, portanto, positivar a totalidade de uma arte outra, tarefa fundamental que, reiteramos, em sua variação inúmera irá correr como veio central através de todo o trabalho de Brecht. O modo pelo qual ele atinge suas reflexões finais sobre o saldo e aprendizado do "Processo" deixa por si mesmo muito claro esse caráter de tarefa e de metódico caminho a seguir, o que é muito visível neste fragmento:

"Se não mais podemos aplicar a noção de obra de arte à coisa que nasce desde que a obra de arte se transformou em

---

[3] *Id., ibid.*, p. 177 (o grifo é nosso).

mercadoria, é preciso então abandonar esta noção, com prudência e precaução, mas sem temor, se nós não quisermos que seja liquidada ao mesmo tempo a função da coisa, porque ela deve passar por essa fase sem dissimulações: não se trata de um pequeno desvio, sem consequências, para fora do caminho certo. O que aí lhe acontece vai modificá-la de ponta a ponta e apagará seu passado, a tal ponto que, caso seja preciso retomar um dia a velha noção — e por que não? — ela não mais evocará a lembrança do que designava anteriormente. A fase 'mercante' abandonará sua especificidade atual, mas ela terá carregado a obra de arte de uma outra especificidade que lhe é inerente. Também a frase 'a obra de arte é uma mercadoria' não seria, igualmente, senão uma tautologia predicativa se ela não contivesse uma indicação da função da obra de arte, daquilo que constitui o seu valor principal.

Neste sentido, essa refundição de todos os valores espirituais em tantas quantas mercadorias (as obras de arte, os contratos, os processos são mercadorias) é um processo progressista que não se pode senão aceitar, com a condição de concebê-lo como ativo e não como passivo, e que a fase 'mercante' seja considerada por sua vez como ultrapassável por uma progressão ulterior."[4]

Acreditamos que este fragmento, sobretudo pelo seu caráter de síntese, dá bem a ideia de como esse "choque" alarga enormemente as fronteiras de reflexão de Brecht. Ela aqui assume a dimensão revolucionária "copernicana" que é frequente lhe atribuírem. De fato, é como que num hausto largo de reflexão histórica que aí se alinham, com descortino, a visão da queda de

---

[4] *Id., ibid.*, pp. 214-5.

uma esfera de atividade, da "refundição de todos os valores" e da necessária, e programática, superação da fase que se inaugura — "ativa, e não passiva", "por sua vez ultrapassável". Aí se encontram, em suas grandes linhas e no momento de sua enunciação primeira, tanto a visão da nova totalidade em surgimento, pressuposta na "refundição de todos os valores", quanto sua dialetização necessária e posterior ultrapassagem. Num âmbito de tal maneira expandido é que se poderão riscar e tomar corpo as concepções de extrema amplitude estética e histórica que, em sua capacidade de tudo recolocar em questão e de livremente desempenhar-se, irão definir a contribuição de Brecht em seu conjunto. Com efeito, nenhuma concepção estreita de "escola" ou grupo irá determinar o traçado de seus projetos, que passam a desenhar-se com amplitude e liberdade de trajetória tais que definitivamente o diferenciam e afastam dos únicos movimentos artísticos de que, em seus inícios, já estivera algo mais próximo, porém sem jamais identificar-se com eles, como, por exemplo, o Expressionismo alemão na época de *Baal* e *Tambores na noite*. Até mesmo por um certo isolamento — bem pesada a palavra — *monumental*, irá se remarcar o conjunto de seu legado que, no dizer de Roland Barthes, "brilha, hoje ao menos, como um clarão excepcional em meio a dois desertos: o deserto do teatro contemporâneo, onde, exceto Brecht, não há grandes nomes a citar; o deserto da arte revolucionária, estéril desde os começos do impasse jdanoviano".[5]

Este isolamento "magnificante", espécie de luminoso e inesperado contraefeito da obra que incorporou a perda de "aura", se vem dificultar, para Brecht, o encontro de parâmetros contemporâneos, não o atira, de todo modo, solitariamente,

---

[5] Roland Barthes, *op. cit.*, p. 84.

num céu vazio: ele vai aproximá-lo, à distância de quase dois séculos, dos projetos intelectuais e artísticos de corte mais amplo que definem o desempenho clássico, notadamente do Classicismo alemão, e principalmente de Goethe — como devemos expor mais adiante.

Basicamente, ao surgir, este isolamento é o penhor de uma liberdade, aquela que é característica e pressuposto dos trabalhos que, ao tomar forma, criam seu próprio campo, definem seu gênero e dos quais se diz que, de certa forma, criam até mesmo seus próprios antecessores. Neste sentido, também, a relativa solidão é atributo paradoxal da *totalidade* de tais obras, na medida em que, no seu específico e inaugural tomar forma, elas definem seus próprios contornos e, mesmo, criam seu próprio modo de existência. É específico deste seu formar-se a refundição em molde próprio de tudo quanto incorporam. Se Brecht é sóbrio e simples ao enunciar a "refundição de todos os valores", é curioso verificar como Benjamin, por seu lado, como que *procura* o *espanto* ao tratar do mesmo tema — justamente naquele seu texto/conferência que é mais claramente que qualquer outro uma emulação dos achados brechtianos dessa época e também um experimento assumido de sua divulgação em determinada esfera:

"Em todo caso foi intencionalmente que eu escolhi o exemplo de Tretiakóv[6] para vos indicar a partir de que hori-

---

[6] Assinalamos anteriormente que, segundo Bernhard Reich, foi a conselho de Serguéi Tretiakóv que Brecht passou a utilizar o termo *Verfremdungseffekt*. O editor francês de Brecht acrescenta ainda que Tretiakóv "havia publicado, em 1932, um grande artigo sobre Brecht na *Literaturnaia Gazeta*, e depois traduzido para o russo alguns de seus poemas e peças". Acrescenta ainda o editor que "Tretiakóv acompanhou Brecht nas suas viagens à União Soviética" e que Brecht, por seu lado, fez uma adaptação em alemão da peça de Tretiakóv *Eu quero um filho*

zonte muito largo é preciso, apoiando-se sobre os dados técnicos de nossa situação atual, revisar as ideias que nós fazemos das formas ou dos gêneros em literatura, a fim de chegar a estas formas de expressão às quais as energias literárias de hoje devem aplicar-se. No passado, não houve sempre romances, não

---

(cf. Notas, *in* Bertolt Brecht, *Journal de travail, cit.*, p. 561). A colaboração entre ambos se deu de 1930 até 1935, e tem seu ponto alto em 1932. Em 1939, exilado na Dinamarca, Brecht lançou em seu *Diário de trabalho* uma nota que começa assim: "koltsov também foi preso em moscou. meu último contato russo. ninguém sabe nada sobre tretiakóv, esse 'espião japonês', ninguém sabe nada sobre a neher, que em praga se teria ocupado de assuntos trotskistas por conta de seu marido. reich e asja lacis não me escrevem mais, grete não recebe mais nenhuma resposta de seus amigos do cáucaso e de leningrado. bela kun, a única figura política que me foi dado ver, também está preso. meyerhold perdeu seu teatro, mas estaria autorizado a dirigir ópera [...]" (cf. *Id., ibid.*, p. 28).

Exilado, numa Europa crescentemente ocupada pelas tropas nazistas, o marxista Brecht via, ao mesmo tempo, desaparecerem todas as chances de encontrar apoio na União Soviética, onde, além de saber presos ou mortos os amigos, encontrava a oposição de Lukács e seu grupo.

Quando visitou Brecht em Svendborg, Benjamin escreveu a seguinte nota, de 1º de julho de 1938: "Recebo respostas céticas quando abordo a situação na Rússia. Quando, por último, procurava saber se Ottwald continuava preso, me foi respondido: 'se ele ainda pode estar numa prisão, ele lá continua, sem dúvida'. Ontem a Steffin acreditava que Tretiakóv certamente não estava mais vivo". (Consta que tenha sido fuzilado em 1939.) (Cf. Walter Benjamin, *Essais sur Bertolt Brecht*, Paris, Maspero, 1969, p. 143.)

A ascensão do nazismo e a evolução da situação na União Soviética a partir dos "processos de Moscou" foram, sem dúvida, os acontecimentos históricos que mais pesaram na definição dos rumos do pensamento de Brecht, como devemos indicar mais adiante. No bojo desses acontecimentos, a morte de dois de seus maiores interlocutores: a indução de Walter Benjamin ao suicídio e o assassinato de Tretiakóv.

serão necessários sempre; não houve sempre tragédias, grandes epopeias; as formas do comentário, da tradução e mesmo do pretendido plágio não o foram sempre variantes à margem da literatura, e não apenas nos escritos filosóficos, mas também nos escritos poéticos da Arábia ou da China elas tiveram seu lugar. A retórica não foi sempre uma forma sem importância, ao contrário, ela, na Antiguidade, imprimiu sua marca a grandes províncias da literatura. Tudo isso para vos familiarizar com a ideia de que nos encontramos no coração de um enorme processo de refundição das formas literárias, de um processo de refundição no qual numerosas posições, segundo as quais nós estávamos habituados a pensar, poderiam perder sua vigência [...]."

Em seguida, disfarçando, por um efeito de modéstia tática, a citação de si mesmo, acrescentará Benjamin: "Na nossa literatura, escreve um autor de esquerda, certas oposições que se fecundaram mutuamente em épocas mais felizes, tornaram-se antinomias insolúveis. Assim a ciência e as belas letras, a crítica e a produção, a cultura e a política caminham em sentidos divergentes e sem guardar nem relação nem ordem".[7] (Se, neste passo, o exemplo propiciatório é ainda Tretiakóv, ao final do ensaio o exemplo cabal de uma produção nestes novos moldes já será o de Brecht.)

O texto de Benjamin é precioso aqui pela sua capacidade de articular com agilidade e rapidez de salto os "dados técnicos de nossa situação atual" à liberdade de movimentos que pressupõe o "enorme processo de refundição das formas literárias", no "coração" do qual "nos encontramos". É claro, nesse texto, o

---

[7] Walter Benjamin, *Essais sur Bertolt Brecht, cit.*, pp. 111-2.

desejo de despertar no público — lembrando-se sempre de que se trata de uma conferência —, a percepção um tanto viva e até emocionada de se estar diante de acontecimentos realmente novos (o que se denuncia principalmente em sua articulação, de tipo argumentativo, que primeiro dissemina e em seguida recolhe, num gesto, enumerações exemplificatórias de espectro largo). As anteriores conclusões de Brecht, no texto do "Processo", são atravessadas por certo espanto, que todavia em sua exposição é contido pelo caráter enumerativo de "suma" (que deve contar com um conjunto de partes igualmente desenvolvidas) e pelo valor primeiro de diagnóstico, mais do que de divulgação. De sua parte será preciso esperar, não muito longamente, os primeiros anos do exílio na Dinamarca e a transposição do tema da "nova era", e da "emoção" que acompanha as descobertas, para um trabalho dramático — *A vida de Galileu* (1932/39) —, onde a construção dramatúrgica e a destinação cênica permitem recuperar para a obra esse valor de espanto. De tal forma Brecht e Benjamin alternam-se em suas atitudes diante da questão — Benjamin será de novo "contido" em "A obra de arte..." — que ambos parecem repetir e variar o agudo momento teatral do diálogo entre Galileu e Sagredo, quando colocados diante do "aboliu-se o céu":

> "*Sagredo* — Galileu, você precisa se acalmar!
> *Galileu* — Sagredo, você precisa se animar! Dona Sarti!
> *Sagredo* (desvia o telescópio) — Você quer parar de gritar como um louco?
> *Galileu* — Você quer parar de fazer cara de peixe morto, quando a verdade foi descoberta?"[8]

---

[8] Para os fins desta citação, utilizamos a tradução de Roberto Schwarz de: Bertolt Brecht, *A vida de Galileu*, São Paulo, Abril Cultural, 1977, p. 56.

No início da peça Galileu faz o que Brecht irá chamar mais tarde — no "Pequeno órganon para o teatro" — "Saudação de uma nova era", fala extensa e antológica que assim se termina:

> "*Galileu* — [...] Nossos navios viajam longe. As nossas estrelas giram no espaço longínquo, e mesmo no jogo de xadrez, agora, a torre atravessa o campo de lado a lado.
> Como é que diz o poeta? 'Ó manhã dos inícios!...'
>
> *Andrea* — 'Ó manhã dos inícios!
> Ó sopro do vento
> Que vem de terras novas!'"[9]

Mas é nas inacabadas "Notas sobre a *Vida de Galileu*" que tal sentimento mais se explicita, ao falar Brecht sobre o que significa a "convicção de estar no início de uma nova época":

> "A nova época era e é algo que diz respeito a tudo e a todos, que não deixa nada na mesma, que vem agora revelar o seu caráter, algo em que há lugar para toda a fantasia, e que as afirmações demasiado categóricas só podem limitar. [...] Ama-se a sensação de felicidade daqueles que colocam óleo numa máquina, antes de ela revelar o seu poder, daqueles que erguem as fundações de uma nova casa, a sua casa.
> Este sentimento conhece-o o pesquisador ao fazer uma nova descoberta que irá transformar tudo, o orador ao preparar um discurso que irá criar uma nova situação [...]."[10]

---

[9] *Id., ibid.*, p. 13.

[10] Para efeito desta citação, utilizamos a tradução portuguesa (cf. Bertolt Brecht, "Notas sobre a *Vida de Galileu*", in *Vida de Galileu*, Lisboa, Portugália, 1970, pp. 205-6).

Esse movimento *procurado* do espanto, em ambos (mas sobretudo em Brecht, antes adepto daquela espécie mais "fria" do espanto, a estranheza), é caso de exceção — mas por isso mesmo talvez revelador e digno de nota. É no seu aporte excepcional — e talvez um tanto excessivo — que se explicita aquela liberdade de movimentos que ambos assinalam. A imagem, cara a Brecht, do jogo de xadrez,[11] em que a torre "agora atravessa o campo de lado a lado", é bem uma correspondência metafórica às rupturas, um tanto vertiginosas, de fronteiras geográficas e históricas que executa o texto de Benjamin nos caminhos de muitas pistas que trafega sua exemplificação: a relativização de todos os valores, deflagrada pelo trânsito em direção a uma nova concepção da atividade artística, vai dos dados técnicos contemporâneos à "Antiguidade", busca referências outras na Arábia e na China — sugere um trabalho de passagens entre a filosofia e as artes, o Oriente e o Ocidente e, até, insinua seja mortal a forma maior do romance. Significativamente, irá sugerir a revalorização possível justamente das "formas do comentário, da tradução e mesmo do pretendido plágio [...]".

Desnecessário talvez dizê-lo, tanto o alargamento da concepção de produção cultural (e essa sua correlata liberdade de referenciação) quanto o "sentimento do novo tempo" estão em re-

---

[11] Quando visitou Brecht em Svendborg (1934), Benjamin relatou as conversações mantidas em um conjunto de notas inestimável, dentre as quais a de 12 de julho é especialmente reveladora quanto a essa ligação de Brecht com o jogo de xadrez: "Ontem, depois da partida de xadrez, Brecht declarou: 'Se Korsch chegar, deveremos estabelecer com ele um novo jogo. Um jogo em que as posições não ficam sempre iguais, em que a função das peças muda quando permanecem um momento no mesmo lugar: elas se tornam então ou bem mais eficazes ou bem mais fracas! Ora, não é assim que isto se passa; a coisa fica igual durante muito tempo" (cf. Walter Benjamin, *Essais sur Bertolt Brecht, cit.*, pp. 132-3).

lação dialética com a totalidade que aí se atinge para a atividade artística, pois, reciprocamente, tanto a produzem quanto são produzidos por ela. Ainda uma vez o movimento do texto citado de Benjamin pode, quanto a isso, ter um valor demonstrativo, pois ele finalmente as articula — a essa liberdade e ao sentimento do novo — à sugestão (*doublée* de convicção) de que, como já teria ocorrido "em épocas mais felizes", antinomias hoje insolúveis poderiam esfacelar-se, para de novo "se fecundarem mutuamente" "ciências e belas letras, crítica e produção, cultura e política".

Alargamento em progresso do arco de referência e ruptura da compartimentação de disciplinas e saberes vêm juntos. A eles, organicamente, articula-se a remissão — já que o novo nunca é absoluto — a épocas passadas, "mais felizes", em que uma interpenetração mais rica entre domínios hoje separados fertilizou as atividades dos homens. Essa "totalidade" que assim se entrevê é uma totalidade em progresso, ou seja, nascida da negação que ela incorpora e cuja superação é seu próprio e instituinte fazer-se.

A este respeito, muito significativamente, como esperamos poder vir a esclarecer, não vamos encontrar em Brecht um único e grande texto teórico, completo em si mesmo, que configurasse no seu próprio âmbito um traçado autoconsciente dessa percepção da totalidade. Ao contrário, é em uma multidão de trabalhos, grandes e pequenos textos e fragmentos, que vamos encontrar a sua manifestação multiplamente refratada e, o que é fundamental, sempre *em ato*, ou seja, no ato de fazer-se.

A disseminação da totalidade em múltiplos textos/ações fragmentários — onde não se *tematiza* a totalidade, mas se pratica a ruptura de compartimentações — ela mesma cobra a reunião do múltiplo e do disperso, o que, por sua vez, só se pode dar como uma prática de construção problemática e arriscada da totalidade. O breve texto, quase criptográfico, de J. Thibaudeau, talvez cobre aqui algum sentido: "[...] eu quero dizer que 'todo

Brecht' está efetivamente em ação no menor de seus fragmentos" — e mais adiante — "[...] se o texto inteiro está em ação no menor de seus fragmentos, isto quer dizer que o menor fragmento chama sua articulação a um outro. Ler Brecht, é fazer montagem".[12] Talvez devêssemos novamente, aqui, chamar à ação a imagem, já citada, da explosão/implosão que Brecht viu no *Guernica*, de Picasso, e que numa pequena nota aplicou prospectivamente ao seu próprio trabalho: "furacão bárbaro que fez voar um mundo em estilhaços, furacão poético que reuniu tais pedaços em seu turbilhão". O efeito, que mesmo prematuramente cremos dever assinalar, é o de ir se revelando o duplo estatuto — de *aparição* e *desaparição* — da totalidade em Brecht e, ainda, a consubstanciação propriamente poética de teoria e prática — posto que sua visão possível (teoria) é já a prática de montá-la. Parodiando Thibaudeau, seria possível dizer-se que, aí, a teoria se encontra, em cada palavra, no estádio prático, e que a recíproca é verdadeira.[13]

Em toda a obra de Brecht, da qual se pode dizer que é das mais vastas, um dos textos que mais se aproxima de uma expressão teórica dessa noção da totalidade em ato, não atingível "em efígie", mas apenas de modo real, é justamente um breve fragmento (difícil de datar, mas que é possível saber posterior a 1933 e anterior a 1940), colocado sob a seguinte rubrica: "Quem tem necessidade de uma visão metafísica do mundo?":

> "Quaisquer que sejam os elementos, quaisquer que sejam as necessidades econômico-sociais que encaminharam a

---

[12] J. Thibaudeau, *op. cit.*, pp. 16-7.

[13] *Id.*, *ibid.*, p. 17: "A prática aí [na obra de Brecht] se encontra, em cada palavra, no estádio teórico".

separação das ciências (ela é de fato um produto do capitalismo), pode-se daí tirar partido. Que emane do capitalismo no estádio de sua edificação ou naquele de seu declínio, ela é para nós positiva. Ela ajudará a enterrar o capitalismo e a edificar o socialismo. Somente ela é que permitiu às ciências particulares trabalharem segundo uma ótica materialista e, daí, desenvolverem métodos verdadeiramente fecundos. Ela não será conservada sob a forma mecânica que lhe deu a burguesia, mas quando as ciências se tiverem impregnado reciprocamente, não será com o objetivo que os amantes de uma visão metafísica designam a esta impregnação (assim como este objetivo não terá atingido esta impregnação): não será a grande visão, a visão totalizante no indivíduo, pregada por Heidegger."[14]

Nas primeiras páginas deste trabalho em curso, dizíamos que a ampliação da qualidade estética, em Brecht, visou o mundo, e diretamente, e que apenas como real se pensava a consecução última de seus trabalhos, incapazes de se satisfazerem em si mesmos. Referíamo-nos, como devemos voltar a fazê-lo em outras chaves, a esta cobrança imperativa da totalidade, simultânea à recusa, igualmente imperativa, de seu caráter metafísico. Tal como aparece no fragmento acima citado, esta totalidade em ato reverbera em todo o conjunto da obra de Brecht, o que torna sua exposição uma tarefa que só homologando um tanto seu movente objeto pode ser cumprida. Para os fins deste trabalho, gostaríamos de, mais adiante, mostrar como ela se consubstancia ao que vimos chamando de *projeto clássico* de Brecht — no

---

[14] Bertolt Brecht, *Écrits sur la politique et la société*, cit., p. 126.

qual se configura uma retomada da tradição clássica propriamente dita, ao mesmo tempo em que se encaminha sua ultrapassagem em vista da constituição do que pode ser uma classicidade contemporânea.

O melhor meio de começar a cumprir tal tarefa é procurar as próprias sínteses que o trabalho de Brecht, ele mesmo, "precipitou". Mas é também o melhor modo de começar a verificar o caráter operante da totalidade em Brecht, pois, se no seu desenvolvimento ele produziu ao menos dois grandes conjuntos integrativos, o estatuto da totalização em tais conjuntos não é o de reveladores de uma totalidade dada, mas, sim, o de operadores de uma totalidade que neles se refrata e que eles ajudam a produzir. O operador é a feição prática — constitutiva e articulatória — dessa totalidade, cujo modo de aparição é justamente o de converter reciprocamente, uma à outra, teoria e prática. Mesmo tais conjuntos, então, como devemos verificar logo adiante, ao observá-los, enquanto operadores, não nos colocam diante de uma totalidade acabada, mas diante de um movimento de totalização permanente. Por isso, não se pode pretender conhecer a obra de Brecht e ao mesmo tempo comportar-se, em sua abordagem, como se se tratasse apenas de revelar uma totalidade previamente estabelecida: ela nos obriga a *produzir* a sua totalidade, ou seja, a acompanhá-la no movimento de seu surgimento, de sua constituição ativa e em autoultrapassagem permanente.

Como acentuamos anteriormente, é no trabalho teatral que essa obra múltipla sobretudo se concentra e, por isso, é justamente neste domínio central que se podem encontrar prontos, com maior facilidade, conjuntos teóricos e mesmo conjuntos teórico-cênicos integrativos, em que algumas rupturas principais de compartimentações e antinomias surgem associadas a notações de ordem política, histórica, estética e mesmo autobiográfica. É, com efeito, a alguns elementos mais evidentes de tais conjuntos que a maior parte da crítica voltada para Brecht, senão quase toda ela, se tem limitado ao procurar oferecer uma visão mais global de sua obra, o que lhe confere, a esta crítica, o ar uniforme de paráfrase que quase sempre afeta seu discurso, entusiasmado, muitas vezes, mas, nesta limitação, frequentemente paralisante. Em tal circunstância o que principalmente se perde é o movimento de seu surgimento e o conjunto de contradições que anima a obra de Brecht. Esta situação, acreditamos, é bem conhecida daqueles que procuram estudar o legado de Brecht, e, na já ampla bibliografia encontrável, lidam com uma formidável dose de repetição, que forma verdadeira barragem ao avanço desejado. Rodando no limite estreito que vai da paráfrase ao proselitismo, tais abordagens quase sempre se ancoram em alguns nódulos de significado de um desses dois conjuntos célebres — o *Pequeno órganon para o teatro* e *A compra do latão*,[15] nesta ordem, onde vêm bater num refluxo monótono o exemplo do Galileu, que aprende e se diverte, e a pobre de Setsuan, a de boa alma, fendida em Shen-Te e Shui-Ta, duplicidade que chia, estala e enche na boca de tanto "crítico". A pletora morna dessa repetição ultimamente mais afasta do que aproxima de Brecht, sobretudo os mais jovens; e demanda esforço atravessá-la — sobretudo pelo que ela contamina de redundância bruta alguns desses conjuntos inestimáveis, que Brecht construiu como verdadeiros indicadores e cabeças-de-ponte para a percepção do conjunto de sua produção. Neles como que se dá a ver, ao modo de ponta emergente à superfície do conjunto móvel e difícil da

---

[15] Cf. Bertolt Brecht, *Petit organon pour le théâtre (suivi de Additifs au Petit organon)*. Paris, L'Arche, 1978; *L'achat du cuivre*, in *Écrits sur le théâtre, cit.*, v. 1, pp. 447-625.

obra, a trama mais ampla e mais funda das relações que a constituem em sua complexa unidade, residindo nisto sua função e utilidade principais, que se encontram, assim, prejudicadas.

Vamos, por nossa vez, também nós rapidamente utilizá-los, a estes conjuntos textuais célebres, mas na obrigação de tentar ir adiante, de novo trabalhando antes com Brecht do que com o brechtismo, no âmbito do qual a rigor, certamente como tantos outros, não temos encontrado ensinamento nem ajuda.

Mas é interessante, tentando recuperar este dado para a análise, anotar que relativamente tão cedo se veem afetar o legado de Brecht aqueles cacoetes típicos que arriscam neutralizar as obras ditas *clássicas*.[16] Assim como ocorreu anteriormente, quando mencionamos o caso do "efeito de distanciamento", ao mencionar-se agora outro ponto capital da produção de Brecht, de novo nos defrontamos com a necessidade de, num parêntese, tecer sobre sua obra considerações em tudo semelhantes àquelas que, ao longo de sua vida, ele mesmo repetiu e variou a respeito dos males que afetam os "clássicos". É significativo, pois, que em relação ao seu legado comparativamente recente, seja preciso, já, combater o que ele, em 1954, chamou de "uma tradição de deterioração dos clássicos", atribuindo-a à "preguiça intelectual e

---

[16] No seu *Diário de trabalho*, com data do "Pentecostes 49", Brecht anota um fenômeno deste gênero: "folheio WILHELM MEISTER. estes livros nos foram estragados pela escola, onde os indivíduos mais aborrecidos lhes faziam os mais aborrecidos elogios. como se poderia presumir que um romance imposto pelos professores de alemão, os mais assexuados de todos os seres, pudesse conter uma cena como a de *filina* colocando suas chinelas ao pé do leito do *herói*, para lhe fazer crer que dormira em seu leito, pressentindo que isto poderia perturbá-lo, mas também prepará-lo forçosamente para uma visita real? os professores de alemão esconderam em suas barbas compridas esta única alcova da sensualidade na literatura alemã!" (Bertolt Brecht, *Journal de travail, cit.*, p. 507).

à sensibilidade mole dos habituados à rotina" e explicando-a por uma imagem tão viva quanto conhecida:

> "É como se deixássemos, por negligência, que camadas de pó se acumulassem sobre grandes quadros do passado, e quando fôssemos copiá-los, com mais ou menos zelo, reproduzíssemos também as manchas de pó. O que, antes de mais nada, desaparece nessa operação é o frescor da obra original, o que ela tem de espantoso, de novo e fecundo para sua época e que é uma de suas características essenciais."[17]

Mais de vinte anos antes, em 1928, Brecht já compusera uma "Conversação sobre os clássicos"[18] (na qual simula uma conversação com o crítico H. Jhering), onde ironiza a apropriação pequeno-burguesa dos clássicos, a partir do século XIX:

> "*Jhering* — O drama clássico servia para ratificar um mundo *contra* o qual ele nascera. Em versos clássicos é que se noivava, criavam-se as crianças, discutia-se política diante de um copo de cerveja e jogava-se bilhar. [...]
>
> *Brecht* — Bem, abusou-se dos clássicos. Não se deveria tê-los estafado assim, convidá-los a cada casamento e a cada batizado."

À semelhança do que irá ocorrer posteriormente com sua própria obra, Brecht fala dos malefícios das homenagens e da excessiva deferência:

---

[17] Para os fins desta citação servimo-nos da tradução brasileira (Bertolt Brecht, "Intimidação pelos clássicos", *in Teatro dialético*, Rio de Janeiro, Civilização Brasileira, 1967, pp. 269-70).

[18] Bertolt Brecht, *Écrits sur le théâtre*, cit., pp. 174 ss.

"*Brecht* — [...] Esta atitude de deferência os clássicos pagaram-na caro. Por deferência foram estropiados, e enegrecidos a poder de incenso."

Sua atitude em relação ao aproveitamento dos clássicos e à postura clássica variou notavelmente ao longo de sua vida, como iremos observar noutra parte, mas, no que se refere às limitações e malefícios de tal condição, sua atitude foi inalteravelmente a mesma, e de clara consciência, como o atestam escritos tão distantes entre si, separados por uma guerra mundial, pela experiência do nazismo, dos anos de exílio e pelo retomo à Alemanha dividida. Nisso é que tal atitude nos interessa, pois também em relação a esta consciência é que ganha sentido, em sua especificidade, o projeto clássico de Brecht, tal como acreditamos que ele se define. Se realmente há, em Brecht, uma opção de corte clássico, dialeticamente ela, ao se definir, deve incluir nos seus cálculos o risco de neutralização.

A polêmica a este respeito tem tido lances significativos e que interessam ao nosso tema. O conhecido crítico, Bernard Dort, tomando por sua vez posição no debate, resume as posições mais marcadas: "E alguns espetáculos nos obrigam a formular a questão de saber se Brecht não foi definitivamente 'recuperado', se sua obra não se tornou parte integrante do repertório cultural burguês, em suma, se agora Brecht não possui, segundo a fórmula de Max Frisch, 'a ineficácia flagrante de um clássico'".

Perguntará em seguida o crítico:

"*Brecht, clássico ou eficaz?*
Sem dúvida podemos retorquir a Frisch, como fez Manfred Wekwerth durante o *Brecht-Dialog*, que Brecht justamente desejava ser um clássico — mas um clássico no sentido em que ele mesmo compreendia que Marx e Lênin são clássicos. Isto

é, um clássico do mundo socialista em construção e o contrário de um clássico da sociedade burguesa (que admite como acabado e definitivo aquilo que, historicamente, estaria em processo)."[19]

Ao que pudemos saber, são justamente e apenas Manfred Wekwerth, íntimo e empenhado colaborador de Brecht no Berliner Ensemble, e Hans Mayer, o crítico e historiador da literatura, também seu amigo, a sustentar que Brecht desejava ser um clássico, embora não tenhamos conhecimento de qualquer desenvolvimento dessa ideia realizado pelo primeiro, e o segundo lhe tenha consagrado algumas páginas, todavia decisivas, num ensaio inestimável que já mencionamos e iremos novamente utilizar.[20] A terem razão ambos, e só saberemos se a têm, e até que ponto, trabalhando sobre o próprio Brecht, seria preciso responder à pergunta-título do crítico francês, dizendo que Brecht *desejava ser clássico e eficaz e, também, que procurava a específica eficácia do clássico, considerando nesse estatuto as suas desvantagens e riscos, que conhecia bem.*

Assim, o próprio sentido dessa "classicização" aparentemente precoce, que se vê atingir o seu legado, depende de que se verifiquem a existência e o sentido de um *projeto clássico* informando a produção de Brecht e modelando-a: se isso realmente ocorre, e em dimensões apreciáveis, até mesmo esses aparentes percalços de sua recepção e "consumo" — a "consagração", a criação de uma "vulgata" brechtiana, as simplificações excessivas etc. — *passam a ser uma modulação da obra que planeia sua própria re-*

---

[19] Bernard Dort, *O teatro e sua realidade*, cit., p. 344.

[20] Hans Mayer, *op. cit.* (sobretudo, nas páginas 76 e 77, a contestação de Mayer a Max Frisch).

cepção, a qual se volta sobre ela mesma e passa a integrá-la, alterando até a compreensão de seus elementos constitutivos básicos.

Brecht certamente não desejava a "ineficácia" e tampouco a redução de sua obra a uma *doxa* petrificada, mas a ocorrência de tais reduções pode ser um *momento* (de risco calculado) no conjunto de um projeto mais amplo de modelagem da recepção ou de planejamento de sua própria inserção no campo da cultura. Em todo caso, lembramo-nos de ter visto anteriormente suas propostas de organização da glória e seu rigor "dramático" no escândalo, fenômenos da expansão e do trabalho da obra que voltaremos a examinar. E se nossas hipóteses iniciais estiverem corretas, são atributos de uma classicidade, hoje, tanto o *refluxo* das variações inúmeras da obra sobre a matriz quanto uma presença *pesada* na organização da cultura — o que comporta um momento de redundância e de onipresença indiferenciada e um tanto rígida, capaz de sobreviver a certos embates e de atravessar barragens culturais mais densas. Enquanto condição, pois, para o trabalho da obra, esta redundância seria ao mesmo tempo um atributo dessa específica classicidade e da totalidade que a configura, uma vez que a repetição inúmera pode ser um dos modos de propiciar, dialeticamente, como num recurso mnemotécnico, sua assimilação, variação e transposição — a ponto mesmo de, completo um ciclo de conhecimento, começar-se a (didática) desmontagem crítica dos elementos de redundância "pobre" contidos nos procedimentos de divulgação mais endurecidos.

Haveria, assim, colaboração e embate simultâneos entre a obra de Brecht e sua divulgação, de modo que a elevada taxa de redundância na crítica brechtiana nos atrapalha e nos ajuda, mas não desfaz, para este trabalho, o nó de seu tema; ela nos reconduz a ele, como se está vendo, e trata-se de continuar a trabalhá-lo — pois o estatuto dessa redundância depende do estatuto da classicidade em Brecht e, nesta passagem, pouco pudemos levantar mais que a variação de algumas hipóteses. Sua verificação, como vimos pouco anteriormente, depende, por seu turno, de que se apanhe o projeto clássico no movimento de sua constituição e contradição internas. De resto trata-se, também neste caso, de seguir a indicação do próprio Brecht que, ainda a respeito dos clássicos e da barragem de redundância que os afeta, diz: "[...] precisamos iluminar seu conteúdo ideológico original, extrair sua importância nacional e portanto internacional; precisamos estudar a situação histórica da época em que a obra foi escrita, a natureza particular do autor e a perspectiva que adotou".[21]

Em todo caso, ele acrescenta, algo consolatoriamente, para nós, que "esse estudo apresenta algumas dificuldades das quais já se falou e ainda se falará muito", mas adverte, em seguida, para outro "obstáculo", que chamou de "intimidação pelos clássicos", ou seja, o risco de ficarmos medusados pela amplificação desmedida de sua grandeza. Bem, diga-se rapidamente que tal terror existe, e é mesmo paralisante, como todos sabem. (Brecht poderia ainda ter mencionado certas circunstâncias que o aprofundam e agravam, tais como os abismos culturais e econômicos entre nações e estudiosos, as alfândegas ideológicas, os complexos nacionais de inferioridade etc., circunstâncias talvez impossíveis de vencer). Um como outro desses obstáculos, com os quais Brecht sintomaticamente se preocupou, são, por outro lado, como que os *garants* de sua leitura, assim como o de outras obras de significado cultural muito amplo e profundo: elas obrigam a uma espécie de ampliação do arco do entendimento, assim como certos exercícios físicos obrigam a uma ampliação da capacidade respiratória; dão mostra do alcance e da capacidade humana de ultrapassar certos limites, mas sobretudo nos dão ciência da limi-

---

[21] Bertolt Brecht, "Intimidação pelos clássicos", *cit.*, p. 270.

tação, da pequenez, do esforço sempre baldado de estar tentando compreendê-las. A tais trabalhos talvez não devêssemos nos abalançar todos, sobretudo os iniciantes, e seguir os conselhos de Goethe nas conversações com o fiel Eckermann: "Tenha você, antes de tudo, muito cuidado com os argumentos grandes, de própria concepção, pois exigem uma visão clara das coisas, e na juventude é raro que cheguem a amadurecer nossas ideias".

Acrescentará depois, com bonomia, o velho Goethe: "Deixe, pois, de lado por ora, as coisas grandes. Trabalhou bastante você, já; é tempo que conheça as alegrias da vida, e para isso, o meio melhor é tratar temas miúdos".[22]

Mas, se não for muito excessivo, para encerrar este parêntese, cederíamos ao desejo de acrescentar à incitação de Brecht a que se "enfrentem" os clássicos, uma página tão entusiasmada quanto prudente, mas no fundo também incitatória:

> "As verdadeiras obras, aquelas que jamais serão esgotadas pelo trabalho crítico, aquelas que, por serem assim verdadeiras e grandes, fazem deste mesmo trabalho uma tarefa bela nas suas limitações, são, para sempre, eixos imantados das obras de crítica verdadeiras."[23]

A propriedade que têm tais obras de alargar a nossa dimensão, e mesmo de definir com amplitude o horizonte humano, *produz totalidades* (cristaliza, concentra) e *caminha por rupturas*.

Aqueles dois conjuntos "teóricos" de Brecht — o *Pequeno órganon para o teatro* e *A compra do latão* são totalidades parciais

---

[22] Cf. J. W. Goethe, "A Eckermann", *in Obras completas*, Madri, Aguilar, 1950, t. II, p. 1.038.

[23] João Alexandre Barbosa, "A palavra e o fato", *in Opus 60: ensaios de crítica*, São Paulo, Duas Cidades, 1980, pp. 71-2.

em relação ao seu teatro e no conjunto global de sua obra, e procedem, internamente, por rupturas de compartimentações, o que se dá em muitos níveis, entrecruzando-se e potenciando-se reciprocamente as diversas rupturas. Alguns aspectos dessa operação desses textos, talvez os principais, convém que se examinem um pouco — concentrando-nos antes no trabalho concreto de suas rupturas do que em certos aspectos conteudísticos, justamente aqueles mais sobrecarregados pela referida redundância. A expressão desse seu trabalho começa — ou, talvez, termina — pela relação que eles mantêm entre si: Brecht comenta, em agosto de 1948 (Suíça), ter "mais ou menos terminado o *Pequeno órganon para o teatro*", acrescentando: "É um breve resumo de *A compra do latão*".[24]

Ora, o *Pequeno órganon*, portanto, numa economia geral da obra, está para *A compra do latão* como este está para o teatro no conjunto da obra de Brecht. Constroem, assim, um diálogo de totalidades parciais e totalidades totais, que se remetem reciprocamente umas às outras, gerando um movimento difícil, senão impossível, de ser reduzido. Isto porque, às remissões recíprocas desses conjuntos, que se poderiam reduzir à inclusão "em abismo" do menor pelo maior numa série finita de três ou quatro termos, sobrepõe-se a relação acabado-inacabado e aparentemente mais fortuita, a de seu par publicado-impublicado. De fato, Brecht passou longo tempo escrevendo e reescrevendo esses dois conjuntos, mas principalmente *A compra do latão*, em que, sem dúvida, trabalhou pelo menos de 1937 a 1951 (concentrando-se o trabalho nos anos de 1939 e 1940, conforme se pode depreender das anotações de seu *Diário de trabalho*), sem jamais dá-lo por acabado ou publicá-lo — tratando-se de deli-

---

[24] Bertolt Brecht, *Journal de travail, cit.*, p. 475.

cada tarefa dos editores a sua montagem final e publicação póstuma, articulada entre fragmentos às vezes conflitantes e diversas ordenações possíveis dos materiais, sugeridas em "índices" manuscritos intercambiáveis.[25]

Visto assim, *A compra do latão* é bem uma expressão dessa totalidade em progresso a que se refere e onde se inclui, escrito par a par com ela, igualmente movente e inacabado. É muito possível ver-se nesse processo bem mais que uma metáfora, se nos lembrarmos de que o próprio Brecht optou pelo seu inacabamento programático, no momento em que fez incidir sobre este trabalho a relação publicado-impublicado: isto ocorre, paradoxalmente, quando decide elaborar — e publicar — um seu "resumo" — o *Pequeno órganon* —, introduzindo no seio do trabalho que continua a "ilhota" da totalidade parcial, do relativo acabamento. É esse gesto que, paradoxalmente, institui *A compra do latão* como autêntico trabalho em progresso, e não como obra fortuitamente inacabada, dando ao seu inacabamento a *allure* de um acabamento, ao qual se alça ao duplo estatuto de real e simbólico. Assim, como os paradoxos costumam reagir em cadeia e, em tempo, é útil fugir deles e de sua vertigem, diga-se apenas, nesta passagem, que o acabamento incidirá mais sobre a totalidade menos total (o *Pequeno órganon*), a publicada, e menos acabada será a totalidade mais total (comparativamente, *A compra do latão*), a impublicada. Mas tampouco o *Pequeno órganon* teve o direito a um acabamento definitivo, pois, sobre ser referido ao conjunto maior, inacabado, também ele recebeu mais tarde os "Aditivos ao *Pequeno órganon*".[26]

---

[25] Cf. a respeito as "Notas do Editor", *in* Bertolt Brecht, *Écrits sur le théâtre*, cit., v. 1, pp. 638-9.

[26] *Id., ibid.*, nota 15.

É ainda uma vez Jean Thibaudeau quem nos chama a atenção, quanto a Brecht, para o sentido da relação publicado-impublicado: "Um dos aspectos por onde determinar a modernidade literária, talvez muito importante, aí está: na nova definição, variando de um texto a outro, do limite publicado-impublicado. Este limite assume todas as espécies de verossimilhanças: internas e externas".[27] Para além das verossimilhanças fortuitas ou acidentais, é na liberdade de reinvenção/produção da nova totalidade, que o crítico vai ancorar o seu sentido:

> "Tendo se desfeito completamente do Estado burguês, completamente entregue à construção do Estado socialista, Brecht, a partir de um verdadeiro vazio institucional, reinventa de ponta a ponta os gêneros literários. Da mesma forma, em Brecht, para os gêneros como para a relação publicado-impublicado, como para a língua. Nenhuma solução é retida senão enquanto resulta de um processo visivelmente inscrito nessa retenção, e se dá sem deter-se a novos jogos de contradições."[28]

Também irá vincular, ao seu modo, inacabamento e totalização o crítico francês Bernard Dort, num artigo em que aponta os dois "modelos" dos textos de Brecht: o *Diálogos dos grandes sistemas do mundo*, de Galileu, para *A compra do latão;* para o *Pequeno órganon*, e pela via negativa, Aristóteles (mediado pela "resposta" de Bacon a Aristóteles — o *Novum organum*).[29]

Dialogam, assim, estes textos entre si, no que passam uns nos outros, borrando fronteiras nítidas, encaminhando a formação, totalizadora e em progresso, de uma espécie de *texto único*

---

[27] J. Thibaudeau, *op. cit.*, p. 16.

[28] *Id., ibid.*, p. 17.

[29] Cf. B. Dort, *op. cit.*, p. 315.

ou grande intertexto, obrigando-nos à montagem, à movência e, *last, but not least*, à percepção da totalidade e de seu estatuto. Este diálogo encontra ainda expressão na construção de cada um dos textos, particularmente. O *Pequeno órganon* é constituído por um breve "Prólogo", seguido de fragmentos de variável extensão, numerados de 1 a 77, e leva consigo o jogo dialético das partes e do todo, onde cada fragmento vale por si e no conjunto, o todo sendo maior do que a soma de suas partes — esta última operação, tarefa do leitor. Mas já *A compra do latão* é ao mesmo tempo uma *teoria* do teatro e propriamente *diálogo teatral*. Dele, posteriormente, o Berliner Ensemble "realizou um espetáculo notável", como avaliou ainda Bernard Dort.[30] Para isso certamente não precisou este elenco de expedientes excepcionais e contou com o estímulo cênico dessa teoria do teatro tão, digamos, *praticamente* teatral: a partir da primeira "parte" — como chamá-la? "Ato"? "Capítulo"? Brecht chamou-a "Pri-

---

[30] *Id., ibid*. Nas páginas 157 e 158, Dort apresenta interessante descrição do início do espetáculo *A compra do latão*: "Este *Messingkauf* começa assim: quando a cortina clara do Berliner Ensemble, enfeitada com uma pomba de Picasso, se abre, não aparece o palco mas uma outra cortina: a tradicional cortina de veludo vermelho dos teatros. É apenas depois que esta, por sua vez, se abre, que começa realmente a representação. Uma representação singular, pois se trata da última cena de Hamlet encenada no estilo que Brecht qualificava de 'estilo monumental de papelão tão ao gosto de pequenos-burgueses' e que constituía, no seu entender, 'a tradição shakespeariana do palco alemão'. Evidentemente, esta paródia é interpretada com a maior seriedade: Hamlet, inteiramente vestido de negro, desmorona e Fortimbras aparece, radiante de brancura — seguem-se os aplausos e as saudações, pois a verdadeira conclusão de Hamlet está, como frequentemente acontece, cortada. O que é deste modo apresentado à nossa crítica é não apenas um certo tipo de representações shakespearianas mas também todo o teatro dramático tradicional, ao qual a dramaturgia brechtiana se opõe. E o público do Berliner Ensemble ri às bandeiras despregadas [...]".

meira noite", de uma série de quatro em que se sucedem os diálogos — quando, sobre a cena — é *sobre a cena* que os diálogos se dão —, um interlocutor-personagem (o *Dramaturgo*) desarrolha uma garrafa de vinho trazida pelo *Maquinista*, e o *Ator* o serve aos demais — "Bebam todos então um bom copo!" — uma fusão entre tratamento teatral do diálogo e a construção de uma teoria do teatro vai se estabelecendo, ao mesmo tempo que se intercalam e se interpenetram aos "diálogos" fragmentos nitidamente ensaísticos que compõem essa obra inacabada.

A fusão dos gêneros e a própria composição "fusional" do grupo de personagens — *Ator, Atriz, Filósofo, Eletricista* e *Dramaturgo* — preparam e expressam o que se dá ao nível dos temas dessa "conversação", onde se trata de definir um "novo teatro" e, portanto, da ruptura de "velhas" antinomias. Estes são os seus temas: a junção, ou a colaboração nova, entre aprender *e* divertir-se, arte *e* ciência, arte *e* política, arte *e* técnica, produção *e* consumo, teoria *e* prática; definir o "novo teatro", ou a nova arte, é, aí, romper o isolamento, de resto já condenado, da atividade artística. Para retomar os termos que usamos anteriormente, trata-se de romper com sua percepção e exercício como um domínio *separado* das demais formas de produção, vale dizer, trata-se de recuperar para ela uma nova totalidade, que ela ajuda a produzir.

Como em *A compra do latão*, são também estes os temas do *Pequeno órganon*, e ambos, cada um em seu diálogo interno, dialogando entre si vão *concretizando* e tornando exemplar, já no seu próprio formar-se, o diálogo ou a junção polêmica daquilo que a sociedade burguesa separa. Nessa sua prática (como se diz de uma conversação), verifica-se a citada liberdade de referência, que é "dramatizada" pelo texto de Benjamin em seus intercursos.

Em *A compra do latão*, no evolver recíproco dos pontos de vista discordantes que anima o diálogo das "personagens" de tão variada extração social e profissional, a teoria aristotélica do teatro, principalmente a sua leitura pela tradição posterior, confronta-se com o legado gigantesco e discordante de Shakespeare[31] e, sob o jogo de forças dessas duas referências monumentais, vai por seu turno gravitando a massa também poderosa que é a herança do Classicismo alemão. A esse grande triedro da tradição cênica ocidental, outro campo de forças vem opor sua alteridade relativizadora: por um lado, o teatro chinês e, por outro, o resgate da tradição popular[32] — recalcada na tradição aristotélica, emergente em Shakespeare, recuperável em certos aspectos da arte chinesa e, por assim dizer, "aristocratizada" apropriadoramente no Classicismo alemão.

Na perspectiva de uma nova arte teatral se dá, aí, "o salto do tigre no passado", para usar a expressão de Benjamin.[33] A agilidade do movimento de recuperação do passado atravessa épocas — é de extrema profundidade histórica — e percorre o Ocidente e o Oriente, em enorme abrangência internacional. No texto, pela realização viva do diálogo "em cena", esses elementos resgatados a épocas e tradições tão diversas, como que se presentificam e se tornam simultâneos, pondo a "praticar", frente a frente, grandes sistemas teatrais que séculos e oceanos e tradições separam uns dos outros. A *A compra do latão* (como a um emblema movente da produção brechtiana) seria possível antepor imagem semelhante àquela que um remoto artista gravou para o frontispício dos *Diálogos*, de Galileu Galilei. Nela se veem,

---

[31] O interesse de Brecht por Shakespeare é constante e resultou em numerosos ensaios, notas e adaptações. Para uma introdução ao estudo das relações Brecht-Shakespeare, cf. B. Dort, *op. cit.*, pp. 157 ss.

[32] Cf. Bertolt Brecht, *Écrits sur le théâtre*, cit., v. 1, p. 590.

[33] Walter Benjamin, "Thèses sur la philosophie de l'histoire", *cit.*, p. 285.

com gesto demonstrativo e ar atento, conversarem Aristóteles, Ptolomeu e Copérnico, portando cada um o "modelo" de seu "sistema" e estando referidas as três figuras ao centro da página; em tal centro se vê o emblema descentrante da rosa-dos-ventos. Já no seu título, em aparência tão conforme às denominações tradicionais, esse remoto modelo de Brecht[34] guarda uma duplicidade: é um diálogo, no qual se confrontam os "grandes sistemas do mundo", e nisto a sua denominação é descritiva; noutra perspectiva, no entanto, tal "diálogo dos sistemas do mundo" se transforma numa bela imagem, de simplicidade grandiosa: referido à tese de Galileu, poderia designar os sistemas de revoluções astrais do seu "céu" movente em gravitações recíprocas — o diálogo dos mundos.

Em Brecht, e nesse seu remoto modelo, é a *perspectiva de futuro*, o produzir-se de algo novo que permite chamar à copresença (presentificação e simultaneidade) os sistemas do passado. O seu *fazer-se* pede que, ante nossos olhos, eles se tornam simultâneos e descrevam suas revoluções recíprocas. Este seu a-presentar-se como que os lega, em conjunto, àquele que deve produzir o novo e, nisto, são o patamar de sua capacidade de ação.

Brecht, ele mesmo, utilizou uma imagem reveladora, no próprio *A compra do latão*: distinguindo entre dois tipos de teatro (distinção que ele antecipadamente adverte precária e provisória), chamou ao teatro que mais o interessa "tipo P" isto é, de "Planetário".[35] Ao "tipo P" ele opõe o "tipo C", de "Carrossel", propondo, quanto a este último, que "se desculpe, naturalmente,

---

[34] Cf. Bertolt Brecht, *Journal de travail*, cit., p. 29. (Aí Brecht, ele próprio, anota, quanto aos diálogos de *A compra do latão*, terem sido "os DIÁLOGOS de galileu que [o] levaram a essa forma".)

[35] Cf. Bertolt Brecht, *Écrits sur le théâtre*, cit., v. 1, pp. 516 ss.

o que há de colorido, de um pouco bizarro, de infantil na nossa comparação". No "Carrossel" — "um desses espaçosos carrosséis que vos passeiam sobre cavalos de pau, em automóveis ou aviões, diante de toda espécie de paisagens pintadas" — Brecht vê a busca da "sensação de mundo" *pelo mergulho num mundo fictício*. No "Planetário" o que se dá a ver é "o movimento dos astros, tanto quanto nos são conhecidos", sendo o fictício, aí, a correção excessiva de suas "elipses e círculos perfeitos [que] não reproduzem senão imperfeitamente os seus movimentos reais, porque estes, como sabemos, são mais irregulares".

Em ambos, a presença do elemento "fictício" e o impulso de "fazer-se um mundo". Mas o que os distingue, e vai definir a preferência de Brecht pelo "tipo P", é seu modo de relacionar-se com o "espectador": o "carrossel" vai atraí-lo para *dentro* do mundo "fictício"; o "planetário" *exibe* o mundo, ainda que em certa medida "fictício" diante dele. Escreve Brecht:

> "A dramaturgia de tipo P, que à primeira vista deixa o espectador tão mais abandonado a si mesmo, coloca-o entretanto, em muito mais alto grau, em estado de agir. Seu progresso sensacional — renunciar largamente à identificação do espectador — *tem simplesmente por objetivo entregar, pelo artifício das representações que ele oferece, o mundo ao homem, em vez de, como o fez a dramaturgia de tipo C, o homem ao mundo.*"[36]

A compra do latão, construído segundo o modelo de Galileu, com bastante direito incluiu a metáfora do "planetário", pois ela é em tudo a sua imagem: na sua forma trans-histórica de extração, que remete a uma época remota que se coloca "em constelação" com o presente; no seu impulso de totalização; na sua

---

[36] *Id., ibid.* (o grifo é nosso).

relação com a produção do novo; mas, principalmente, na sua a-presentação simultânea dos "grandes sistemas" em sua gravitação recíproca. Por último, mencione-se a sua própria forma de inserção na obra de Brecht: assim como a metáfora do planetário é uma espécie de brasão de *A compra do latão*, onde surge, este último texto, por sua vez, como dissemos, é uma espécie de emblema da obra de Brecht, em que se inclui — tanto por sua abrangência internacional quanto por seu curso trans-histórico; resumidamente, pelo seu duplo valor de a-presentação: em relação à tradição e em relação à própria obra de Brecht.

Esta inclusividade múltipla que, assim, resulta em unificação e totalização é, entretanto, em sua base, da ordem do diálogo, seja pela remissão permanente e recíproca de um texto a outro no conjunto da obra, seja pelo trabalho de passagens que executa na tradição, que ela a um tempo *unifica* e *pluraliza* pela junção polêmica de polaridades antinômicas. Não há, a rigor, exclusão recíproca entre este trabalho emblemático, criador de simultaneidade e configurado às vezes na metáfora em expansão contínua, e a capacidade de ação ou de produção do novo. Esperamos tê-lo indicado ao falarmos anteriormente da emulação dialética entre ruptura de antinomias, liberdade de referência e movimento totalizante (não bastasse aí o bem-humorado exemplo do próprio Brecht, em que a configuração cosmológica e um tanto mecânica do "planetário" é justamente aquela que, por nos "entregar o mundo", melhor nos coloca em estado de agir). Ele é, antes, próprio e característico daquelas operações que unificam exemplarmente teoria e prática e que, nisso, têm o valor simultâneo de emblema e de instrumento, de tal modo que é difícil nomeá-los "obra" *ou* "trabalho" — estatuto que, aqui, vimos postulando seja o da obra (trabalho) de Brecht. Em tais "emblemas" como que se *cristaliza* a conjunção dinâmica de onde brota a chance do novo, do trabalho instituinte.

Acreditamos que a tais cristalizações se refere a noção de *mônada* em Walter Benjamin (num texto que Brecht comentou acreditar ter sido escrito logo depois da leitura de seu "romance histórico" *Os negócios do senhor Júlio César*):[37]

> "Ao pensamento não pertence apenas o movimento das ideias, mas também o seu repouso. Quando o pensamento se fixa repentinamente em uma constelação saturada de tensões, ele lhe comunica um choque que a cristaliza em mônada. O defensor do materialismo histórico não se aproxima de um objeto histórico senão naquilo em que este objeto se apresenta

---

[37] Por ocasião da morte de Walter Benjamin, Brecht lançou em seu *Diário de trabalho* uma nota lacônica, até dura, porém reveladora, em que se refere tanto às circunstâncias dessa morte quanto a um trabalho de Benjamin que certamente corresponde às "Teses sobre a filosofia da história". Damos a íntegra da nota: "[agosto 41] walter benjamin envenenou-se em um vilarejo fronteiriço da Espanha. a guarda havia retido o pequeno grupo de que ele fazia parte e quando seus companheiros de viagem quiseram dizer-lhe, na manhã seguinte, que estavam autorizados a prosseguir, encontram-no morto. li o último trabalho que ele enviou ao instituto de pesquisa social. günther stern o passou a mim com a observação de que ele é obscuro e confuso, creio que a palavra 'já' aí também constava. o pequeno tratado cuida da pesquisa histórica e poderia ter sido escrito depois da leitura de meu CÉSAR (do qual benjamin não sabia muito bem o que fazer quando o leu em svendborg). benjamin se opõe à concepção da história como desenvolvimento linear, do progresso como empresa enérgica executada com mente descansada, do trabalho como fonte de moralidade, da classe operária como a protegida da técnica etc. ele zomba da frase, ouvida tão frequentemente, de que é espantoso que possa existir 'ainda neste século' alguma coisa como o fascismo (como se ele não fosse o fruto de todos os séculos). — em resumo, o pequeno trabalho é claro, distingue bem as coisas (a despeito das metáforas e dos judaísmos), e se pensa com horror no pequeno número daqueles que estão prontos para algo mais do que compreender mal este gênero de reflexões" (*Journal de travail, cit.*, pp. 200-1).

a ele como uma mônada. Nesta estrutura ele reconhece o signo de uma parada messiânica do devir, ou seja, de uma chance revolucionária no combate pelo passado oprimido. Ele percebe esta chance de fazer sair por arrombamento do curso homogêneo da história uma época determinada; ele faz sair assim da época uma vida determinada, da obra de vida uma obra determinada. Seu método tem por resultado que *na* obra a obra de vida, *na* obra da vida a época e *na* época o curso inteiro da história, são conservados e suprimidos. O fruto nutritivo daquilo que é historicamente colhido contém em si o tempo como a semente preciosa, mas indiscernível ao gosto."[38]

Não se estranha, na verdade, o surgimento desse processo *monadológico* em Brecht. Ele é consubstancial ao seu desenvolvimento — que através dele se processa, como se verá — e abrangente na sua obra, em todos os seus níveis e no seu conjunto. Neste ponto, tal processo se dá a ver em certos aspectos de *A compra do latão* para onde, de fato, convergem as numerosas tendências e desenvolvimentos que se expandem em toda a obra de Brecht, já de si "em expansão". Difícil de ser fixado — tarefa necessária e contraditória — assim que o atingimos em sua constituição centrípeta e multifacetada, ele de novo nos repele, com força centrífuga (perceptível de imediato em sua natureza dialógica e em seu inacabamento programático), em direção a outros desenvolvimentos da *obra de vida*, nos quais reverbera, e daí, desnecessário dizê-lo, ao seu entrelaçamento complexo com a história. Um fio de um tal texto que se puxe levanta conexões inúmeras e entrecruzadas. Que se explore um momento, ainda, exemplarmente, a imagem do planetário, para cuja vinculação à

---

[38] Walter Benjamin, "Thèses sur la philosophie de l'histoire", *cit.*, p. 287.

matriz de Galileu já apontamos. A tantos outros elementos mais ela irá se vincular, mas o diálogo, por assim dizer, direto de *A compra do latão* com o *Pequeno órganon*, nos leva a postular imediatamente sua vinculação genética a um filão especialmente significativo: pudemos ler, pouco anteriormente, o fragmento em que Brecht fala da capacidade que tem o teatro de "tipo P" de "colocar o homem em estado de agir", derivada do fato de que tem "simplesmente por objetivo entregar, pelo artifício das representações que oferece, o mundo ao homem, em vez de, como faz a dramaturgia de tipo C, o homem no mundo". Diferido, numa nota de rodapé do conhecido *Pequeno órganon*, lê-se em Brecht um trecho de Schiller, extraído da sua *Correspondência com Goethe* (26/12/1797):

> "A ação dramática se movimenta diante de mim, mas sou eu quem gira em torno da ação épica, que parece absolutamente imóvel. Na minha opinião, esta diferença é da maior importância. Se é o fato que se movimenta, fico acorrentado por sua presença sensível, minha imaginação perde toda liberdade, a intranquilidade se instala e me domina, permaneço prisioneiro do objeto, incapaz de qualquer reflexão, submetido a uma força estranha. Se, ao contrário, sou eu quem gira em torno do fato, que não pode fugir ao meu domínio, sou livre para rodeá-lo sem ter de obedecer a seu compasso; posso me deter mais ou menos tempo, segundo minhas necessidades subjetivas, posso retroceder ou me antecipar etc."[39]

Difícil não localizar no Brecht das imagens do "carrossel" e do "planetário" uma retomada e uma variação dessas imagens

---

[39] Citamos de acordo com a tradução brasileira de: Bertolt Brecht, *Teatro dialético*, *cit.*, p. 233.

de Schiller, que ele cita, já desde a substância mesma de sua expressão, mas principalmente naquilo em que elas associam "movimento do fato" e "movimento em torno do fato" a diferentes oportunidades de se deter, refletir, comparar. Elas aí se encontram, como raiz exposta, num pé de página do *Pequeno órganon*, assim como irão surgir "transformadas" e sem conexão explícita com suas matrizes em *A compra do latão*.

Corre, assim, também, subjacente no texto de Brecht, uma seiva de tradição que ele recupera, nega (ele aí aponta a "limitação" de Schiller)[40] e transforma, constituindo este caso uma dessas "surpresas" inúmeras que seus trabalhos nos reservam, quando sob as frases aparentemente diretas, mas levemente inquietantes, vamos reencontrando, às vezes depois de há muito conhecê-las, os termos de Goethe, Schiller e Lessing, de Benjamin e Valéry, de Horácio, Lao-Tsé e Confúcio, de Marx e Lênin, de Einstein, Bohr, Galileu, do próprio Brecht etc., "recuperados" na marcha de sua própria reflexão. Nesta sua recuperação ativa da tradição, Brecht instaura uma espécie de *presente contínuo*, na linha do que Benjamin chamou conceito do presente como o "no presente",[41] que explica assim: "Aquele que professa o materialismo histórico não saberia renunciar às ideias de um presente que não é passagem, mas que se mantém imóvel no limiar do tempo. Esta ideia define justamente o presente no qual, por si mesmo, ele escreve a história".[42]

A *cristalização em mônada* é uma outra forma de se referir a este modo de se relacionar com o tempo que, no seu fluxo, como que se "precipita" na constituição de uma simultaneida-

---

[40] *Id., ibid.*, p. 223.

[41] Walter Benjamin, *Poésie et révolution, cit.*, p. 288.

[42] *Id., ibid.*, p. 286.

de imóvel, onde o presente "entra em constelação" com uma época anterior determinada.

Por outro lado, no seu *Diário de trabalho*, Brecht lançara aquela mesma citação de Schiller, da correspondência com Goethe, que iria aproveitar também no *Pequeno órganon*, trabalho que, à época (1942), escrevia. Mas ele aí o faz mais generosamente, acrescentando ao trecho que acabamos de citar também as seguintes linhas, nas quais essa relação entre propriedades reflexionantes do épico e um determinado modo de relação com o tempo e com a ação, já vem indicada pelo próprio Schiller:

> "[...] isto concorda também perfeitamente com a noção de passado, que se pode conceber como imóvel e, com aquela de narração, pois o narrador conhece o fim desde o princípio, e por via de consequência cada momento da ação é, aos seus olhos, equivalente, e assim ele conserva uma completa e tranquila liberdade..."[43]

(O "lance" de Schiller, no fim do setecentos, que parece antecipar o Poe mais conhecido da "filosofia da composição", ecoara anteriormente num texto de Brecht, dos anos vinte, onde anota:

> "A atitude de um homem diante do mundo deveria ser literária, tanto quanto possível. Todo homem de uma raça menos amolecida ri certamente de uma raça caída tão baixo que, para ela, ser literário é ter um defeito de caráter. Todos os grandes homens eram escritores.")[44]

---

[43] Bertolt Brecht, *Journal de travail, cit.*, p. 467.

[44] Bertolt Brecht, *Sur le cinéma, cit.*, p. 32.

Comum às classes revolucionárias "no momento de sua ação" (Benjamin lembra os revolucionários franceses que atiravam contra os relógios),[45] à "atitude literária diante do mundo" e ao método dialético (que, segundo o Brecht de 1948, "tudo agita para tudo acalmar, que metamorfoseia em coisa fixa o próprio fluxo das coisas, que 'erige' a matéria em ideia [...]"),[46] esta consciência de fazer estourar o contínuo da história ou, dito de outra forma, de cristalizar em simultaneidade a experiência de uma espécie de presente total, ao tomar corpo numa obra literária, como a de Brecht, instaura dois planos de totalização, que são interdependentes, interpenetram-se e colaboram entre si (mas que é útil por um momento distinguir, para em seguida vê-los de novo se fundirem): numa instância, cria uma universal remissão dos elementos que compõem a obra, tomada em si mesma, uns aos outros, de modo que o todo se dá a ver em cada fragmento, e este só se dá a ver, e a fruir, no todo (semelhante ao que produz o trabalho da *harmonia* no contínuo da composição musical e à equivalência de seus componentes, própria do texto poético, tal como já está pressuposta no conceito de "narração" de Schiller). Tal simultaneidade e universal correlação tende, pois, no âmbito da obra, a diluir a diferença entre as esferas do *in praesentia* e do *in absentia* ou a validá-los simultaneamente. *Noutra instância* é o que ocorre com a tradição. Chamada à ação através da recuperação de fragmentos trans-históricos, aos quais a semelhança de ativação *na* heterogeneidade confere valor universal, ela como que *comparece em sua totalidade*, conjugada no presente contínuo e total da obra, tendendo a diluir-se, também aí, pela universalidade do arco de incorporação, a di-

---

[45] Walter Benjamin, "Thèses sur la philosophie de l'histoire", *cit.*, p. 286.
[46] Bertolt Brecht, *Écrits sur le théâtre, cit.*, v. 1, p. 465

ferença entre presença e ausência. Para expressá-lo ao modo de Benjamin, é o curso inteiro da história que aí é conservado e suprimido.

O próprio esforço de distingui-los, a estes planos, já indica o trabalho de passagens que entre si executam. Surgida no bojo da tradição, a atividade desta obra, ao produzi-la *monadologicamente*, enquanto identidade a si mesmo referida, opera uma gigantesca *comoção* no conjunto heteróclito da "herança", que ela desloca em sua totalidade, pelo duplo movimento de fundi-lo em seu próprio molde e, simultaneamente, de nele se inserir com todo o seu peso. Nisto reside o caráter de *trabalho* desta obra, a que vimos nos referindo, e que, na sua força instituinte, *modela o passado enquanto modela-se a si mesma; e nesta potência de concentração temporal, precisamente neste "surplus" de força que ele gera, é que ela arranca-se ao curso da História e tem presente também o futuro, ao qual estende o campo de seu poder modelador.*

Como na imagem do planetário ou na mecânica sígnica do *Dialogus* de Galileu, também em Brecht a alta *concentração* de tempo é que *libera* essa dimensão de futuro, que se apresenta como "colocar-se em estado de agir". Citando Michelet a respeito da Revolução Francesa (trecho célebre que por sua vez foi colher em Merleau-Ponty), escreve Lévi-Strauss:

> "Mas para o homem político e para aqueles que o seguem, a Revolução Francesa é uma realidade de outra ordem: sequência de acontecimentos passados, mas também esquema dotado de uma eficácia permanente, permitindo interpretar a estrutura da França atual, os antagonismos que nela se manifestam, e entrever os lineamentos da evolução futura. Assim se exprime Michelet, pensador político e historiador ao mesmo tempo: 'Naquele dia, tudo era possível...

O futuro estava presente... ou seja, *mais tempo*, um relâmpago da eternidade'."[47]

Escreve Hans Mayer, sintomaticamente sob o signo do *espanto* e com andamento esquemático:

> "Uma coisa espanta, com efeito. O campo temático das peças de Brecht ou de suas adaptações é muito largamente expandido. Antiguidade grega e romana com Antígona e Coriolano; história romana com Lucullus; Eduardo II da Inglaterra; *Mãe Coragem* e Galileu; a 'miséria alemã' ao fim do século XVIII com o preceptor Läuffer; uma China de papelão e um Cáucaso fictício; a Comuna de Paris e, servindo três vezes de base à obra — a história de Santa Joana; a Guerra da Independência americana na adaptação da peça *Tambores e trombetas* e a guerra civil espanhola em *Os fuzis da senhora Carrar.*"[48]

Para ficar apenas nas notações e locações históricas, e exclusivamente em sua dramaturgia, como faz Mayer, seria preciso ainda acrescentar a esse campo temático brechtiano um Soho londrino do século XIX e uma Índia fantástica, respectivamente, para a *Ópera dos três vinténs* e *Um homem é um homem*, várias vezes uma América fortemente imaginária, como para *Happy end* e *A resistível ascensão de Arturo Ui*, uma Finlândia de matriz folclórica em *O senhor Puntila e seu criado Matti*, a Alemanha do nazismo, em *Terror e miséria do Terceiro Reich* e a Rússia pré-revolucionária, na adaptação de *A mãe*. O conjunto de tais nota-

---

[47] Cf. Claude Lévi-Strauss, *Antropologia estrutural, cit.*, p. 241 (o grifo é nosso).

[48] Hans Mayer, *Brecht et la tradition, cit.*, p. 61.

ções se ampliaria, ainda, bastante, se nos deslocássemos aos campos da narrativa e lírica de Brecht, sem mencionar sua produção para o rádio e o cinema.

Na bibliografia sobre Brecht que pudemos conhecer, o trabalho fundamental de Hans Mayer, chamado justamente *Brecht e a tradição*, é o que melhor e mais amplamente dimensiona o arco de incorporação da obra de Brecht. O subsídio importantíssimo em que ele, assim, se constitui, para os estudos brechtianos e, como se pode ver, para nosso trabalho em particular, de certo modo nos impulsiona a prosseguir na direção para a qual ele aponta e que é justamente a do *sentido* desse gigantesco "salto do tigre no passado", no âmbito do projeto de Brecht, sentido que procuramos conhecer, investigando a vinculação desse "salto", assim como de outros elementos, com o *presente* do projeto no seu fazer-se, ou seja, no *movimento de sua constituição*. Sem que isso implique qualquer restrição ao trabalho inestimável e, até certo ponto, solitário de Hans Mayer, talvez convenha colocar em relevo uma ressalva que nele mesmo corre subjacente, implícita no andamento esquemático de seus desenvolvimentos e na concentração de seus exemplos enumerativos: o seu precioso trabalho é de natureza indicativa quanto às relações de Brecht com a tradição. Embora seja este o seu tema, ele não se propõe à exaustividade nem concede espaço muito largo ao movimento interpretativo. Quanto a este assunto, aliás, salvo engano, ainda não foi feito qualquer trabalho que possa se candidatar sequer ao título de uma relativa exaustividade, tão grande é a tarefa. O arco de incorporação da obra de Brecht, embora seja a obra de um homem e não a de um conjunto de ciclos de cultura, faz pensar, para um bom exame de suas fontes na tradição, no fôlego "antigo" de alguns de seus contemporâneos, tais como Erich Auerbach e E. R. Curtius, ou, mais genericamente, na larga respiração erudita da Filologia alemã.

Quanto à pluralidade de gêneros, apenas no âmbito da dramaturgia, anotou o próprio Brecht, com certo espanto, em 1941:

> "quando eu olho e comparo minhas últimas peças, GALILEU, MÃE CORAGEM, TERROR E MISÉRIA, A BOA ALMA DE SETSUAN, O SENHOR PUNTILA E SEU CRIADO MATTI, A ASCENSÃO DE UI, eu as acho anormalmente 'disparates sob todos os pontos de vista'. os gêneros mesmo variam incessantemente, biografia, gestuário, parábola, comédia de caracteres no tom popular, farsa histórica."

Neste ponto é que Brecht enuncia o fragmento que anteriormente citamos:

> "— estas peças divergem entre si à maneira dos astros no novo universo da física, como se ali também não sei que núcleo da arte dramática tivesse explodido. isto posto, a teoria que as sustenta ou que delas se pode deduzir é, por seu lado, muito precisamente definida em relação a outras teorias. talvez não se deva tampouco esquecer que o tempo fusiona as diferentes obras de um poeta; se não, como OS BANDOLEIROS, A NOIVA DE MESSINA, TELL, ou IFIGÊNIA, FAUSTO, CLAVIGO, poderiam acomodar-se umas junto com as outras?"[49]

Esta nota do *Diário de trabalho* contém várias e preciosas indicações que, a seu tempo, gostaríamos ainda de explorar, como é o caso da menção a uma "teoria" que subjaz às obras. Destas indicações, todavia, não é a menor, já em 1941, aquela que surge da "simples" harmonia tipográfica que atravessa verticalmente a nota, unindo, já pelas maiúsculas que a encimam e vão

---

[49] Bertolt Brecht, *Journal de travail, cit.*, p. 185.

rebater no pé da página, o conjunto das obras "anormalmente disparates" de Brecht àquelas de Schiller e Goethe.

Para esta passagem de nosso trabalho, no entanto, anote-se apenas que, assim como irá contrapor à imagem dos "astros em divergência" a imagem do "furacão poético que reuniu tais pedaços em seu turbilhão", Brecht já em 1943 vai oferecer uma perspectiva reunificadora dessa produção que em 1941 lhe parecera "anormalmente disparate". Não aguardará, assim, o trabalho muito longo do tempo, assim como irá dar às relações de travamento do conjunto um certo valor programático. Ainda no *Diário de trabalho*, ao mencionar dois de seus poemas, anotará Brecht:

> "'regar o jardim, restituir vida à verdura' e 'minha cidade natal, como irei reencontrá-la?' mas um conjunto lírico completo deve ter uma história (interior), que estará eventualmente em harmonia ou em contraste com a história exterior. penso em algo como as 'fases' dos pintores, de picasso por exemplo, em nossa época. *por mais desordenadas que sejam nestes tempos as impressões, e arbitrárias as intervenções — o que eu escrevo como poemas conserva sempre o caráter do ensaio, e os ensaios se ordenam uns aos outros numa certa relação, e a leitura não pode proporcionar o prazer adequado se, por exemplo, um poema tal como o primeiro não pode ser saboreado também em sua novidade no seio do conjunto da produção, como* domesticum."[50]

Note-se que, sobre imprimir uma valoração positiva à permanente ultrapassagem do fragmentário em direção ao *domesticum* do "conjunto da produção" opondo-o ao que há de de-

---

[50] *Id., ibid.*, p. 359 (o grifo é nosso).

sordenado e arbitrário no cotidiano, Brecht irá sublinhar, nessa ultrapassagem, não propriamente uma continuidade ao nível de *conteúdos* encadeados, mas principalmente uma continuidade ao nível da ordenação recíproca dos textos e da fusão dos gêneros, dados — na ordem da produção literária — de natureza marcadamente técnica ou operacional.

Quanto ao notável movimento de totalização da produção brechtiana ao nível da organização temática de suas peças, pode nos dar testemunho o trabalho pioneiro de Bernard Dort (o texto é de 1960, Brecht tendo morrido em 1956), *Leitura de Brecht*, que tem nesse assunto o seu centro. (Esse trabalho, também muito valioso, o autor o chama modestamente de "tentativa de descrição" por oposição a "interpretação histórica ou crítica" acrescentando ainda que o teria levado a cabo "negligenciando suas fontes [de Brecht] literárias, e mesmo biográficas [...]".)[51]

Esse movimento de *ultrapassagem permanente*, que brota de cada fragmento de Brecht e que os alça e transpõe a outros planos, vamos encontrá-lo expressamente assinalado, entre nós, por Boris Schnaiderman, para aquilo que se refere a sua produção teórica:

> "A teorização de Brecht forma um conjunto admirável de reflexões que ultrapassam o mero campo da realização artística imediata e de sua fundamentação. Um ensaio como 'Cinco dificuldades no escrever a verdade' [...] é um estudo de sabedoria humana e sabedoria política, uma reflexão sobre os problemas do intelectual que se defronta com a máquina opressora do Estado. Outros estudos seus lançam luz sobre a problemática humana do teatro, sobre a sua condição no mundo de hoje, mas a sua condição mais geral, não

---

[51] Cf. B. Dort, *Lecture de Brecht*, Paris, Seuil, 1971, p. 9.

apenas a condição particularizada, que se relaciona com este ou aquele tema, com esta ou aquela corrente. Naturalmente, dirigiu o olhar também para o particularizado, e sua reflexão parte de uma base concreta, definida no espaço e no tempo. Mas ela sempre atinge mais longe, seu próprio objetivo é colocado mais alto."[52]

O fato de que ocorra em Brecht esse movimento de alçar-se — "sempre atingir mais longe" — em direção a um "conjunto" é, para nosso tema, de primeira importância, como se verá. Que o crítico brasileiro o tenha assinalado justamente num confronto entre Brecht e Maiakóvski, torna-o ainda mais significativo para este trabalho, como seus próximos desenvolvimentos devem demonstrar. Num grupo de semelhanças e diferenças entre estes dois grandes artistas revolucionários, o principal traço distintivo talvez seja precisamente este: o impulso totalizante que se verifica em Brecht, a que se contrapõe, em Maiakóvski, uma teoria que é "quase sempre uma teoria do imediato, do contingente, a fundamentação de um trabalho".[53]

Para uma tal distinção é possível encontrar toda sorte de verossimilhanças, internas ou externas, de que não se excluem, certamente, traços de personalidade etc. Ela nos interessa, no entanto, na medida em que acreditamos expressar, igualmente no plano da produção artística e no âmbito do marxismo, duas respostas dialéticas à problemática do movimento revolucionário, condicionadas por diferentes relações com tradições e circunstâncias históricas também diferentes. Nossa hipótese — e

---

[52] Boris Schnaiderman, *A poética de Maiakóvski*, São Paulo, Perspectiva, 1971, p. 30.

[53] *Id., ibid.*

não é outro nosso tema, visto agora por mais este prisma — é a de que precisamente nesse *movimento de totalização* se expressa da melhor maneira o específico modo pelo qual Brecht articulou tradição e momento histórico, e os fez moldarem-se reciprocamente, conjunção de onde brota seu projeto clássico, assim como essa sua diferença com Maiakóvski. (Referidos, no entanto, ambos, à problemática de base do marxismo, e concomitantemente ao movimento revolucionário, verifica-se que essa diferença não impede que entre ambos se tracem numerosas convergências, muitas das quais já foram assinaladas pelo crítico acima citado.)

Faustrecht
(Brecht como autor clássico nacional)

> "Enquanto em *Dr. Faustus* a trama, no seu caminho para os valores universais, passa detidamente pelo destino alemão, em Guimarães Rosa a passagem da *região* para o destino humano, tomado em sentido mais geral possível, é imediata."
>
> Roberto Schwarz

Assinalamos, anteriormente, que o *isolamento monumental* que se via atingir o legado de Brecht, tributário de seu impulso totalizante e de sua liberdade de referência, o aproximava, à distância de quase dois séculos, dos projetos de corte clássico, notadamente do Classicismo alemão e de Goethe, sua figura exponencial. Tal aproximação, no entanto, não é simples nem muito menos ocasional. Há entre o desenvolvimento da produção de Brecht e o Classicismo alemão uma gravitação complexa, feita de movimentos de aproximação e afastamento, mas que volta e meia repete uma constelação — o emprego da imagem não é acidental — em que os projetos estéticos de um e de outro, em suas vinculações com o respectivo momento histórico, parecem corresponder-se com extraordinária analogia. Brecht, ele mesmo, o assinalou em alguns momentos capitais, não sem certo espanto — seu e dos outros.

Há, inegavelmente, uma dimensão nacional nesse movimento de totalização que se vê apossar-se da produção brechtiana. Mesmo seu *internacionalismo* tão marcado tem um pon-

to de partida nacional, assim como seu fôlego trans-histórico —
(atributos que são, ambos, desse impulso totalizante). E nessa dimensão nacional se compreendem e se entrecruzam tanto o influxo de uma cultura quanto o de uma história nacional em sua peculiaridade.

Num certo sentido é preciso compreender que tal movimento totalizante se produz na obra de um grande leitor e admirador de Hegel (bastaria, para vê-lo, o verdadeiro panegírico da dialética de Hegel contido em *Diálogos de exilados*)[1] e de um estudioso de Marx para quem a leitura de *O capital* teve o valor de uma iluminação, como se verá. Mas especialmente para o poeta e dramaturgo alemão Eugen Berthold Friedrich Brecht[2] (que ele perdoe a inconfidência!), o confronto com o legado de Goethe e Schiller tinha foros de inevitável. Queremos dizer que este legado tinha, para Brecht, uma presença, por assim dizer, consubstancial ao próprio ato de escrever o drama, o romance, o poema, o ensaio, num sentido que, acreditamos, ultrapassa em muito as implicações de ordem puramente linguística e literária. Não será, talvez, exagero dizer-se que, dentre as nações modernas em cuja história se engendrou um classicismo — verdadeiro, ainda que breve — a Alemanha é aquela em que seu legado se encontra mais presente, com maior peso e atualidade. Este fato, que tem raízes profundas em sua história, e faz o objeto de

---

[1] Cf. Bertolt Brecht, *Dialogues d'exilés*, Paris, L'Arche, 1972 (sobretudo cap. XI, pp. 81-8).

[2] Sobre os cortes e mudanças executados por Brecht em seu nome, escreveu Esslin: "Quanto aos três nomes que lhe foram dados, ele mais tarde os rejeitou a todos, evitando as ressonâncias patrióticas de Eugen e Friedrich, e corrigindo Berthold, conforme o capricho do momento, fosse para reduzi-lo a Bert, fosse para endurecer a sentimentaloide sílaba final — *hold* (que pode significar 'adorável') e transformá-lo em Bertolt" (*op. cit.*, pp. 18 e 19).

um belo trabalho de Lukács,[3] assinala um veio que seguramente encontra em Brecht não a menor de suas manifestações mais recentes, polemicamente ao lado, por exemplo, do *Dr. Faustus*, de Thomas Mann (este último tantas vezes sua *bête noire*).

No bojo de um fluxo complexo, em que essa tradição clássica se põe e repõe na história, mas em que igualmente a história, portanto, em seu movimento às vezes perturbadoramente recursivo, põe e repõe essa tradição, é que será preciso compreender sua presença forte para Brecht e no legado de Brecht. Já num sentido primeiro, e até elementar, essa sua presença, tomada em si mesma e no conjunto da tradição, bastaria para explicar, num primeiro nível, a ocorrência de um movimento de totalização em Brecht. Ela, aí, é da ordem do formar-se, e se relaciona com a produção de Brecht como a *língua* se relaciona com a fala (na acepção de Saussure), por exemplo. Mas é apenas a introdução do elemento histórico que, aí, pode produzir uma modulação particularizante, capaz de matizar e romper a rigidez um tanto mecânica desse esquema, que nos exponha o primeiro nível da dialética dessa relação — no qual se veja como, ao mesmo tempo, a experiência de Brecht o encaminha à herança clássica, assim como a preexistência desta evidentemente permite e prepara sua opção — e, também, nos encaminhe para o segundo nível dessa dialética — no qual se compreendam os movimentos simultâneos e articulados, em Brecht, de *conservar*, *abolir* e *elevar* a tradição clássica nacional, tal como os interpreta Hans Mayer, na chave da *Aufhebung* hegeliana Não é outra coisa, também, a *chave* de Benjamin, a da *transformação da função*, como adiante se verá.

---

[3] Cf. Georg Lukács, "O humanismo clássico alemão: Goethe e Schiller", in *Ensaios sobre literatura*, Rio de Janeiro, Civilização Brasileira, 1968, pp. 55 e 175.

Neste trabalho em curso, a primeira vez que vimos Brecht aproximar-se do Classicismo alemão, inclusive segundo o ponto de vista dele mesmo, foi a propósito da questão do "plágio". Melhor especificando, foi no bojo da "crise" deflagrada pela "estúpida acusação de plágio" (no final dos anos 20, portanto) que o vimos assinalar uma tal aproximação. Outras vezes, em outras "crises" ou momentos capitais em que a identidade de seu trabalho encontrou-se em prova, o mesmo ocorreu. Assim, por exemplo, quando foi necessário defender-se das acusações de "empobrecimento" da arte, por aproximá-la das ciências, ou de explicitar uma opção de política cultural no retorno à Alemanha dividida do pós-guerra, poderemos ver que, de novo, Brecht reencontrou e invocou as matrizes nacionais clássicas — Goethe e Schiller, sobretudo, mas principalmente o primeiro. Ora, neste momento cumpre perguntar: o que era a questão do "plágio" senão um avatar, ainda longínquo, desse *movimento de totalização* que aos poucos se vai entrevendo no difícil conjunto da obra de Brecht? No seu modo de indicar um determinado tipo de relação com as diferenças culturais e com a tradição, era já para esse movimento que ele apontava e, nisso, como vimos, cedo *reencontrava as matrizes nacionais clássicas, para em seguida extrapolar do seu âmbito em direção a um conjunto maior de referências que as inclui e relativiza.*

O mesmo ocorre com outros traços principais — em que este último se subsume —, que determinam a dimensão de totalidade da obra de Brecht, tais como a descompartimentação de saberes, o fôlego trans-histórico e a abrangência internacional de seu arco de incorporação, para os quais acabamos de apontar. Também no que se refere a eles repete-se a mesma trajetória, em que o impulso de totalização que lhes é inerente e próprio por assim dizer primeiro se vetoriza na matriz nacional clássica, para em seguida abrir-se em linhas multidirecionais.

Esta constante da obra brechtiana, se é difícil de ser apanhada em sua constituição movente, ofereceria entretanto uma compensação: a possibilidade de se ver em ato uma passagem sistemática — e até programática — do nacional para o internacional, feita através do mergulho no modelo nacional, esta célebre passagem tão mais difícil de se ver, em exposição nítida, em outras literaturas, de mais problemático estatuto nacional. Tal passagem, em Brecht, é polêmica, pois nascida de uma contradição gera outras contradições em que se colocarão em crise as perspectivas do nacional e do internacional, que por sua vez se questionarão reciprocamente. Este fato, cuja exposição mais completa por si só demandaria um ensaio especial e alentado, certamente acima de nossas possibilidades, em que se explicitasse o estatuto dessa vigência contemporânea de uma tradição nacional clássica em suas múltiplas implicações, vamos aqui procurar vê-lo, no interesse de nosso assunto, de maneira um tanto geral e muito breve, mas começando de modo tanto quanto possível *interior* ao trabalho de Brecht.

É possível começar a verificá-lo puxando pelo fio de uma noção que tem amplo curso na obra de Brecht, a de *teatro épico*, fio que já víramos apontar, ao final do último capítulo, na imagem brechtiana do *planetário*. Em sua amplitude, essa noção cedo se intersecciona com outras igualmente importantes, como é o caso da noção de *distanciamento*, para em seguida subsumir-se no movimento de totalização da obra brechtiana. Nesse trajeto encontra um estágio formativo de importância decisiva no Classicismo alemão.

Neste assunto, aliás como em outros deste trabalho, vai nos servir de guia principalmente Anatol Rosenfeld, cujo excelente manual — *O teatro épico*,[4] assim como outros de seus textos so-

---

[4] Anatol Rosenfeld, *O teatro épico*, São Paulo, São Paulo Editora, 1965.

bre Brecht, em sua alta qualidade poucas vezes encontram paralelo, mesmo na bibliografia internacional. Sobre a noção de *teatro épico*, que Brecht começou a utilizar por volta do final dos anos 20, depois de pôr de lado a noção de *drama épico*, e que mais tarde irá substituindo pela noção de *teatro dialético*, escreveu Anatol Rosenfeld: "Falar de Brecht e do Teatro Épico afigura-se hoje como uma e a mesma coisa, como se esse teatro fosse uma invenção do autor de *Mãe Coragem*. O próprio Brecht nunca reivindicou tal privilégio, confessando-se influenciado, na sua concepção épica, pelo teatro chinês, medieval e shakespeariano".[5]

Brecht, de fato, numerosas vezes referiu-se às fontes internacionais e trans-históricas de seu *teatro épico*, mesmo porque fazê-lo, como estamos vendo, era bem do espírito de seu projeto. Dentre tais referências poderíamos selecionar duas, especialmente sintéticas e explícitas, começando pelo "Diálogo radiofônico de Colônia" conservado por Brecht em forma de manuscrito, em que são seus interlocutores o crítico Jhering e Fritz Sternberg:

> "*Jhering* — Sim, Brecht, você desenvolveu quanto a isto uma teoria bem precisa, sua teoria do drama épico.
>
> *Brecht* — De fato, esta teoria do drama épico é nossa. E experimentamos também fazer alguns drama épicos. No estilo épico, eu escrevi *Homem é homem*, Bronnen *Expedição ao Polo Leste*, Fleisser seus dramas de Ingolstadt. Mas já havia bom tempo que se tentara fazer dramas épicos. Quando isto começou? No século passado, quando a ciência tomou grande impulso. Os começos do naturalismo marcaram, na Europa, os começos do drama épico. Nisto fazia mais de dois mil anos que outros meios de civilização, a China, a Índia, dispunham des-

---

[5] Anatol Rosenfeld, *Teatro moderno*, cit., p. 133.

ta forma dramática mais evoluída. O drama naturalista nasceu do romance burguês dos Zola e Dostoiévski, o qual, por seu lado, marcou o retorno da ciência na esfera da arte. Os naturalistas (Ibsen, Hauptmann) procuraram levar à cena os novos temas dos novos romances, sem encontrar outra forma que a destes romances: a forma épica. Tendo-se visto imediatamente censurar por não serem dramáticos, eles o abandonaram, e com ele estes temas. Assim encontrou-se sustada esta incursão a um domínio inexplorado, aparentemente o dos novos temas, de fato o da forma épica."[6]

Já então, por volta de 1928, encontramos em Brecht este arco referencial de largo espectro e de impulso totalizante, levantando conexões reveladoras do teatro épico com o grande romance do século XIX, com o drama naturalista e com a intersecção entre arte e ciência. A todas estas referências seu trabalho futuro dará desenvolvimento, como é bem o caso do teatro chinês a partir de 1935. Mas, até aí, nenhuma referência explícita ao Classicismo alemão em sua formulação do *drama épico*. O mesmo irá ocorrer, por volta de 1936, quando, de novo, Brecht se reportará às fontes do já então *teatro épico*.

"Do ponto de vista do estilo, o teatro épico não tem nada de particularmente novo. Seu caráter demonstrativo e a ênfase que ele dá às questões do ofício o aparentam ao secular teatro asiático. Quanto a suas tendências pedagógicas, encontram-se já tanto nos mistérios da Idade Média como no teatro dos jesuítas e no teatro clássico espanhol."[7]

---

[6] Bertolt Brecht, *Écrits sur le théâtre*, cit., v. 1, p. 149.

[7] *Id., ibid.*, p. 267.

Também aí, nenhuma menção explícita ao Classicismo alemão, porém ao menos duas características mais gerais do *teatro épico* são já ressaltadas: *caráter demonstrativo* e, por assim dizer, metalinguístico, e *tendências pedagógicas*. É nossa hipótese que, para Brecht, ele mesmo, a sua própria conexão direta com o Classicismo alemão só ficará perfeitamente clara mais tarde, sobretudo no seu último período europeu e alemão (1947-1956), mas já a partir do final dos anos 30 começarão a surgir traços crescentemente nítidos dessa consciência. É significativo que, em agosto de 1948, ao redigir o *Pequeno órganon*, Brecht se utilize das formulações de Schiller — ainda que unicamente marcando sua superação: "A distinção de Schiller não mais é válida: a de que o autor épico precisa lidar com seu material como se fosse um acontecimento completamente no passado, e de que o ator executa sua mímica dentro de uma atualidade presente. Deve ficar claro através de sua interpretação que 'mesmo no princípio ou no meio ele já saiba o fim' e que ele necessita 'conservar assim, no decorrer da peça, calma e independência".[8]

Compreendendo-se que, nesta obra de divulgação, por ele mesmo, como vimos, qualificada de "resumo" de *A compra do latão*, Brecht prefira enfatizar a ultrapassagem da distinção schilleriana, é importante notar-se também que, não obstante isto, foi na matéria mesma da expressão de Schiller que ele recortou aqueles fragmentos com os quais, em seguida, irá indicar o que deve ser o jogo do ator para ter validade demonstrativa e pedagógica. Este fato vem ainda ao encontro de outro que vimos de ressaltar quando apontamos para a filiação schilleriana das próprias imagens do *carrossel* e do *planetário* em *A compra do latão*, nas

---

[8] *Id.*, *ibid*. Citamos pela tradução brasileira (cf. Bertolt Brecht, *Teatro dialético*, *cit.*, p. 204).

quais se recuperavam (e se ultrapassavam) os "movimentos circulares" "do objeto" e "em torno do objeto" da imagem de Schiller, imagem que, de resto, Brecht conhecia bem, como vimos. Com efeito, ainda uma vez são as notas do *Diário de trabalho* (1948), em sua especial modulação reflexiva, algo distanciada do público e marcada pelo movimento de produção das ideias, que acentuam antes a filiação:

> "SCHILLER percebe com uma espantosa nitidez a dialética a (ligação contraditória) na relação epopeia-drama. minhas próprias indicações a respeito do teatro épico prestam-se frequentemente a mal-entendidos, porque são de natureza crítica, oposicional e inteiramente dirigidas contra o dramático de meu tempo, que é manejado de maneira artificial, não dialética. de fato, o elemento épico deve simplesmente ser reintroduzido no gênero dramático, a título de contradição, é claro. é necessário precisamente estabelecer a liberdade de cálculo 'no seio impetuoso' dos acontecimentos."[9]

A esta nota, que neste passo de nosso trabalho não exige maiores comentários, Brecht acrescentou, ainda em 1948, esta outra, também do *Diário de trabalho*:

> "leio, atualmente, divertido, O PRAZER DOS TEMAS TRÁGICOS, de SCHILLER, ele começa, como eu no ÓRGANON, por fazer do prazer o objeto do teatro, defende-se como eu das teorias que querem atrelar o teatro à moral (e assim enobrecê-lo), mas recoloca tudo em ordem um instante depois, pelo fato de que ele não pode conceber o prazer sem moral, isto é, o teatro não satisfaz às leis da ética senão proporcionando prazer,

---

[9] Bertolt Brecht, *Journal de travail, cit.*, p. 463.

mas não saberia pretensamente proporcionar prazer se não fosse moral. a moral não precisa, portanto, ser prazerosa para ser admitida no teatro. eu mesmo procedo de maneira bastante parecida com o ato de aprender quando faço dele muito simplesmente um prazer do nosso tempo."[10]

Como ler, aí, o "divertido" de Brecht? Por um lado ele vem, parece-nos, sublinhar o "atualmente" da sua leitura, como que acentuando o caráter de descoberta *a posteriori* de um conjunto de semelhanças com as formulações de um outro escritor. Por outro lado, o termo como que sublinha uma certa autoironia em encontrar-se "inesperadamente" tão parecido com Schiller, justamente ele, com quem, segundo Hans Mayer, "Brecht não se teria jamais verdadeiramente reconciliado" porque "nele detestava antes de tudo o kantiano".[11]

De fato, a despeito do que aparece à primeira vista, é muitíssimo provável que também aqui Mayer tenha razão. Embora a atitude de Brecht em relação à herança clássica nacional tenha largamente evoluído e se modificado, sua objeção fundamental a Schiller é de formidável constância, atravessando toda a sua obra, dos escritos juvenis de Augsburg aos textos finais de *A compra do latão*. Nele Brecht encontrou o exemplo encarnado da moral abstrata, de natureza categórica, que combateu incessantemente, *en marxiste* ou mesmo antes. É precisamente a esse título que se os invoca em *A compra do latão*, quando *Wallenstein* é eleito como *o* exemplo dessa aparição *separada* da moral, pelo tratamento que aí se dá a um caso de traição. A isto segue-se, no texto, o seguinte diálogo:

---

[10] *Id., ibid.*, p. 477.

[11] Hans Mayer, *op. cit.*, p. 76.

"*O dramaturgo* — Que faria um marxista?

O filósofo — Ele apresentaria o caso como um caso histórico cujas causas são tributárias da época e cujas consequências atuam sobre a época.

O dramaturgo — E a questão moral?

O filósofo — A questão moral ele também a trataria como uma questão histórica. Examinaria a utilidade que pode ter numa ordem social determinada um sistema moral determinado [...]."[12]

Este traço, que o afastava de Schiller (e o faria, ao mesmo tempo, aproximar-se mais daquilo que se conhece como a feição "materialista" e "sensível" de Goethe), já o encontramos numa aparição longínqua e comoventemente sincera num Brecht com menos de vinte e dois anos, ainda na província, mas onde já se dá a ver uma antecipação do poder de choque do escritor maduro:

"Deus sabe que desde sempre gostei de *Dom Carlos*. Mas estes dias li em *A selva*, de Upton Sinclair, a história de um operário que era levado à morte pela fome nos matadouros de Chicago. Trata-se aí de vulgar fome, de frio, de doença, que vos reduzem um homem a zero tão seguramente como se tudo isso lhe fosse enviado por Deus. Esse homem tem um dia uma pequena visão do que poderia ser a liberdade, e é então abatido a golpes de maça. Sua liberdade não tem, eu o sei, nada a ver com aquela de Dom Carlos, mas eu não posso mais levar a sério a servidão de Dom Carlos. (Aliás, a liberdade nunca é em Schiller senão uma exigência, ele se exprime em árias de reconhecida beleza, de acordo; no entanto, poder-se-ia en-

---

[12] Bertolt Brecht, *Écrits sur le théâtre*, cit., v. 1, pp. 509-10.

contrá-la também encarnada num homem qualquer, mas Posa, Dom Carlos, Felipe não são senão cantores de ópera, oferecidos grátis aos aplausos.) Isto posto, *Dom Carlos* é uma bela ópera."[13]

Reencontrando Schiller na sua formulação do teatro épico, é ao aspecto *desfrutável* dessa moral abstrata que Brecht irá, obrigatoriamente, opor um combate radical, mas que, no entanto, comporta uma modulação: unindo esses dois textos que acabamos de citar, cada um em uma extremidade do "progresso" brechtiano, encontra-se nos *Escritos sobre teatro* um outro, produzido por volta de 1936, onde se pode ler, sob a questão-título:

"O teatro épico seria uma 'instituição moral'?": "Segundo Friedrich Schiller, o teatro deveria ser uma 'instituição moral'. Quando Schiller levantou esta exigência, não lhe veio absolutamente ao espírito que ele poderia, ao pregar moral sobre o palco, expulsar o público do teatro. No seu tempo, o público não achava nada que censurar a uma pregação moralizadora. Foi apenas mais tarde que Schiller foi tratado, por Friedrich Nietzsche, de 'trombeteiro de moral' de Säckingen. Para Nietzsche, ocupar-se de moral era um triste assunto. Schiller, por sua vez, achava isto extremamente agradável: propagar ideais, ele não conhecia nada que provocasse mais prazer e satisfação. Era a época em que a burguesia empenhava-se em elaborar as ideias da nação. Instalar sua casa, fazer o elogio de seu chapéu, cobrar suas faturas, eis aí coisas bastante agradáveis; mas precisar falar da decadência de sua casa, vender seu velho chapéu, pagar suas faturas, não há verdadeiramente nada de mais tris-

---

[13] *Id., ibid.*, p. 16.

te; ora, é assim que as coisas se apresentavam para Friedrich Nietzsche, um século mais tarde. Não era boa coisa lhe falar de moral nem, portanto, do primeiro Friedrich.

O teatro épico precisou, também, fazer face aos ataques de numerosos adversários que o achavam excessivamente moralizador. Na verdade, no teatro épico, as considerações morais não apareciam senão em segundo plano. Seu propósito era menos a moral que o estudo. Entretanto, é verdade, depois do estudo vem a pílula: a moral da história. Nós não podemos, naturalmente, pretender que nos tenhamos posto a estudar pelo puro gosto do estudo, sem que interviesse um outro móvel mais tangível, e que tenhamos ficado completamente surpreendidos com as conclusões a que chegamos. Havia, indisfarçavelmente, dolorosas discordâncias em nosso ambiente, situações dificilmente suportáveis, e não apenas por razões morais. Não são unicamente os escrúpulos morais que tornam a fome, o frio e a opressão dificilmente suportáveis. [...] Não éramos apenas os porta-vozes da moral, mas os porta-vozes das vítimas. Trata-se aí de duas atitudes completamente diferentes, pois com frequência utilizam-se justamente argumentos morais para persuadir as vítimas a se acomodarem ao seu destino. Os moralistas dessa espécie consideram que os homens existem para a moral, e não a moral para os homens.

De qualquer maneira, a partir do que acaba de ser dito, se poderá ainda assim determinar em que medida e em que sentido o teatro épico é uma 'instituição moral'."[14]

Acompanhando, nestes textos de Brecht, a longa travessia deste traço de contraste, vamos vendo que à sua passagem res-

---

[14] *Id., ibid.*, pp. 266-7.

salta a constância da remissão brechtiana à teoria educacional de Schiller. É pelo seu fio que o próprio Brecht vai chegar, neste último texto citado, à modulação histórica (historicizada) da questão da moral nas artes, pois é ao *opor-se* à moral abstrata de Schiller que ele vai reencontrar sua própria dimensão moralizante em sua especificidade histórica, movimento pelo qual, é claro, reencontra Schiller naquilo que a ambos é comum: a vinculação entre arte e moral e o corte pedagógico (*lato sensu*) do projeto estético. Ainda uma vez aqui, como na correlata questão do plágio, o que se vê é o amplo salto que o trabalho de Brecht executa entre o seu próprio tempo e o período que ele mesmo caracteriza como sendo o da ascensão burguesa — movimento ascensional a que ele vincula o gosto da preocupação moral em Schiller (nos antípodas de Nietzsche, que só vê aí decadência). No jogo irônico que Brecht estabelece entre os dois "Friedrich" — (ele próprio um "Friedrich" recusado) —, Nietzsche faz, neste passo, o papel de terceiro excluído, por isso mesmo não desconsiderado historicamente, pois serve por um momento de suporte para este salto naquilo em que, opondo-se tanto a Schiller quanto a Brecht, é declaradamente avesso à preocupação moral.

    O que se salta, assim, ao encontro do século XVIII, é praticamente todo o conjunto das referências mais características do século XIX europeu, movimento que, em parte apreciável, se desdobra no descompasso exemplar entre Brecht e Lukács. Não que cada um destes dois grandes escritores fechasse os olhos para um século que preferisse não enxergar, transformando-se assim em pontos cegos na história o século XVIII, para Lukács, e o século XIX, para Brecht. Bastaria, para verificá-lo, lembrar o magnífico ensaio de Lukács sobre o humanismo clássico alemão, que citamos (do qual o Brecht maduro foi leitor atento e seu tanto concorde, como se verá), ou ainda a clara consciência de Brecht quanto ao papel fundamental que exerce no curso formativo do "teatro épico" o drama naturalista do século XIX, em sua relação com o desenvolvimento privilegiado do romance, no quadro do desenvolvimento social e científico desse mesmo século. Trata-se, isto sim, de tomar como referência privilegiada — para a formulação de um projeto estético contemporâneo — épocas históricas diferentes e diferentemente consideradas: Lukács concentrando-se no grande romance realista do século XIX, imediatamente anterior, em que via a retomada — para ele de feição e vigência contemporânea — da herança das Luzes e notadamente do Classicismo alemão; Brecht privilegiando a vinculação direta com os autores nacionais clássicos do século XVIII, em que prezava sobretudo o trânsito entre realidades sociais diversas, mais o correlato impulso ascensional, e tomando o desenvolvimento privilegiado das modalidades "épicas" no século XIX apenas como caminho de volta para o reencontro da tradição clássica.

Esta sua "volta" em profundidade histórica, para no fim do seu arco reencontrar o movimento ascensional em direção ao futuro, parece-nos característica de seu projeto naquilo em que, como apontamos, ele intentava concentrar o tempo e fazê-lo saltar, intento de que resulta o caráter trans-histórico e internacional de suas incorporações. Significativamente, ao reencontrar, em 1949, outro autor do século XVIII alemão, Jakob M. R. Lenz, de quem então adaptou e levou à cena *O preceptor*,[15] uma das anotações de Brecht vai mostrar, ao fim desse caminho de volta, um segundo caminho, também de volta — de *retorno ao futuro*, se tanto nos é permitido dizer:

---

[15] Para uma excelente indicação dos procedimentos adaptatórios de Brecht quanto a *O preceptor*, cf. Hans Mayer, *op. cit.*, pp. 68 ss., em quem baseamos nossa interpretação dessa passagem.

"eu tinha esta peça [*O preceptor*] na cabeça fazia muito tempo. é, que eu saiba, a primeira pintura — e bem áspera — da miséria alemã. como contraponto ela não tem senão OS BANDOLEIROS onde o homem, para permanecer humano, deve se tornar bandoleiro. aqui, para permanecer sociável, ele deve se castrar. a peça oferece aos nossos jovens comediantes boas possibilidades. ao mesmo tempo ela remonta àquela linha que, nas origens do classicismo alemão, adota shakespeare, e pode portanto fornecer uma propedêutica a uma nova maneira de representar shakespeare."[16]

Num Brecht preocupado com a "miséria alemã" estão visíveis, neste exemplo, tanto o impulso de retorno vinculado ao projeto contemporâneo de estabelecimento de um teatro, quanto sua dimensão internacional e trans-histórica. Mas, principalmente, que se assinale aí, em ato, um exemplo da *passagem* de que falamos: em Brecht o movimento de incorporação em profundidade histórica e internacional primeiro se vetoriza no autor clássico nacional (Brecht prefere ver em Lenz o pré-clássico, e não o autor do *Sturm-und-Drang*) para em seguida extrapolar seu âmbito, em direção a um conjunto de maior amplitude, de que Shakespeare, pelo conjunto da obra e pela significação internacional, é o pórtico mais adequado.[17] Este movimento ganha aqui alguma especificação, além de se ver acentuado seu valor programático, pois, ao se definir claramente como *propedêutica* a função do autor clássico nacional, fixa-se a necessidade de se operar o reen-

---

[16] Bertolt Brecht, *Journal de travail, cit.*, p. 514.

[17] Para uma exposição um pouco mais completa do interesse de Brecht por Shakespeare, cf. B. Dort, "Brecht diante de Shakespeare", *in O teatro e sua realidade, cit.*, pp. 157 ss.

contro da dimensão europeia e internacional pelo mergulho no nacional, realizando-o, diga-se assim, por via intracultural, escovando-se a contrapelo a história de sua própria cultura. A este traçado metódico — simultaneamente atento ao nacional e ao internacional em suas relações recíprocas; que opera dentro da própria herança com seus elementos mais significativos; preocupado com o estabelecimento de modelos de valor propedêutico e, correlatamente, com o desenvolvimento e consolidação de uma determinada perspectiva cultural, no entanto de alcance totalizador — é que, acreditamos, se pode chamar *projeto clássico* de Brecht, como vimos fazendo neste trabalho em curso.

Mas, neste passo, sem perda das perspectivações, que a marcha da exposição vai propiciando, importa-nos reter ainda uma vez o lugar de referência privilegiada que, em Brecht, assume o período do Classicismo alemão. É notável também aí que Brecht prefira trabalhar com Lenz, estrela de "segunda grandeza" do período pré-clássico, mas a cujo *O preceptor*, fazem um contraponto único — *Os bandoleiros*, de Schiller. Acreditamos, na esteira de uma anotação do próprio Brecht, encontrar aí uma evidência dessa sua referência privilegiada ao século XVIII, mas, sobretudo, dessa preocupação com a retomada totalizante e integrativa da herança nacional clássica, capaz de aperfeiçoar aquela função propedêutica, em relação a outras tradições, de que se procura dotá-la. De fato, por que motivo Brecht não trabalhou diretamente sobre Schiller, de "primeira grandeza", uma vez que em *Os bandoleiros* encontrava o mesmo traçado ideológico básico que o interessava em *O preceptor*? Acreditamos que Brecht via na opção por este último várias vantagens, no interesse de seu projeto: por um lado, além de permitir uma aproximação a Shakespeare, a "recuperação" da peça de Lenz, menos conhecida, permitia também atingir, por tabela, a peça famosa de Schiller, já que esta fazia seu *pendant* único, e bem conhecido, no conjunto da herança; por outro lado, ao mesmo tempo que não lhe escapava assim ao raio de ação a referência sem dúvida central de *Os bandoleiros*, o trabalho de Brecht evitava a inescapável dose de redundância que afetaria qualquer encenação da peça de Schiller e, ainda, ampliava o conhecimento crítico de um período capital, através da recuperação polêmica de um trabalho menos conhecido. Confira-se, a este respeito, um breve texto de Brecht, dos *Escritos sobre literatura e arte*:

> "Não se compreende nada da literatura, se só se levam em conta os muito grandes. Um céu que não oferece senão estrelas de primeira grandeza não é um céu. Pode não se encontrar em Lenz o que se encontra em Goethe, mas tampouco se encontra em Goethe aquilo que se encontra em Lenz. E absolutamente não está provado que à obra de um gênio secundário falte necessariamente alguma coisa. Em si mesmos e sob todos os pontos de vista, eles podem ser perfeitos. Alguns dentre os menos conhecidos não tiveram simplesmente tempo de escrever mais, ou de se desenvolver mais completamente, ou tiveram falta de dinheiro, de relações, ou de nervos bastante sólidos. Alguns nada valeram na arte de lamber botas, magistralmente possuída por certos dentre os maiores."[18]

De fato, longo tempo a peça de Lenz lhe ficou "na cabeça", pois este texto de Brecht, escrito ainda no exílio e certamente vários anos antes da encenação berlinense de 1950 de *O preceptor*, como que apenas vai "afinar-se" e encontrar seu sentido pleno nas reflexões deste último período, iluminado pelo trabalho de adaptar e encenar. Encontramos ainda em Hans Mayer o interessante subsídio de uma carta de Brecht, de 25 de março de

---

[18] Bertolt Brecht, *Les arts et la révolution*, cit., p. 92.

1950 (provavelmente dirigida ao próprio Mayer, visto não surgir referida a outras fontes), onde a respeito do "retorno" a Lenz, escreve Brecht:

> "É preciso restabelecer os grandes pontos de partida realistas. É preciso mostrar que Lenz foi rebaixado pela história da literatura. *É preciso que o teatro se desloque para trás até este ponto para ir adiante, ou seja, para elaborar um estilo realista dos grandes temas* — visto que o grande estilo, recebido igualmente por herança, nós não o possuímos senão para as obras idealistas."[19]

Nessa recuperação de Lenz, portanto, muitos traços do projeto brechtiano aparecem concentrados. Nela, a importância de referência privilegiada que tem o Classicismo alemão se confirma pela *intencionalidade* denunciada ao recuperar-se um autor de segundo plano sem que, ao mesmo tempo, se renuncie, neste caso, a atingir a referência central do primeiro Schiller. Tal privilégio aparece aí, em gesto exemplar, como um intento — programático — de cobrir todo o campo da produção do período, de recuperá-lo *como um todo*, espécie de "céu" integrado, com a gravitação de todas as suas estrelas, menores e maiores. É possível portanto ver-se, nessa recuperação de Lenz, que a prerrogativa que Brecht estabelece para o Classicismo alemão se estende, precisamente, ao *período* como um todo, em que ele parece encontrar, disseminadas entre vários autores e obras, características que se trata de reunir num *conjunto*, ele próprio significativo, cuja unificação e perspectivação interessam de modo especial à própria unificação e perspectivação do trabalho presente. Daí o impulso totalizante em relação a ele, o que, num certo

---

[19] Hans Mayer, *op. cit.*, p. 69 (o grifo é nosso).

sentido, dá foros de verdadeira presentificação à sua retomada. De fato, ao se recuperarem determinadas obras de um período, qual o significado do gesto de, tendencialmente, procurar *preenchê-lo*, senão o de revivê-lo, no sentido forte de que se suscitam, de novo, as contradições que o animam, como que lhes propondo que terminem sua obra, que se esgotem em suas possibilidades? O século, subtraído à história "por arrombamento", como que é chamado de volta *para que encontre consumação*. Nesse sentido, e por outras referências que devemos acrescentar, o privilégio do Classicismo alemão é consubstancial, em Brecht, à sua aparição como *mônada*, na referida acepção de Benjamin, que não vamos tornar a reproduzir aqui — pois é da estrutura móvel de suas contradições (da sua unidade contraditória) que Brecht se aproxima no interesse do trabalho presente, ao fazer "sair da história uma época determinada, da época uma vida determinada, da obra de vida uma obra determinada". Tomando-se *O preceptor* como este último termo, poder-se-ia, a partir dele, refazer em sentido inverso o caminho dessa inclusividade múltipla, como em Benjamin. Lembre-se, a este título, ainda que provisoriamente, que Brecht realmente parece ver nesse período — em sua evolução, composição e posteridade — uma espécie de charneira, clivada em direção às contradições atuais de sua Alemanha (a "miséria alemã" do nazismo e da desintegração nacional) e em direção a um passado europeu pré-burguês mais rico de possibilidades, ao mesmo tempo que o vê como objeto absoluto em sua unicidade histórica. Demonstra-o ainda o caso Lenz, que é ao mesmo tempo crítica da velha-nova "miséria alemã", esforço de conhecimento crítico do período Clássico tomado em si mesmo e propedêutica ao contato com outras tradições.

Poderemos também vê-lo — o que de resto irá nos reconduzir à linha direita de nosso fio —, se observarmos ainda um outro aspecto que motiva a retomada de Lenz e de *O preceptor*.

Na referida carta de 1950, Brecht escreveu também: "Há ainda o problema do pedagogo em *O preceptor* como parte da miséria alemã, e seria talvez necessário explicar a significação simbólica da fábula da castração. Naturalmente esta fábula não é simplesmente simbólica: com o maior realismo (houve ao menos na base da peça um acontecimento real, horrível, na Prússia Oriental) mostra-se, através de um espécime de carne e osso, a autocastração dos intelectuais, que nessa época formavam uma casta e eram todos mais ou menos constrangidos a exercer o ofício de pedagogo, vale dizer que a autocastração física não apenas *significa* uma autocastração intelectual, ela é representada, ela própria, como a saída grotesca da situação social de Läuffer. Além disso a peça é uma verdadeira *comédia*, e é igualmente característico que os clássicos não se tenham dado absolutamente a este gênero artístico precisamente realista! (*A bilha quebrada* é talvez a exceção, mas é também a obra mais realista de Kleist e possui além disso, o que é interessante, ela também o caráter simbólico de *O preceptor*)".[20]

Vê-se por estas notas que o intento de Brecht de recuperar *O preceptor* é a muitos títulos polêmico, *grosso modo* naquele sentido de recuperar *o período* de que esta peça faz parte na mobilidade de suas contradições — o que cumpre examinar. Isto já surge em alguns dos elementos que informam este gesto de seleção: opta-se, como mencionado, pelo autor de "segunda linha" pela fábula de inusual caráter simbólico, pelo gênero (classicamente, na Alemanha) bissexto da comédia. A ênfase um tanto *procurada* na *exceção*, se não é puro diabolismo, indica aí o propósito de apertar a tecla que faça mover o conjunto, tanto mais que, como veremos, a peça de exceção cedo se imbrica aos seus

---

[20] *Id., ibid.*, pp. 69-70.

eixos principais. Se há aí aquele espírito de contradição de que Brecht se reivindicava, sem dúvida se trata de *contradição* no sentido pleno — pois neste seu conectar-se polêmico, precisamente, o que era "exceção" deixa de sê-lo e não mais confirma a regra; ao se reencontrar *dentro* da regra, ela a *argúi* — tornou-se contradição.

Não nos enganemos: encontrando Lenz, é a Schiller que reencontraremos e, com ele, uma articulação central a todo o Classicismo alemão, de grande profundidade histórica, portanto. Veja-se primeiro aquilo que Brecht encontra em Lenz que não encontra em Schiller: por um desses fenômenos frequentes na história das literaturas, em que se verifica que um autor "menor" (até mesmo pelo vezo da imitação — que quase sempre exagera, desloca, descalibra o modelo) faz aflorar ou torna evidentes certos traços da época, presentes nos autores "maiores", mas que a "perfeição" das grandes obras como que faz desaparecer ao resgatá-los em seus conjuntos harmônicos, Lenz abre o flanco do Classicismo alemão ao tematizar *diretamente, numa obra ficcional*, a educação — grande tema do período, central em Schiller. (Por este flanco desguarnecido é que penetrou Brecht, o que lhe possibilitou trabalhar *por dentro* o período clássico.) Isto se dá porque, como Brecht parece ter percebido, ao *encarnar* na trajetória do preceptor Läuffer a sua defesa da educação (pública — moral e estética) como panaceia para todos os problemas sociais, no que seguia os seus maiores, Lenz *historicizou* essa proposta, fazendo involuntariamente aflorar o caráter abstrato e ideológico de sua pretensa universalidade, pela feição realista que deu ao próprio imperativo ficcional de dotar de verossimilhança e de "índices de realidade" a representação.

De fato, ao escrever em 1774 esta sua peça, cujo título completo originalmente é, com ironia, *O preceptor ou As vantagens da educação privada*, Lenz procurou defender a tese, aparentada às de Rousseau e Pestalozzi, da educação pública como remédio para os males sociais. Mas ao plasmá-la em matéria histórica e principalmente na trajetória hiperbólica do preceptor Läuffer (de triste nome e triste sina, que vive a castigar com fortes tapas suas próprias sublevações eróticas e acaba por castrar-se para garantir-se um lugar de professor), Lenz acaba por levar muito longe e tornar muito "áspera" a "pintura da miséria alemã", de tal modo que a feição realista da peça cresce e transborda de suas intenções ideológicas iniciais, e a tese que por aí mesmo se quer comprovar — a da educação pública — revela-se muito estreita para dar conta da própria matéria histórica incorporada, que, com foros de realidade, se espalha e foge-lhe ao controle. (Brecht parece tê-lo anotado ao assinalar o caráter "simbólico" da fábula e sua simultânea *ultrapassagem* em direção a um valor documental.) Este acontecimento ameaça desequilibrar o conjunto e alterar-lhe fundamentalmente a direção intencional, dotando de novos valores os seus elementos: o que devia servir apenas de suporte (o traçado realista) ao *télos* de uma demonstração (a tese da educação pública) ameaça ganhar direitos de cidadania e equiparar-se em valor ao traço dominante. Nisto, o defeito estético da peça de Lenz, pois no descompasso entre discurso ideológico e matéria histórica, soam falso, por exemplo, os discursos pró educação pública do Conselheiro Áulico Von Berg e de outros nobres "esclarecidos", nos quais se vê facilmente — e se ressente como artificialismo — o caráter de porta-vozes de um autor mal subsumido na construção artística. Mas o que numa perspectiva é defeito estético, noutra é vantagem realista (principalmente se o leitor — e o adaptador — não têm ojeriza ao método dialético, em que um mesmo elemento, em situações diversas, ganha valores às vezes perfeitamente opostos). Por surgir já referida a suas bases concretas — e quase que a par com elas — basta uma pequena torção, ajudada pela distância histórica, já que um século e meio nunca passam em vão, para que a solução "educacional" em *O preceptor* apareça em sua universalidade abstrata, imersa numa realidade histórica que a inclui, ultrapassa — e relativiza.

Esta *torção* é a tarefa da adaptação de Brecht, que enxergou bem, na peça, suas potencialidades demonstrativas. Nem só de "defeitos" vive a peça de Lenz. Já os traços de comédia, que ela em caráter excepcional assume e Brecht valoriza, testemunham, nessa opção pelo gênero que permite maior distância no tratamento dos temas, a consciência ou, ao menos, o sentimento dos conflitos jacentes em seu material. Compreende-se, pois, que Brecht quisesse "fazer justiça" a Lenz que, de seu ponto de vista, "foi rebaixado pela história da literatura" (Lenz, de fato, é quase sempre tratado, por alguns historiadores da literatura alemã, em termos depreciativos e que às vezes beiram a ridicularização). Aqui e ali é aquele que "foi a Weimar sem ser convidado" (para ser despedido...), aquele que "também nisto seguiu Goethe" e, até, "a 'sombra' de Goethe"[21] — para culminar em seu "mergulho nas trevas da loucura" em 1777, e na morte "miserável" na "sua pátria russa" — o que parece semear de mortes, suicídios e fracassos o campo em torno ao Goethe olímpico de Weimar, de permeio com Schiller, como é bem o caso para os malfinados Hölderlin e Kleist — como sublinha A. Rosenfeld — a cujas cartas tais potestades nem sequer respondiam.[22] (Em tal confraria dos caídos, claro que em posto muito inferior, pode figurar o pobre Läuffer.)

---

[21] Cf., para um uso apenas típico dessas expressões, W. Kohlschmidt, "Sturm-und-Drang", *in História da literatura alemã*, São Paulo, Herder/Edusp, 1967 (sobretudo pp. 51, 239, 260 e 264).

[22] Anatol Rosenfeld, *Teatro moderno*, cit., p. 40.

Seu modo de "fazer justiça" é aí o modo dialético por excelência: criticar Lenz e ao mesmo tempo dinamizar seu potencial crítico. Este o sentido, tomado em si mesmo, de sua adaptação de *O preceptor*. Brecht altera, de certa forma levemente, os diálogos, de modo a ressaltar o caráter ideológico das falas da nobreza esclarecida. Confirmam-no, ainda, os testemunhos quanto à encenação, em 1950, pelo Berliner Ensemble.[23] Esta "diferença" mínima é também uma mudança máxima, pois *precipita aquele movimento sustado, tendencial, da peça de Lenz e o consuma — de modo que a ideologia que a peça veicula surge já como nascida das circunstâncias dadas na história que a própria peça conta* — o que bem pode ser uma definição do que é o caráter *concreto* de uma crítica. Onde, na peça de Lenz, havia diferença e separação entre a triste realidade do pequeno professor e as propostas educacionais da nobreza esclarecida, Brecht ressalta uma relação de *complementaridade*, em que ambas surgem como atributos de uma mesma realidade de base — a miséria alemã. Na fórmula sintética de Hans Mayer, "Brecht critica com Lenz e critica Lenz". Esta a oportunidade que Brecht encontra em Lenz, que não encontra em Schiller: a de repor sobre os pés aquilo que neste último e no Classicismo alemão se encontra de ponta-cabeça — o primado kantiano do moral sobre o social. Ao consumar aquele movimento que é apenas tendencial em Lenz, por onde saudavelmente o trai um certo caráter epigonal, Brecht opera, na verdade, uma rotação completa e restitui o primado do social.

O desejo manifestado pelo moço Brecht, em 1920, de encontrar em Schiller não apenas uma "exigência" de liberdade, mas de encontrá-la "encarnada" em "alguém", mais do que em meros "cantores de ópera", de certa forma somente vai consu-

---

[23] Cf., ainda, Hans Mayer, *op. cit.*, pp. 71-2.

mar-se de modo diferido, e trinta anos depois, no encontro definitivo de *O preceptor*. É interessante, a este título, que o Brecht de 1950 tenha sublinhado, nesta fábula de castração, o encontro de "um espécime de carne e osso", "através do qual se mostra a castração dos intelectuais".

Recapitulando, diríamos que nessa "encarnação" até literal de um princípio abstrato — e na correlata "falha" de Lenz, a adaptação de Brecht encontra a oportunidade não só do exercício de uma visão moral concreta, referida a suas bases históricas, como também a oportunidade da crítica de sua aparição abstrata exemplar — no Classicismo alemão. Acrescente-se a isto o fato de a peça ter como personagem principal a figura do preceptor, na qual se estriba, pela negatividade do exemplo, a defesa das técnicas educacionais que farão o apanágio de Schiller: nesta superposição de moral abstrata e solução educacional, mais precisamente, na transconsubstanciação histórica de uma na outra, e de ambas, na exemplaridade negativa do preceptor Läuffer, Brecht encontra uma concentração de notável potencial crítico. Sua adaptação inverte-lhe o sinal, o que lhe aumenta a voltagem até fazê-la fundir-se numa crítica que é mais geral — naquilo que se refere à moral abstrata, e particularizada —, naquilo que atinge a teoria educacional idealista. É significativo o fato de Hans Mayer, que muito se preocupou com esta adaptação de *O preceptor* (à qual parece ter estado de alguma forma ligado pessoalmente), embora não o mencione, interpretá-la na linha que Benjamin adota e generaliza, em determinado momento, para Brecht:[24] a da *transformação da função*, no que se refere ao modo de utilizar formas e instituições herdadas. Nesta chave, da

---

[24] Cf. Walter Benjamin, "L'auteur comme producteur", *in Essais sur Bertolt Brecht*. Paris, Maspero, 1969, sobretudo pp. 177 ss.

transformação da função, à maneira de localizada inversão de sinal, como dissemos, é que Mayer aponta a extensão da crítica, contida na adaptação de Brecht, a todo o Classicismo alemão:

> "Mas não se queria apenas encenar, e ao mesmo tempo criticar pela encenação, a obra de um autor do *Sturm-und--Drang*. Com as personagens do preceptor Läuffer, do mestre-escola Wenzeslaus e de seus antagonistas nobres, sobretudo com a personagem do adepto do *Sturm-und-Drang*, do kantiano e ulteriormente do filistino Pätus, Brecht queria levar à cena e situar sociologicamente não somente as posições do *Sturm--und-Drang* propriamente dito, mas aquelas do idealismo alemão em filosofia e literatura. Dado que o idealismo clássico alemão em Kant e Schiller partia de um ponto de vista moral, e não social, e que tudo se transformava para ele em problema pedagógico, este tema do pedagogo responde em *O preceptor* à posição de conjunto do Classicismo burguês alemão. Eis por que o personagem Pätus, que recebe em Lenz funções completamente diferentes, foi utilizado por Brecht para encarnar sua crítica de Kant e Schiller."[25]

Por este movimento, em que — a diferença contando — Lenz reencontra Schiller, é que a exceção se reencontra dentro da regra e a argúi. No que lhe é essencial, como vimos, este movimento é o de restituir, polemicamente, o primado do social sobre o moral. Ora, até aqui apontamos para este movimento tal como se realiza internamente à adaptação da peça de Lenz por Brecht e mencionamos a sua referência crítica — alusiva e paródica — ao traço idealista do Classicismo alemão. Mas, ainda, num outro sentido, esta crítica interna se desdobra, no que o

---

[25] Hans Mayer, *op. cit.*, nota 11, p. 73.

primado do social sobre o moral se restitui para a composição do período como um todo e se argúi também a regra que preside a transmissão e reposição da herança, assim como já presidira sua constituição inicial.

Já aludimos a este fato quando mencionamos a opção de Brecht pelo autor secundário, e ele se relaciona ainda àquela *retomada integrativa* do período Clássico a que nos referimos e que cumpre explicitar ainda um pouco. Considere-se, nesta perspectiva, a retomada de Lenz, enquanto "gesto total", no sentido de que aí os procedimentos adaptatórios internos e seu aporte crítico se subsumem no movimento de recuperá-lo.

Está claro que, para Brecht, um autor de segunda linha não é somente depositário de uma secundariedade apenas e puramente estética, de teor unicamente artístico ou composicional. A sua preocupação quanto à "falta de tempo", "falta de dinheiro", "de relações" e até de "nervos fortes" destes autores (ele que assinalou com terror seu próprio e súbito "emburrecimento" devido à "desvitaminização" alimentar, e até ambiental e moral, nos Estados Unidos)[26] ou ainda quanto a sua pouca habilidade na

---

[26] Em 2/12/1942, vivendo nos Estados Unidos, Brecht lançou no *Diário de trabalho* a seguinte nota: "grande descoberta: a necessidade, aqui, de comprar vitaminas em pílulas. eu notava já, nitidamente, que meu cérebro funcionava mal, que me cansava rapidamente, que minhas forças vitais estavam muito diminuídas etc. cinco dias de tratamento vitaminado e estava já de novo em forma. que prova fulgurante das origens sociais da 'insuficiência de pensamento' proletária!" (*Journal de travail*, cit., p. 336).

Reunidas as notas em que Brecht fala dos Estados Unidos, teríamos um conjunto impressionante. Com uma irritação permanente e aguda, raríssima nele, Brecht critica todos os aspectos da vida americana. O longo isolamento de Svendborg, o nacionalismo e os percevejos (sic) da Finlândia não o irritaram tanto quanto o *American way of life*. A alimentação, a arquitetura, o vestuário, as rela-

concorrida "arte de lamber botas", indica que os considera também enquanto objetos e depositários de processos de secundarização social, em que se traduzem o jogo de forças e as pressões econômicas do período. Daí, em Brecht, simultaneamente à sua luta na chave dos "grandes" — de que já dá testemunho o seu

---

ções interpessoais, os pagamentos semanais, as expressões idiomáticas, até o ar e a composição dos jardins americanos tinham o poder de martirizá-lo. O Brecht europeu, mas fundamentalmente o Brecht de Augsburg, cidade antiga e fortificada, "redonda", onde entre velhos castanheiros ficava a grande e sólida casa paterna, jamais conseguiu ter para com as cidades "abertas" dos Estados Unidos a mesma atitude simpática a que chegou, por exemplo, o Sartre de *Situations*. Vejam-se, a título de exemplo, algumas notas: "4/10/41 — [...] eles [os americanos] trocam de ofício como de botas, constroem casas para vinte anos apenas e não as habitam até o fim, assim seu país é privado de toda realidade local. não é por nada que a *grande desordem* prosperou aqui com tal exuberância" (*Journal de travail, cit.*, p. 202). "22/10/41 — a atitude em face do dinheiro trai aqui o capitalismo colonial. tem-se o sentimento de que todas as pessoas não estão onde estão senão para partir. elas estão nos eua unicamente com o objetivo de ganhar dinheiro. é um teatro de nômades, de gente em trânsito para gente que vagueia. *time is money*, os tipos são pré-fabricados, as repetições se reduzem a um mero trabalho de montagem. nas colônias, não se vive" (*Journal de travail, cit.*, p. 207). "28/1/42 — aprendo aqui por experiência como é ridículo e impudente dizer-se aos operários que eles devem ler a grande literatura! eu mesmo não sou mais capaz de lê-la, aqui, neste ambiente" (*Journal de travail, cit.*, p. 309). "20/1/42 — o espetáculo da mutilação intelectual me deixa fisicamente doente. achar-se num mesmo cômodo com estes mutilados intelectuais e outros feridos morais mal é suportável [...]" (*Journal de travail, cit.*, p. 341, sobre os colegas de trabalho — escritores nos Estados Unidos).

Em 7/5/42 ele lança no *Diário* esta comparação: "a pobreza semifeudal da finlândia, mais grave talvez enquanto penúria de bens, era sem dúvida mais humana do que a deste país. a penúria era de uma constância secular, assim a necessidade tinha alguma coisa de clássico em si, pois os movimentos dos homens se simplificam e se enobrecem na miséria assim como num trabalho penoso exerci-

longo e profundo diálogo com Schiller — um certo amor pelas obras de segundo plano. A recuperação de Lenz surge, assim, associada à sua consideração de que "em matéria de arte existe o fenômeno da coisa malograda ou meio-bem-sucedida"[27] ("obra-prima ratada", diria Mário de Andrade?)[28] cujo desconhecimento, como se viu, implica para ele "não se saber nada de uma literatura". No que há de incompletamente desenvolvido em tais fenômenos, Brecht parece tatear uma cicatriz no tecido histórico — aquela que assinala o que há de também incompletamente desenvolvido no próprio período em que ocorre o fenômeno da "coisa malograda ou meio-bem-sucedida", ou seja, aquilo que ele perdeu, a que renunciou, ou se resignou.

O gesto brechtiano de recuperação de Lenz, sem dúvida, visa também as contradições sociais que, na base dos projetos estéticos, se refletem no seu "sucesso" e no seu "fracasso" — e os fazem passar um no outro. Aquilo que em Lenz é "defeito" e "inadequação" estética — atributo de sua secundariedade artística — não estará estreitamente vinculado à sua "inadequação" para a vida social na esfera da corte de Weimar? (Como se sabe, a "adequação" hábil a Weimar fará a base dos anos de maturidade fastigiosa de Goethe, e mesmo, até certo ponto, de Schiller, assim como o rechaço de Lenz será sucedido pela marginalidade

---

do desde muito tempo. os flutuadores de madeira e as camponesas lembravam ainda os pastores das epopeias homéricas, e de uma certa maneira sua vida é, por assim dizer, literarizada: eles vivem dentro de histórias e têm biografias conhecidas deles próprios e da aldeia. os operários das cidades também não apresentam estes traços de especuladores. eles se bateram contra mannerheim" (*Journal de travail, cit.*, p. 281).

[27] Bertolt Brecht, *Sur le réalisme, cit.*, p. 96.

[28] Cf. Haroldo de Campos, *Morfologia do Macunaíma*, São Paulo, Perspectiva, 1973, p. 287.

e pela morte.) Aquilo que em *O preceptor* é movimento sustado, incompletude, defeito, não estará exibindo, como fratura exposta, o que é o movimento sustado da própria época? Tais perguntas reverberam também no gesto de Brecht ao retomar Lenz, gesto que agita a superfície "calma" do período clássico e o argúi quanto aos movimentos que encobre em sua harmonia. Como ela se articula às obras principais do período, tal questão também se poderia formular assim: qual é o preço das obras-primas do período clássico? (No duplo sentido de perguntar-se qual o seu custo social — ao preço da destruição de quantos, da miséria de quantos outros elas foram possíveis? E, ainda, ao preço de que renúncias elas conquistam sua própria harmonia?)

A recuperação da peça de Lenz, assim, não apenas a articula às obras principais do Classicismo, mas, no seu aporte polêmico, procura ainda articulá-las, por sua vez, a suas bases sociais. Neste sentido é que, acreditamos, ela é também uma procura, ao mesmo tempo, da compreensão do período na totalidade de suas contradições e da restituição do primado do social em sua interpretação. Aqui se vê em manifestação exemplar aquela postura que Brecht, ele próprio, recomendava que se adotasse diante dos clássicos. Brecht nem apenas se distancia deles (o que equivaleria a manter-se restrito à esfera das obras "secundárias"), nem se aproxima acriticamente de seu legado. Ele se aproxima dos clássicos sem ressentimento, mas também sem intimidação, no que procura fazer ressaltar o caráter problemático de seus esforços, o que têm de proeza mas também o que têm de limitação. Este efeito, ele o obtém — dito de maneira geral — *historicizando* a obra clássica, o que se dá no sentido mais forte do termo, recuperando-a no conjunto de contradições sociais em que se produz e que nela se exprime.

O mesmo caráter de "abstração" que permeia a constituição de tais obras, e que se manifesta em seu interior mesmo, afeta também sua transmissão de mão em mão. Herda-se também de maneira "abstratizada". As obras, e principalmente, "as grandes obras", chegam-nos, digamos, como "astros sem atmosfera", à semelhança da aguda descontextualização que atinge as peças de períodos e civilizações diversas em sua coexistência fantasmática no espaço rarefeito dos museus. É certamente contra este mecanismo de transmissão "a vácuo" da herança que se manifestava Brecht ao falar do "mau hábito de se reduzir a literatura alemã a Goethe, Schiller, Heine". No que toca às obras ditas clássicas, esse regime de transmissão atinge seu ponto mais agudo e se torna exemplar. No seu caso, esse procedimento de *esvaziamento de contexto* é constitutivo do próprio estatuto da classicidade burguesa, e nele Brecht localizava a causa principal da "intimidação pelos clássicos": "Esta intimidação é a consequência da ideia falsa e artificial que se faz da obra clássica. A grandeza das obras clássicas é a sua grandeza humana, e não uma grandeza formal, para se colocar entre aspas".[29] Sua "grandeza", assim, entre aspas, é tributária de seu deslocamento ou separação da esfera do trabalho humano, o que começa com a queda do próprio contexto artístico imediato e culmina com a desaparição do contexto social (e, com ele, da "barbárie'" que afeta todo documento de cultura, "assim como afeta também o processo de sua transmissão de mão em mão", diria W. Benjamin).[30] O trabalho de recuperá-las como grandeza *tout-court*, e sem aspas, é o de historicizá-las, trabalho exemplar que argúi também a regra de transmissão da herança e, a ela também, procura repô-la sobre os pés.

Não se revocam, portanto, em Brecht as obras clássicas por amor de antiquário, gosto de rever os brincos avoengos. Por to-

---

[29] Cf. Bertolt Brecht, *Théâtre complet*, Paris, L'Arche, 1972, v. 10, p. 8.

[30] Cf. W. Benjamin, "Thèses sur la philosophie de l'histoire", *cit.*, p. 281.

dos os ângulos a partir dos quais olhemos essa recuperação, ela tem o aspecto de um *retorno do reprimido* — com a licença da expressão —, no entanto sem o estatuto recursivo das neuroses. A retomada do período clássico — cujo privilégio vai ficando mais visível —, ao se fazer *através* da obra "defeituosa", do autor "menor" ou marginal, a que entretanto se confere o poder de fogo da contradição, traz à tona — e ao presente — o impulso refreado, o que restou incompleto e pede superação. Não se repete, pois, por repetir e para repetir, indefinidamente. A repetição que não atinge o objeto isolado, mas o processo contraditório, pede a consumação do que ficou inconcluso. Pede o fim da repetição. Em *O preceptor* Brecht depara aquilo que Benjamin chamou de "oportunidade na luta pelo passado oprimido". Ainda sobre a peça de Lenz, ele escreveu: "Eis aqui o momento de 'desfalecimento' do Classicismo alemão, este 'posição de sentido!' mais ou menos voluntário das grandes cariátides burguesas que se fixam em estátuas de sal à simples vista da Sodoma revolucionária".[31]

Ainda que seja um fragmento, além disso pouco extenso e densamente metafórico, este texto é suficientemente eloquente, principalmente se considerado no seu contexto da adaptação de Lenz, para que a partir dele se possam encaminhar algumas reflexões. A paralisação aterrorizada dos clássicos se dá, aí, semelhante à da mulher de Lot, como movimento que se susta e fixa diante do que não pode ser visto — no caso, a "Sodoma" da Revolução Francesa. Difícil não encontrar nisso uma referência de Brecht a essa questão-chave da história da literatura alemã (além disso de profundo significado internacional): a vinculação entre a escolha da disciplina clássica, representada principalmen-

---

[31] *Apud* Hans Mayer, *op. cit.*, p. 69.

te por Goethe e Schiller, e a alteração do quadro mundial produzida pela Revolução Francesa. Nessa vinculação, o "lugar comum" de "constatar-se que o Classicismo alemão fechou-se à vida real, isolando-se numa atitude aristocrática, estetizante e estilizada"[32] explica-se *grosso modo* como recuo diante da desordem, da flutuação de valores e do risco para a tradição, representados pelo movimento revolucionário. Ainda nesta perspectiva, a disciplina rígida, a altivez aristocrática e a quase intangibilidade clássicas — de que o Goethe olímpico da maturidade é o representante universal — surgem como paralisação do que era ímpeto (tempestuoso), que se sofreia duramente diante do desencadeamento e da expansão indefinida de uma tempestade que se abate já sobre as coisas mesmas. Mais do que as declarações antirrevolucionárias, a favor da sobriedade e contenção sociais, expressas mais tarde por Goethe em seus "Diálogos de emigrados alemães", ou do que suas sátiras antirrevolucionárias como *O cidadão general*, é a própria opção pelo isolamento na esfera da obra manifestada na procura do rigor formal e na aproximação modelizante da antiguidade clássica — que caracteriza o partido do desenvolvimento orgânico e regrado contra o da erupção revolucionária.

A questão é evidentemente muito ampla e complexa, mas, para Brecht, que dele muito se aproximou, não restam dúvidas de que aí reside o caráter problemático desse Classicismo: no seu pressuposto de ausência de revolução. Essa exclusão, que Brecht identifica como movimento sustado, ele a vê, no entanto, como privação, uma vez que nela em alguma medida é inegável a presença de um componente de renúncia e de resignação em relação à ausência de movimento revolucionário. Enquanto perda

---

[32] G. Lukács, "O humanismo clássico alemão...", *cit.*, p. 178.

e carência, portanto, tal exclusão é o preço que esse Classicismo paga para constituir sua harmonia. É ao custo de seu isolamento, de sua estetização, em suma, de sua renúncia ao movimento revolucionário, que o Classicismo alemão constrói suas inegáveis obras-primas — de onde, para Brecht, seu caráter problemático.

Mas se considerarmos que Brecht se aproximou — de modo essencial — desse Classicismo e se aceitarmos, por hipótese, que ele próprio executou um projeto de corte clássico, motivo pelo qual examinamos esse aspecto, é possível considerar que ainda de outra maneira ele ponderou essa "privação", não lhe atribuindo valor puramente negativo, mas, precisamente, ressaltando seu caráter problemático. Nesse sentido, o que é privação será lido também como recuo estratégico, com caráter de resistência. Isto se dá na medida em que o pressuposto da "ausência de revolução" não é apenas interno às obras clássicas e essencial ao projeto clássico — o que lhe daria foros de autêntica reação, mas também exterior a elas e igualmente essencial ao estudo da sociedade em que (elas) são produzidas — o que pode conferir à referida privação uma decisiva torção realista. Este dado se exprime naquela oscilação de Brecht quanto à intencionalidade do "desfalecimento" e da paralisação medusada dos clássicos diante da Revolução Francesa: ela é "mais ou menos voluntária". Nessa oscilação, o que pesa nos pratos da balança é, de um lado, a indubitável opção burguesa dos clássicos — visível em suas consequências como limitação política (isolamento) e até como seu famoso filistinismo — e, de outro, a "miséria alemã" que, pela ausência e impossibilidade efetivas de movimento revolucionário, relativiza e até certo ponto justifica essa opção.

Esta interpretação é também, ponto por ponto, a de Lukács, com quem Brecht parece até aí concordar (mas só até aí, pois as consequências que dela cada um extrai para sua própria atuação são muito diversas). Lukács acredita que "os temas do período clássico, vistos dessa perspectiva, ganham um aspecto novo e inesperado".[33] No fundamental de seu processo de aparição, ele a explica assim:

> "Na realidade histórica imediata, a Alemanha é contemporânea da Revolução Francesa. Mas seu grau de desenvolvimento econômico e social, o nível da consciência das massas impedem a flama da revolução de atear na Alemanha o incêndio da libertação, e de fazer assim, dos alemães, um povo, uma nação. Sozinhos, a vanguarda, os cumes da literatura e da filosofia alemã eram, num sentido mais profundo, inteiramente contemporâneos da grande reviravolta (e, assim mesmo a seu respeito, é preciso fazer as reservas que esboçamos). Dessa situação resultou o isolamento social e intelectual daquela vanguarda, isolamento ainda mais agudo que durante o período precedente: o destino do tipo Georg Forster.
>
> Uma fidelidade real às ideias da grande Revolução só podia engendrar variante dessa tragédia. O exemplo maior e mais pungente é a vida de sofrimentos e o fim de Hölderlin, cuja imagem continua a viver inteiramente deformada na história da literatura alemã [...].
>
> Por outro lado, nessa atmosfera rarefeita, os progressos e as limitações da evolução alemã se revelam com mais acuidade do que na época da *Aufklärung*. Transpondo para o plano das ideias os problemas sociais e políticos reais — mesmo apresentando um caráter moral — os poetas e os pensadores alemães deformavam-nos e os deslocavam já na época preparatória da revolução.
>
> Quando a preparação ideológica foi substituída pela ação, tornou-se patente que mesmo os mais avançados dentre os inte-

---

[33] *Id., ibid.*, p. 181.

lectuais alemães não poderiam seguir a marcha da revolução. Em face dos grandes acontecimentos políticos, eles se revelaram insuficientes. Sem dúvida, houve no começo entre eles uma simpatia entusiasta. Mas essa simpatia era bastante abstrata, estranha à realidade, desprovida de raízes sociais e políticas, para poder seguir a marcha da revolução, sobretudo depois dela se ter tornado plebeia. A reação dos Klopstock, Herder, Schiller etc., diante da execução de Luís XVI é característica. As comédias estúpidas de Goethe contra o jacobinismo são símbolos dessa impotência política autenticamente alemã."[34]

A interpretação de Lukács avança, ainda, que essa incapacidade de seguir a marcha da Revolução e o recuo que vem sucedê-la faz com que, no plano literário, a limitação política desses escritores se exprima de modo ainda mais nítido, mas também lhes permite um avanço inesperado: este afastamento dos temas imediatos da grande revolução lhes possibilita trabalhar de modo *essencial* e "*até as últimas consequências* [...] *o conteúdo social da transformação*".[35] Neste salto, Lukács vê sua ultrapassagem da limitação política ao mesmo tempo que sua justificação histórica e estética:

> "Tal distinção, com todas as suas consequências filosóficas, já contém, naturalmente, uma boa parte da miséria alemã. Mas contém também um sentimento justificado; a visão da Alemanha como um país pré-revolucionário, que está ainda longe da revolução real, para o qual os problemas sociais imediatos da grande Revolução são os de seu próprio futuro,

---

[34] *Id., ibid.*, pp. 179-80.

[35] *Id., ibid.*, p. 180 (o grifo é nosso).

mais ou menos longínquo, e para que convém preparar lentamente o povo e as camadas cultivadas."[36]

Esta mesma ideia, em outra parte, Lukács a expõe ainda assim:

> "A atitude estética é então, de saída, em Goethe e Schiller, uma resignação. Nenhum dos dois nasceu para ser exclusivamente poeta. Foi a miséria alemã que impôs, a um e outro, a vida de puro escritor.
> Mas precisamente por isto, essa resignação ao domínio estético não é nem esteticismo nem fraqueza. É um esforço tendente a realizar, numa situação tornada trágica, o máximo possível para a compreensão da época e, através desta última, a preparar a libertação futura do povo."[37]

A conjunção estético-histórica aí representada é das mais ricas e mais complexas — e, para Brecht, de valor exemplar. Na constelação intrincada de problemas que nela se produz, Brecht encontrou a grande referência para testar e dimensionar o seu próprio projeto clássico, o que se dá basicamente em dois grandes eixos de contradição associados entre si: por um lado na referida conjunção problemática de *projeto clássico* e *atividade revolucionária*, que na sua realização histórica simultaneamente se motivam e se repelem reciprocamente, e, por outro lado, na correlata conjunção problemática de *privação* (movimento truncado) e impulso de totalização, visível na necessidade de *essencializar* as questões históricas, tratadas sem imediatidade, e ao mesmo tempo levá-las às últimas consequências.

---

[36] *Id., ibid.*, pp. 180-1.

[37] *Id., ibid.*, p. 179.

Dito de maneira um pouco brutal, há no ferir-se dessas contradições um *salto* — arriscadíssimo e problemático — entre a *miséria* (a limitação da história imediata) e a *plenitude* (do projeto clássico no que tem de consumado, de totalizante e de rematada harmonia). Ao marxista Brecht, a partir de suas próprias condições históricas de existência e produção, interessava tanto o que há de artificial e limitado neste salto, em sua circunscrição e contingência histórica, quanto o que nele há de exemplarmente radical, de definitivo, de ultrapassagem cabal e completa da limitação histórica, em seu movimento de totalização.

Ao salto entre miséria e completude corresponde, no plano do sentimento do tempo, a ocorrência simultânea de um pessimismo, fundado na consciência das limitações do meio imediato, que leva a essencializar o tratamento das questões históricas, e de um exercício de soberania expresso no próprio impulso totalizante que essa essencialização encaminha. Totalidade, essencialização, soberania surgem, assim, como traços definidores de *um Classicismo inseminado pela contradição histórica*, distante de qualquer decorativismo meramente conservador, ingênuo ou esteticista que comumente se vê associar ao impulso classicizante. É "precisamente desta base contraditória", julga Lukács, que Goethe e Schiller deduzem "as leis formais específicas da arte moderna, a saber, de um Classicismo contemporâneo".[38]

A este título, precisamente, é que, acreditamos, Brecht o recupera, do que dá testemunho já a revogação de Lenz, cujo aporte de autor "menor", de recusado, de comediógrafo e de realista — em suma de "pintor" e ao mesmo tempo de representante da miséria alemã — tem a função de trazer à tona, de recuperar, também a base contraditória dos esforços clássicos, e

---

[38] *Id., ibid.*, p. 176.

não apenas a face luminosa e abstratizada de algumas obras capitais. Nesta perspectiva, a recuperação de Lenz por Brecht tem, e de maneira extremamente autoconsciente, o mesmo caráter de renovação interpretativa do Classicismo alemão que tem o ensaio de Lukács, a que se deve acrescentar o caráter de intervenção concreta que assume sua adaptação de *O preceptor*, pelo que tem de alteração da própria peça em sua materialidade de texto e de encenação, e pela alteração na própria composição do repertório clássico herdado que representa.

Lenz é, nesta reinterpretação brechtiana do Classicismo nacional, cabeça de ponte e caso exemplar de um jogo de aproximação e afastamento, no entanto levado muito mais longe.

Há, assim, na base histórica desse Classicismo, circunstâncias decididamente exemplares: a nação dividida e impedida de se unificar efetivamente em prazo curto; a impossibilidade de movimento revolucionário local (ao mesmo tempo que ele ocorre em outros países e afeta toda a constelação histórica e ideológica da época); a correlata miséria interna e a castração ou o desenvolvimento trágico que impõe à trajetória da maioria dos intelectuais. Difícil não enxergar, neste esboço da base histórica, um traçado que, para o marxista Brecht, emigrado de uma Alemanha sob o nazismo e confrontado à deflagração e ao desenvolvimento problemático da Revolução Russa, se impunha como exemplo privilegiado, perturbadoramente próximo pela semelhança flagrante com sua própria contemporaneidade e, ao mesmo tempo, provido daquela distância que convém à eficácia do exemplo, permitindo examinar o desenvolvimento já completo de algumas de suas linhas de força.

Ao traçado histórico de base articula-se o conjunto de soluções estéticas que define o Classicismo alemão, cuja exemplaridade para Brecht não é menos privilegiada nem menos flagrante. Basicamente, como indicamos, este conjunto se caracteriza pela tendência a *essencializar* o tratamento dos temas históricos e pelo correlato movimento de *totalização*.

    Já a própria hostilidade da matéria histórica imediata — que no entanto reponta em Lenz como "pintura da miséria alemã" — encaminha, em Goethe e Schiller, para um tratamento diferido, no espaço e no tempo, dos temas históricos — *que resulta em ampliação cosmopolita e trans-histórica*; por sua vez essa ampliação, mediante as elaborações formais a que obriga, transforma o traçado fabular e histórico das heterogêneas realidades incorporadas em suporte de uma reflexão estética e histórica que, com foros de essência, as submete e ultrapassa internamente, e de certa forma precede mesmo sua incorporação. O exemplo cabal desse procedimento é, por todos os títulos, o *Fausto* de Goethe ou, melhor, a própria sucessão dos "*Faustos*" em sua interminabilidade e incomensurabilidade. Lukács o aponta, para o que se refere aos temas do período clássico, em Goethe e Schiller, ao expor que, mesmo quando tratam dos "grandes problemas políticos e sociais da época", eles o fazem, por assim dizer, de maneira diferida. Assim, o tema da luta pela unidade nacional, em Schiller, surge em *A donzela de Orléans* e no *Wallenstein*, do mesmo modo que na obra histórica *A revolta dos Países Baixos*, assim como no *Wilhelm Tell*, e nos anteriores *Egmont* (este de Goethe) e *Dom Carlos* encontram-se "imagens do futuro alemão tomadas ao passado de povos estrangeiros".[39] (A comparação imediata e um tanto mecânica com Brecht é muito tentadora: nele, o problema político da ciência moderna e mesmo, em certo momento, o da física atômica, surge no *Galileu*; o da ascensão de Hitler em *Arturo Ui*; o da relação patrão-empregado, na Finlândia "popular", do *Senhor Puntila*; o do passado e futuro

---

[39] *Id., ibid.*, p. 181.

da Revolução, em *Os dias da Comuna* e em *O círculo de giz caucasiano*; o da opção militante na Rússia de *A mãe* e na Guerra Civil espanhola, da *Senhora Carrar*; o da bondade, na China de *Setsuan*, e assim por diante.)

Não por acaso em Goethe e Schiller se encontram uma profissão de fé no cosmopolitismo e a postulação de uma *Weltliteratur*, a que se associa com relativa naturalidade o interesse teórico e prático de Goethe pelo "plágio". É a mesma necessidade de compreender e ultrapassar a limitação nacional que abre para o Classicismo alemão um arco de referência internacional e trans-histórico. O problema estético é correlato, pois à necessidade de ampliação espaço-temporal da matéria sobrepõe-se a concomitante exigência de tratar de maneira concentrada e essencial o tema a que ela dá suporte. Este conflito entre as exigências simultâneas de expansão e concentração, para o plano estético, vai tomar forma na discussão sobre os gêneros literários — central, aguda e multifacetada no Classicismo alemão — em que de novo se produz a expansão internacional (que em Goethe vai até a pesquisa das formas literárias árabes e chinesas) e o mergulho em profundidade histórica (com o estudo de Aristóteles e da tragédia antiga).

Esse conflito exprime-se, na discussão sobre os gêneros, pela simultaneidade da exigência de nitidez na separação entre gêneros literários, e da exigência de fundir e variar os gêneros num mesmo trabalho para dar conta do tema e da matéria. A primeira dessas necessidades contraditórias entre si, a da "pureza" dos gêneros, para Lukács "origina-se da exigência formulada por Schiller, da 'determinação absoluta do objeto'. Encontrar o gênero adequado a uma matéria significa descobrir e liberar a alma mesma desta matéria".[40] Tal exigência (de unificação e essen-

---

[40] *Id., ibid.*, p. 183 (o grifo é nosso).

cialização) torna-se problemática, e agudamente, quando confrontada aos imperativos da matéria histórica extremamente alargada e da amplitude dos temas que introduz, os quais por si só já questionam a limitação de cada gênero considerado em sua pureza ideal.

Onde melhor se exprime esse problema é, de novo, na obra-mestra de Goethe, o *Fausto*, que, em todos os seus níveis e sob todos os aspectos, parece reunir e dramatizar todas as questões principais que performam o Classicismo alemão. Sobre este assunto, escreveu Anatol Rosenfeld: "Na sua correspondência, Goethe e Schiller tratam frequentemente do problema dos gêneros. Tendo superado a sua fase juvenil, de pré-romantismo shakespeariano, voltam-se para a Antiguidade clássica e discutem a pureza de seus trabalhos dramáticos em elaboração. Goethe, por exemplo, quase desespera em dar ao tema 'incomensurável' do *Fausto* uma forma aceitável e chama a obra em progresso de 'composição bárbara' porque o 'vasto assunto' exige tratamento épico e mistura de gêneros. Schiller, preocupado com o enorme vulto da trilogia *Wallenstein*, tem as mesmas dores, mas aconselha Goethe que, desrespeitando os gêneros, faça uso do seu *Faustrecht* (*Faust*, em alemão, além do nome do herói, significa 'punho' e *Faustrecht*, além de 'direito faustiano', significa 'direito do punho')".[41]

É hoje um lugar-comum dos estudos faustianos apontar-se a conexão entre a dificuldade e imensa duração da empreitada, que vai de 1770 a 1831, com várias interrupções e muitas incertezas, e o caráter conflitivo da teoria dos gêneros nos clássicos alemães. Trata-se de autêntica obra-mestra e de autêntico

---

[41] Anatol Rosenfeld, *Teatro moderno*, cit., pp. 134-5. (Para uma outra formulação de Anatol Rosenfeld quanto a este assunto, cf. p. 12.)

trabalho em progresso, sobretudo se considerarmos que, no longo curso de sua composição, Goethe introduziu a "ilhota" da totalidade parcial, ao publicar, em 1780, o "fragmento" do *Fausto*, no que, à semelhança de Brecht em *A compra do latão*, fez incidir sobre o inacabamento da obra "incomensurável" a relação publicado-impublicado. (Ainda durante a vida de Goethe, como se sabe, veio a público o primeiro *Fausto*, de 1808, sendo póstumas as publicações, tanto da segunda parte, de 1832, concluída pouco antes de sua morte, em 1831, quanto a do *Urfaust*, primeiríssima e juvenil versão do trabalho só encontrada muito posteriormente.)

Mas essa longa dificuldade da empreitada, em sua conexão com a problematização da teoria dos gêneros, só ganha pleno sentido se relacionada com o caráter totalizante que tem o projeto do *Fausto*, como aliás indica A. Rosenfeld. Nele como que se concentram e, ao fazê-lo, se potenciam reciprocamente, todas as tendências principais do Classicismo alemão — o que lhe confere, ao mesmo tempo que o caráter de suma ou epítome do período, certo valor de hipérbole e de obra-limite, o que, embora separadamente, muitas vezes já se ressaltou. (O fato mesmo de se verificar aí este impulso de totalização, que tudo procura reunir e unificar, transforma-o no terreno por excelência do derramamento erudito e não poucas vezes em cidade aberta de um certo furor conectante, o qual, se possível, cumpre evitar, não tanto pelo *kitsch* flamejante, em que às vezes triunfa, quanto pelo aspecto de inutilidade ou coisa desfrutável que inevitavelmente assume: num campo onde a conexão múltipla é o próprio solo da experiência, as únicas aventuras possíveis são as secretas aventuras da ordem.)

Não pretendendo acrescentar nada aos estudos faustianos, o que estaria acima de nosso alcance e propósito, nem desejando reforçar, com os epítetos de "Ilíada do mundo moderno", "poema cósmico", "criação de um mundo a cada rotação da vontade" etc., a condensada redundância que, até sem querer, se recolhe à tona da bibliografia faustiana internacional, vamos apontar brevemente nesse impulso totalizante, tal como o vemos, o que de imediato interessa à conexão com Brecht.

Manifestando-se ao longo de sua elaboração na luta com a teoria clássica dos gêneros, observe-se apenas, no *Fausto*, a ocorrência simultânea de movimentos totalizantes tanto por essencialização quanto por incorporação extensiva, a primeira exigindo a pureza do gênero que possa "liberar a alma mesma da matéria" e a segunda exigindo a diversidade e fusão dos gêneros. Esse conflito, no entanto — para cujo caráter central no Classicismo alemão, em sua conexão com suas bases históricas, já apontamos — o *Fausto* o dispõe, em seus termos polares, nos extremos de um eixo comum: o da *totalização*, ao longo do qual encontram sua tensão máxima todos os demais elementos incorporados. Precisando um pouco mais: é o próprio fato de se exacerbar o impulso totalizante tanto do movimento de essencialização, quanto do de extensão, que confere ao *Fausto* a tensão máxima que o transforma em dramatização exemplar das tensões de todo o período, de que surge assim como epítome e hipérbole.

A este respeito é significativa a própria dificuldade — senão impossibilidade real — de se nomear o *tema* do *Fausto*. Ele se configura com tal poder de concentração simbólica que parece sempre ultrapassar, desmedidamente, o signo com que se procure designá-lo, de tal forma que, no limite, o seu nome possível seria sua própria e integral repetição. Se essa dificuldade parece extensiva em alguma medida a toda obra literária, para o *Fausto* ela é constitutiva, cabal e completa, e, por isso mesmo, exemplar. Quanto a ele não se pode dizer, por exemplo, que seu tema seja o da civilização contra a barbárie, como para a *Ifigênia*, nem o da liberdade humana, ou o das lutas nacionais, como, respectivamente, para *Dom Carlos* ou *Wallenstein*, e assim por diante, da mesma forma que se poderia dizer que todos eles são também seus temas. Com efeito, qual o tema do *Fausto*? Os que se aventuraram a nomeá-lo falam em "história *do* homem", "expressão *da* factividade humana", ou "*da essência* humana como factividade incessante", o que já dá uma medida do caráter totalizante que tem a essencialidade de sua concentração simbólica. Desta forma, se poderia dizer que no *Fausto* se torna exemplar e se leva às últimas consequências aquele movimento central ao Classicismo alemão, enunciado por Lukács, o de, transportando-se os temas sociais ao mundo das ideias, "trabalhar de modo essencial e até às últimas consequências o conteúdo social da transformação". Ora, no *Fausto*, a *própria transformação é tematizada*, transcendendo-se a análise do conteúdo de uma determinada transformação no rumo de tratar-se *a própria transformação como conteúdo da vida social*, e de lhe dar mesmo foros de *essência cósmica* — o que parece corresponder à conhecida visão panteística do último Goethe, em que o Cosmos, como "enteléquia", tende à completude pela transformação incessante, de que o agente principal é a factividade humana.

Neste movimento, o campo que o *Fausto* abre para o seu trabalho é propriamente incomensurável. Mas, como de lei nestes casos, a amplificação desmedida do campo é mais que seu apanágio: ela cria também uma obrigação, uma necessidade imperiosa de cruzar este campo em todos os sentidos e na maior extensão possível, única maneira de o *estabelecer* em sua grandeza e de comprovar a força compreensiva de seu princípio. A este título, mais do que numa visão abstrata da totalidade, o *Fausto*, enquanto *trabalho*, é "gigantiforme": mais do que o passado recente ou medianamente recuado, mais do que a história da Alemanha ou da Europa a partir da Idade Média, é a História humana como um todo que deve surgir e apresentar-se pelo próprio movimento de constituição do Poema. Assim, se é possível ser tão breve, a expansão de seu arco de incorporação a épocas e tradições as mais diversas transforma-se em sua prova de força, cujo esforço final e consumatório será a tentativa de unificar a massa necessariamente imensa e heteróclita dos elementos incorporados.

A esta necessidade interna, ainda nesta linha de interpretação, deve o *Fausto* o seu caráter de "poema enciclopédico" sempre ressaltado, que incorpora elementos da Antiguidade clássica e da tradição popular, textos bíblicos e shakespearianos, cultura medieval e renascentista, elementos de alquimia e de física newtoniana etc. Mas a ela também o Poema deve a existência, correspondente a esta expansão, de uma espécie de "afunilamento" interno, no rumo da unificação do material, em que se pode lê-lo inclusivamente como súmula da história humana, como súmula de cinquenta anos de história da Europa, mas também como uma espécie de autobiografia simbólica do próprio Goethe, de sua vida de homem múltiplo, assinalada pela transformação propriamente fáustica do jovem fogoso do *Sturm-und-Drang* no escritor e cientista perfeitamente disciplinado e produtivo da maturidade clássica. Neste movimento de "afunilamento" ou concentração, no limite, pode-se ler o Poema como uma espécie de *dramatização de si mesmo*.

A desmedida de seu próprio progresso compositivo, que deseja ir do mínimo ao máximo, do futuro ao presente mais instantâneo e à Antiguidade mais recuada, da fantasia à ciência, do céu à "Taberna de Auerbach", da prosa ao verso, da minúcia compositiva à grandiosidade do conjunto, parece encontrar correspondente na própria história que nele se conta. Se é verdade que "os grandes relatos se reconhecem pelo signo de que a ficção que eles propõem não é nada mais que a dramatização de seu próprio funcionamento",[42] no *Fausto*, a *hybris* do Doutor em busca de um saber total e definitivo, acima de todas as compartimentações, que o leva ao pacto com o demônio e à violentação do tempo, é bem a encenação fabular da própria *hybris* composicional do Poema, que, na sua desmedida e no seu risco, dramatiza o próprio risco e desmedida de suas necessidades incomensuráveis e de difícil conciliação. A justo título, na abertura da primeira parte do Poema, surge logo o signo do *Macrocosmo*, e à sua vista a fala famosa onde vibra o tecido do *Todo*, em que cada coisa vive e age sobre a outra:

> "Wie alles sich zum Ganzen webt,
> Eins in dem andern wirkt und lebt!"

É, assim, o impulso totalizante que se imprime tanto ao movimento de essencialização quanto ao de extensão compreensiva da matéria, que gera o *Fausto* e é por ele gerado, a própria personagem, em sua trajetória, nascendo, ao mesmo tempo que a dramatiza, da fricção contraditória e extremada de um "amor do mundo" e de um "amor das alturas". Sua própria essência é a desmedida.

O que é, pois, o "*Faustrecht*", senão um *direito da hybris*, ou um direito que se conquista *na hybris* e que permite, como legítimo direito faustiano, o *tour de force* último de violentar e ultrapassar a teoria dos gêneros, cortando o nó em que, no Classicismo alemão, ela se constituiu?

A obra-limite, assim, como o *Fausto*, apresenta vantagens e desvantagens para a compreensão do período. Por um lado, ao levar às últimas consequências as tendências que o definem, ela permite divisá-las com maior nitidez, mas, ao extremá-las, esta

---

[42] J. Ricardou, *Problèmes du Nouveau Roman*, Paris, Seuil, 1967, p. 178.

obra como que ultrapassa os limites que elas impõem, no que as encobre como problema estético de base, presente na sua própria raiz e comum à maioria dos trabalhos do período. Em todo caso, é significativo que o Classicismo alemão tenha dificuldade em encontrar nessa obra-limite, o *Fausto*, a sua obra-prima, sendo já também um lugar-comum o "problema" de sua classificação, tributário de seu verdadeiro "transpassamento" histórico e estético, a que se chama às vezes "classicista" ou "barroquista".

Ora, o *problema* estético do Classicismo alemão, e é precisamente isto o que faz dele um Classicismo, é o de procurar, no âmbito da herança — principalmente no da teoria dos gêneros —, dar forma rigorosa à nova matéria histórica, produzida pela alteração do quadro mundial com a ascensão da burguesia e a Revolução Francesa. Portanto, a luta, que lhe é central, entre o caráter e a pureza dos gêneros clássicos e a nova matéria histórica é o que faz dele um Classicismo contemporâneo, inseminado pela contradição histórica, o que pode ser lido também como desejo de, *pela cristalização e "liberação da alma" própria à da nova matéria, no invólucro da forma "perfeita", isolar e preservar em meio hostil e "atrasado" a própria essência da transformação social contemporânea* (aquilo que Lukács chamou de o "conteúdo social da transformação", identificado e aprisionado em meio à "miséria alemã", no cristal perfeito da obra).

O *Fausto*, portanto, enquanto depositário deste problema que lhe é central e constitutivo — é ao mesmo tempo que obra-limite, a obra-prima do Classicismo alemão, cujo caráter problemático e transitório nele se faz exemplar. E, assim como obra-limite e obra-prima, é também obra-mestra. Com efeito, sua longa elaboração de obra-mestra na vida de Goethe, que parece não poder terminar-se e que se estende desde o *Sturm-und-Drang* até o tardio 1831, quando o Classicismo já não dá o tom, configura e dramatiza a própria duração de um problema que atravessa toda a época e que encontra no período clássico — e na discussão sobre os gêneros literários — uma face exemplar e aguda, porém transitória.

Para Lukács, que o assinalou, "Goethe, da mesma maneira que Schiller, está consciente, desde o início, do caráter histórico e socialmente problemático de suas tendências clássicas", sabendo ainda ambos, desde cedo, que "o Classicismo alemão não poderia ser mais do que um breve intermédio construído sobre um fundamento pouco sólido. Tomado ao pé da letra, ele abrange apenas cerca de dez anos (1794-1805) da vida dos dois escritores de gênio".[43] Tal concepção, de fato, encontra-se expressa de maneira aguda, no limite de ser dolorosa, num célebre texto de Goethe, de 1795:

> "Aquele que acredita ser seu dever ligar as palavras de que se utiliza para falar ou para escrever a conceitos precisos só empregará muito raramente expressões como: *autor clássico, obra clássica*. Quando e onde aparece um autor clássico nacional? Quando ele encontra na história de seu país acontecimentos importantes e suas consequências fundidos numa feliz harmonia, rica de significações; quando ele não procura em vão a grandeza no espírito de seus compatriotas, a profundidade nos seus sentimentos, forças e consequência nos seus atos; quando, animado ele próprio do espírito nacional, se sente capaz de simpatizar, por seu próprio gênero, tanto com o passado quanto com o presente; quando encontra sua nação num elevado grau de cultura, apta a facilitar sua própria formação: quando encontra diante de si um grande número de materiais reunidos, tentativas perfeitas ou imperfeitas de seus predecessores, e quando o encontro de um tal concurso de circunstâncias inte-

---

[43] G. Lukács, "O humanismo clássico alemão...", *cit.*, pp. 176-7.

riores e exteriores lhe evita um longo e penoso aprendizado, e ele pode conceber, ordenar e realizar, num espírito unitário, uma grande obra, nos melhores anos de sua vida."[44]

A completa e perfeita conjunção de "circunstâncias interiores e exteriores" prevista por Goethe tem foros quase que de milagre e, precisamente ao ser expressa por aquele que formula um projeto clássico e no momento em que o formula, dá bem a medida do caráter problemático de base do Classicismo alemão e do grau de consciência que dele tinha o seu principal representante. É precisamente este caráter problemático de base (constitutivo do núcleo do *Fausto* e como que "desaparecendo" na completude das grandes obras, mas principalmente na transmissão abstratizada da herança) que Brecht procura revocar, em seu movimento contraditório, pela recuperação do "gênio secundário" de Lenz e de sua "áspera pintura da miséria alemã".

O salto, essencial ao Classicismo, entre "miséria" e "completude", entre a limitação do meio alemão e a riqueza integrativa do *Fausto*, este salto, que não é "passagem'" ou "modulação", mas exatamente um salto — uma transformação completa de uma coisa em seu contrário —, Brecht deseja *fixá-lo*, mantê-lo suspenso no arco de seu movimento para melhor examiná-lo e compreendê-lo. Um tal salto entre "miséria" e "completude" tem valor exemplar e fascínio seguro para o poeta alemão moderno, exilado durante boa parte de sua vida e inclusive no fastígio de sua maturidade, e tem valor exemplar para o escritor marxista, para quem é essencial a sua dupla contradição — a que lhe é constitutiva e aquela outra que a própria realização de sua ple-

---

[44] J. W. Goethe *apud* G. Lukács, "O humanismo clássico alemão...", *cit.*, p. 176.

nitude instaura: que plenitude é a sua que opera essa transformação radical e magnífica da "miséria" em "completude" apenas e exclusivamente para a esfera estética — a das obras de arte — deixando intatas as limitações de base e descolando-se delas? (Por aí se poderia ver que, sob este aspecto, a questão dirigida pelo marxista ao Classicismo é, apenas radicalizada em grau extremo, aquela mesma que alimenta a sua "desconfiança" diante dos atributos de harmonia e de específica plenitude de toda obra de arte, atributos que o Classicismo transforma em seus próprios pressupostos, tal como aparece no formidável concurso de circunstâncias previsto por Goethe para o surgimento do autor nacional clássico.)

Sabe-se que, ainda sobre a questão do autor nacional clássico, escreveu Goethe: "Nós não entendemos desejar as sublevações que poderiam, na Alemanha, preparar as obras clássicas".[45] Se havia, assim, em Goethe a clara consciência do caráter histórico e problemático de suas tendências clássicas, como assinala Lukács, havia também a compreensão e a aceitação igualmente claras e explícitas de sua circunscrição estética e de sua renúncia política. Goethe de certa forma consagra aquele pressuposto de ausência de revolução, a que nos referimos, ao qual Brecht deseja restituir sua problematicidade.

A aproximação de Brecht do Classicismo alemão, assim como é problematizadora, é também problemática, e se desdobra num afastamento. É precisamente a questão dos gêneros que permite observar esse jogo de aproximação e recuo de maneira provavelmente muito mais essencial do que em uma listagem de semelhanças e diferenças. De um modo muito geral, se poderia dizer que a questão dos gêneros, em Brecht, é a questão *clássica*

---

[45] J. W. Goethe, *apud* Hans Mayer, *op. cit.*, p. 25.

por excelência, num sentido que recobre e ao mesmo tempo ultrapassa sua vinculação com o Classicismo alemão. Assim como nos escritores clássicos alemães, a questão dos gêneros — de sua pureza ou de sua mistura — se deve ao *movimento de totalização* (por ampliação internacional e trans-histórica da matéria e por essencialização), que no *Fausto* se extrema e se torna exemplar, também em Brecht é o *movimento de totalização*, igualmente por incorporação internacional e trans-histórica e por necessidade de fixar a essência de uma transformação social, que desemboca na questão dos gêneros literários. Num caso como no outro, o que está em jogo nesta questão é a necessidade de dar forma adequada e rigorosa à nova matéria histórica. Mas, se tanto em Brecht quanto em Goethe e Schiller verificam-se, associados, um movimento de totalização, uma necessidade de fixar a essência — o que é *distância* — e a luta pela forma capaz de apreender a nova matéria histórica, vale lembrar que o que faz de ambas as *démarches* projetos clássicos é que sua tríplice necessidade elas procuram conscientemente resolvê-la no campo dos gêneros literários herdados, não procurando resolvê-la, o que sua própria natureza já descarta, exclusivamente à base do impulso subjetivo de criação, absolutizando, em experimentalismo, a ruptura e dando as costas às formas herdadas. Ao contrário, designam como campo de prova para suas próprias experiências o conjunto das matrizes clássicas do drama, da poesia, da narrativa, campo entre cujos marcos referenciais examinam o desenvolvimento de seus próprios esforços com clara consciência e aplicação analítica. É por esse motivo — o que também já o demonstra — que tanto nos clássicos alemães quanto em Brecht se encontram, acompanhando a produção poética e em diversos graus imbricando-se nela e abrindo-a para outras áreas, grandes conjuntos de reflexão teórica extremamente organizados e percucientes, que até ganham relativo valor de autonomia. Nestes conjuntos, coerentemente, se desdobra o mesmo impulso de totalização que está em sua origem, movimento pelo qual, partindo de "uma base concreta" a "teorização de Brecht forma um conjunto admirável de reflexões que ultrapassam o mero campo da realização artística imediata e de sua fundamentação", como anteriormente ficou assinalado.

Nesses conjuntos teóricos, tanto naquele da última década do século XVIII, quanto neste da primeira metade do século XX, o núcleo mais denso é o da discussão dos gêneros literários. No Classicismo alemão, o ponto de concentração desse debate produz-se na correspondência entre Goethe e Schiller, onde, principalmente, os dois grandes escritores procuram distinguir e analisar as características e propriedades fundamentais da forma épica e da forma dramática, discussão que, como vimos, interessa à definição formal de seus próprios trabalhos dramáticos em elaboração. Nessa discussão, o problema essencial é sempre o da relação entre a forma dos gêneros e a matéria histórica. Assinalou A. Rosenfeld que, em Goethe e Schiller, "o estudo aprofundado de Aristóteles e da tragédia antiga suscita o problema de como seria possível manter puros os gêneros épico e dramático em face dos assuntos e problemas modernos". Nesta questão acentua o crítico que é de se notar "uma perfeita intuição do fato de que os gêneros e, mais de perto, a pureza estilística com que eles se apresentam, devem ser relacionados com a história e as transformações daí decorrentes".[46] Aí se desdobra, em chave teórica, o problema prático de manter, principalmente para a ampla trilogia dramática do *Wallenstein* e para o *Fausto*, a unidade, coesão e desenvolvimento ininterrupto da forma dramática, confrontada a uma matéria e a uma temática que transbordam de seus li-

---

[46] Anatol Rosenfeld, *O teatro épico, cit.*, 1965, p. 20.

mites e que, para ser dominada e desenvolvida, pede os procedimentos retardantes, as "pinturas de estados de coisas", a relativa autonomia das partes — próprios da forma épica.

Neste sentido, estes escritores reatam com uma longa tradição, ao entrar na "discussão sobre tais caracteres [que] não se interrompe desde Aristóteles"[47] — discussão em cujo extenso curso sua intervenção passa a constituir um estágio para sempre fundamental. É contra este pano de fundo de uma longa tradição que ganha dimensão clássica até mesmo o que seu gesto tem de ruptura, tanto no uso goethiano de seu *Faustrecht*, quando na incitação de Schiller ao declarar que "o assunto moderno impõe, cada vez mais, uma aproximação dos gêneros". O caráter clássico desta ruptura, paradoxo aparente, denuncia-se sobretudo no movimento nada precipitado ou impensado da fusão dos gêneros; ao contrário, se "impõe que se aproximem" épico e dramático, evita-se cuidadosamente a criação da forma "monstruosa", do hibridismo disforme ou quimérico: isto se faz com prudência e análise, abandonando-se o rigor da forma herdada — e que representa uma conquista — apenas naquilo em que sua superação orgânica e ponderada se revela indispensável sob o crivo da reflexão e da análise. Daí ressaltar Lukács que "a enorme importância de seus escritos teóricos que analisam a essência deste período [...] reside em que eles explicam de uma parte a necessidade histórica e objetiva do caráter problemático de seus próprios esforços e, de outra parte, *deduzem precisamente desta base contraditória as leis formais específicas da arte moderna, a saber, de um classicismo contemporâneo*".[48]

---

[47] Id., *Teatro moderno, cit.*, p. 134.

[48] Georg Lukács, "O humanismo clássico alemão...", *cit.*, p. 176 (o grifo é nosso).

A atitude de Brecht, principalmente aquela que se estabelece a partir do final dos anos 30 e se consolida em sua última fase, é igualmente a de uma ultrapassagem realizada com prudência e precaução, mediada pela análise, e, ao produzir-se, gerando lastro teórico e técnico aproveitável. No essencial, ela se exprime como uma atitude de procurar potenciar e extrair toda a riqueza possível do confronto entre o novo e o velho, que não é sentido nem como evidente nem como meramente desagradável:

> "A literatura proletária é preocupada em tomar lições de forma nas obras antigas. É coisa natural. Desta maneira se reconhece que não se pode simplesmente saltar as fases que precederam. O novo deve ultrapassar o velho, mas ele deve compreender em si o velho em estado dominado, 'suprimi-lo conservando-o'. É preciso compreender que há, hoje, uma nova maneira de aprender, uma maneira crítica, em que se transforma aquilo que se aprende, uma maneira de aprender revolucionária. O novo existe, mas ele não nasce senão na luta com o velho, e não sem ele, não no vazio. Muitos esquecem de aprender, ou tratam esta questão com desprezo ('isto não é senão uma questão de forma'), e outros consideram o momento de crítica como uma questão de forma, como alguma coisa que é óbvia."[49]

Mesmo quando Brecht, em plena polêmica contra a acusação de "formalismo", e na luta por dar à palavra de ordem de "realismo socialista" um sentido menos mesquinho, é levado a enfatizar o movimento de ultrapassagem dos antigos, sua fala acaba por conter verdadeiras loas à contribuição que deram:

---

[49] Bertolt Brecht, *Sur le réalisme*, cit., p. 105.

Faustrecht

"Eu mesmo, por exemplo, comecei em todos os domínios da literatura e da arte dramática com as formas antigas e convencionais. No romance, com a fábula de múltiplos fios entrelaçados. Em poesia, com o *lied* e a balada. Eu os estudei muito, eu muito especialmente, mas não cedi a nenhuma consideração de gênero e de estilo que não levasse em conta os imperativos da luta. E por que deveria ser diferente para outros? Creio ver muito bem qual proveito nossa luta pode tirar dos romances burgueses do século passado; na medida do possível eu me instruí com eles. Mas vejo aí também inconvenientes, e são enormes. De onde uma atitude complexa quanto aos realistas da literatura burguesa. Reconheço seus méritos. Gosto de algumas de suas obras, aprendo com eles e estou preocupado em atingir o nível geral a que a humanidade ocidental com eles se elevou. Mas trata-se também de ultrapassá-los."[50]

Se nesta consideração metódica das contribuições do passado já se observa, em Brecht, a constituição de um ponto de vista universalista que se deve provar como tal pela capacidade de se formular incorporando a herança, é ao incidir, este ponto de vista, na questão dos gêneros, como dissemos, que ele revela sua feição clássica, em que a consideração da herança, longe de esgotar-se em si mesma, surge em função da busca da adequação e do rigor da forma, vista como inseparável do "conteúdo". Num texto anterior a 1950, em que faz uma breve revisão de seu próprio aprendizado, aí oferecido como percurso exemplar, escreveu Brecht:

"Os clássicos burgueses ganharam muito em frequentar os antigos: daí eles tiraram não só novas obras que, como *Her-*

---

[50] *Id., ibid.*, p. 171.

mann und Dorothea, *Reineke Fuchs* e a *Achilleis*, foram concebidas como cópias, mas também sua ciência dos gêneros poéticos. (Qual é a forma que convém a tal ou tal ideia poética, balada, epopeia, canção etc.?) Hoje esta ciência dos gêneros está, pode-se dizer, perdida, o nem mesmo se tem sequer uma vaga noção do que é uma ideia poética o do que não é. Nossos poemas são frequentemente a colocação em versos, mais ou menos laboriosa, de artigos ou de folhetins, ou a compilação de sentimentos inacabados, que ainda não amadureceram em ideias."[51]

Neste breve fragmento já se pode observar uma elevada concentração de traços clássicos, expressos ou pressupostos: frequentação dos antigos, aproveitamento "modelar" da herança, acabamento, oposição de "ideia poética" a "sentimento", amadurecimento e clarificação da ideia poética, distinção entre ideias poéticas e não poéticas, adequação de forma e conteúdo. Seguramente é um Brecht bem diverso daquele da "vulgata" brechtiana corrente. Neste conjunto a lamentação da perda de uma "ciência dos gêneros poéticos" é mais do que nostalgia ou mero desejo de preservação: ressalta-se, na verdade, o poder disciplinador e clarificador dos gêneros, cujo caráter modelar tem sobre a elaboração poética o efeito (benéfico) de obrigá-la a analisar e organizar os conteúdos da percepção. Além disso (por que não dizê-lo desde já?), a preocupação de clareza e de modelização traduzem o projeto de se legar a outrem o produto do trabalho poético e, mais que isso, a própria possibilidade de produção poética — o que recobre e ultrapassa aquele traço de *comunicabilidade* que é atributo da *universalidade* clássica.

---

[51] *Id.*, *Schriften zur Literatur und Kunst*, cit., v. 2, p. 507.

Visto em seu aspecto retrospectivo, este texto do Brecht maduro revela, na verdade, uma linha central de sua própria trajetória. Ele também frequentou os antigos, e seu caminho até eles se faz pela ótica e através dos clássicos nacionais, a teoria dos gêneros representando o papel de fio condutor nessa travessia histórica. No fundamental, como se está a ver, a preocupação de Brecht quanto aos gêneros literários deve-se à necessidade de dar forma adequada e rigorosa à nova matéria histórica, no que é idêntica à de Goethe e Schiller para quem, como já referimos, "encontrar o gênero adequado a uma matéria significa descobrir liberar a alma mesma desta matéria".[52]

Como indicamos anteriormente, a sua teoria do *teatro épico*, Brecht em boa parte a realiza num diálogo com os clássicos nacionais, no que muitas vezes recorta suas formulações na matéria mesma dos trabalhos de Goethe e Schiller e principalmente em sua *Correspondência*. De fato, a sua preocupação, ao formular a teoria do *teatro épico*, é semelhante à dele e também Brecht desemboca na consideração das características e propriedades do épico e do dramático naquilo em que elas interessam ao seu próprio trabalho dramático em evolução, que lhe coloca igualmente o problema de dominar uma nova matéria histórica cujo controle se revela impossível dentro dos limites de um único gênero. O *teatro épico*, assim, como se sabe, não é o produto de mero capricho artístico que, no desejo de criar gratuitamente um gênero bifronte, fizesse cruzarem-se duas grandes linhagens tradicionais.

Anatol Rosenfeld lembra que "Elisabeth Hauptmann, colaboradora de Brecht, escreveu no seu diário (26/7/1926) que, segundo Brecht, processos modernos, como a distribuição do

---

[52] Georg Lukács, "O humanismo clássico alemão...", *cit.*, p. 183.

'trigo universal', não são dramáticos no sentido tradicional".[53] É diante da enormidade e complexidade dos mecanismos econômicos e sociais que regem a vida no capitalismo contemporâneo que Brecht, em inúmeros textos, questiona os limites da forma dramática tradicional e verifica, à semelhança de Schiller, que se impõe sua aproximação da forma épica. Na síntese de Anatol Rosenfeld:

> "[...] segundo a concepção marxista, o ser humano deve ser concebido como o conjunto de todas as relações sociais e diante disso a forma épica é, segundo Brecht, a única capaz de apreender aqueles processos que constituem para o dramaturgo a matéria para uma ampla concepção do mundo. O homem concreto só pode ser compreendido à base dos processos dentro e através dos quais existe."[54]

O que Brecht, ele mesmo, enfatiza é a dificuldade de incluir toda a complexidade desses processos na representação do indivíduo e mesmo dos conflitos interindividuais. Teríamos chegado a "um momento em que não é mais possível representar os processos essenciais colocando homens aos pegas com outros homens como se fizera até então, de maneira também simples, personificando as forças que movem o mundo ou subordinando as personagens a invisíveis potências metafísicas".

O que, em tal momento, perde o prestígio tradicional, é o lance dramático — "se o próprio do lance dramático for a confluência da intenção consciente, do impulso profundo e das circunstâncias objetivas, através das quais o indivíduo se procura e tenta se afirmar (uma acepção em que fica clara a ligação entre a

---

[53] Anatol Rosenfeld, *O teatro épico, cit.*, p. 147.

[54] *Id., ibid.*, p. 147.

forma dramática e o individualismo, razão pela qual Brecht iria lhe opor o seu teatro épico)" — se nos é permitido utilizar também aqui uma excelente formulação de Roberto Schwarz.[55]

Para dar conta da complexidade e extensão dos novos processos sociais, que ultrapassam a esfera do indivíduo e não se deixam observar unicamente em sua ação, é que o teatro também estende e complexifica a forma dramática, principalmente pela incorporação de recursos épicos:

> "O palco começou a narrar. A quarta parede não mais fez desaparecer o narrador. Graças a grandes painéis que permitiam trazer à memória outros processos que se desenrolavam simultaneamente em outros lugares, contradizer ou confirmar as palavras de certas personagens com a ajuda de documentos projetados, fornecer a discussões abstratas cifras concretas, imediatamente perceptíveis, esclarecer com estatísticas ou citações episódios muito plásticos mas cujo sentido nada tinha de evidente, *o pano de fundo tomou posição sobre os processos que se desenrolavam sobre o palco* [...]."[56]

Mediante tais procedimentos, acrescentará Brecht, "o petróleo, a inflação, a guerra, as lutas sociais, a família, a religião, o trigo, o comércio de corte tornaram-se objetos de representação teatral".[57]

Impulso de apreensão da totalidade, fixação dos "processos essenciais", domínio de nova matéria histórica: ao influxo

---

[55] Cf. Roberto Schwarz, *Ao vencedor as batatas*, São Paulo, Duas Cidades, 1977, p. 146.

[56] Bertolt Brecht, *Écrits sur le théâtre, cit.*, v. 1, p. 259 (o grifo é nosso).

[57] *Id., ibid.*, pp. 261-2.

destes fatores no seu exercício teatral é que Brecht, por sua vez, irá problematizar os gêneros tradicionais, procurando a interpenetração de elementos épicos e dramáticos. O teatro de Brecht é, de certa forma, também um "grande teatro do mundo" e, na mesma medida, também a sua produção teórica forma grandes conjuntos, como indicamos anteriormente, em que se revocam os principais sistemas teatrais do passado para a composição integral de um novo sistema. A este título se poderiam mencionar todos os seus *Escritos sobre teatro*, que ocupam vários volumes de suas *Obras completas*, mas principalmente, quanto a esta questão, aqueles numerosos trabalhos reunidos sob as largas rubricas de "Sobre uma dramaturgia não aristotélica", "Nova técnica de arte dramática" e "O teatro épico" (e mesmo os já referidos *Pequeno órganon* e *A compra do latão*, que em relação a estes últimos têm o valor de grandes sínteses abertas). O núcleo destes trabalhos sendo constituído pela questão dos gêneros, por meio deles Brecht, decidida e conscientemente, reata e se insere naquela antiga discussão "que não se interrompe desde Aristóteles". Neste seu longo curso, o *estágio* brechtiano é já, por sua vez, também um momento para sempre fundamental, e estudar a sua teorização do *teatro épico* é puxar um terminal contemporâneo, talvez o mais importante, de uma longa cadeia de reflexões. Isto fica bem evidente, por exemplo, se observarmos o percurso histórico e analítico que seu exame provoca em Anatol Rosenfeld. Confrontado à noção de *teatro épico*, formulada e colocada em evidência por Brecht, o crítico acaba por construir, na admirável clareza e simplicidade de seu "manual" *O teatro épico*, uma verdadeira história *interior* dos gêneros poéticos que, assim como tem em Brecht seu ponto de partida, a justo título desemboca nele como numa consumação. (A este trabalho expressamente remetemos aqui, para um exame mais completo desta questão.)

Mas, além disso, em A. Rosenfeld não se encontra o vício frequente na crítica e na divulgação brechtianas que consiste em simplesmente fazer desaparecer qualquer influência dos clássicos alemães na formulação da teoria do teatro épico. Na melhor das hipóteses, boa parte da crítica minimiza ou quase não avalia o peso que sua formulações têm na elaboração própria de Brecht, operando uma espécie de polarização antitética *direta* entre Brecht e Aristóteles. Este procedimento, que se estriba quase sempre no exame exclusivo de um ou dois textos de Brecht, notadamente no conhecido esquema antitético das suas "Notas sobre *Mahagonny*",[58] transforma-o numa espécie de anti-Aristóteles exacerbado e raivoso, que tivesse eleito um tanto gratuitamente o estagirita como cavalo de batalha ou trampolim ocasional para suas própria "elucubrações" teóricas. A intenção é às vezes apologética, sem prejuízo de ser sempre desastrosa e, des-historicizando o desempenho de Brecht, participa daquele influxo dúbio que o transforma num "clássico", ao mesmo tempo que impede que se perceba sua classicidade verdadeira, historicamente fundada. O procedimento é aquele mesmo, combatido por Brecht, de constituir uma "grandeza" brechtiana por "esvaziamento de contexto", básico para a constituição da classicidade burguesa — exatamente o que se nega no próprio modo de aproximação brechtiana do Classicismo alemão e mesmo de Aristóteles.

Se o próprio Brecht em determinadas ocasiões ressaltou sua oposição a Aristóteles, em larga medida ele o fez com Goethe e Schiller, em cujas tendências à ruptura regrada com a tradição aristotélica, e mesmo nas rupturas parciais que efetivamente realizaram, ele próprio encontrou o seu caminho de combate a Aris-

---

[58] Cf. Bertolt Brecht, *Teatro dialético, cit.*, pp. 54-65.

tóteles. Assim como combate Aristóteles com os clássicos nacionais, a eles também, por sua vez, Brecht os combate, principalmente naquilo em que, mesmo tendencialmente unindo o dramático ao épico, permaneceram ainda fiéis ao esquema dramático das "grandes individualidades", exclusivamente através das quais o processo histórico devia ser percebido. Parodiando a frase citada de Hans Mayer, diríamos: Brecht combate *com* os clássicos nacionais, e combate *os* clássicos nacionais — no que se acentua novamente a função propedêutica que lhes confere frente a outras tradições, ao mesmo tempo que procura ultrapassá-los.

Brecht neles identifica, ao menos na média de sua produção, um momento de renúncia, para o qual já apontamos, em que a força dos processos históricos e das situações contextuais, que ameaça irromper no drama (onde gera o problema dos gêneros), de novo é impedida de assumir o primado da composição, canalizando-se e subsumindo-se na trajetória das "grandes individualidades", em que se "personifica" e se secundariza sob o aspecto da "preocupação" de origem e natureza moral. De certa forma pode-se dizer, então, retomando e parcialmente arrematando o que antes iniciamos, que Brecht *consuma* também os grandes clássicos; que, assim como fizera para a peça de Lenz, ele retoma o movimento que também neles é sustado — o de restituir o primado do social sobre o moral — e o completa, fazendo com que a forma épica e a dramática confluam no *teatro épico* e o processo social ocupe o topo da hierarquia na composição.

É significativo, quanto a esta consumação, que Brecht se aproxime da herança clássica através de suas obras-limite. Lembre-se, primeiro, a aproximação àquela obra-limite, *com sinal de menos*, que é *O preceptor*. Não era, em Lenz, o "defeito" extremado de permitir que o traçado histórico ameaçasse o primado da "tese" moral que interessava a Brecht? Nele Brecht viu a maior aproximação clássica ao seu intento de que "o pano de fundo tomasse posição sobre os processos que se desenrolavam no palco". Com *O preceptor*, Brecht trouxe à cena, como representação, o pano de fundo do período clássico; com Lenz, enquanto "autor secundário", era o próprio pano de fundo do Classicismo alemão que se trazia, por assim dizer, à boca de cena da história. A "personagem" secundária do "pobre" Lenz se deslocava da periferia ao centro da cena histórica; trazia em sua bagagem a representação do pano de fundo e *era* o próprio pano de fundo — que assim tomava posição quanto às "grandes individualidades" da cena clássica: Goethe e Schiller. Vê-se, portanto, que no mesmo passo em que, utilizando-se dos textos clássicos, Brecht formulava a necessidade de "epicizar" a cena, ele "epicizava" o Classicismo. "Epicizava" *com* a herança e "epicizava" a herança. Aí, em Brecht, de novo o constante curto-circuito de teoria e prática.

Na mesma chave do combate ao primado idealista das "grandes individualidades" é que Brecht se aproxima, paradoxo aparente, daquele que é a grande individualidade, por excelência, do período clássico — Goethe, justamente na medida mesma em que a exacerbação e tensão extremas de seu trabalho "estouram" os limites individualizados da "grandeza". Trata-se, evidentemente, da obra-limite que é o *Fausto*. A esse respeito escreveu E. R. Curtius (em quem, aliás, expressamente se baseia parte importante da interpretação brechtiana de Rosenfeld):

> "A forma de uma composição que pretende representar a existência humana em suas relações com o Universo, só pode ser o drama. Mas, naturalmente, não a tragédia classicista dos franceses ou dos alemães. Esta forma clássica de drama, nascida com a Renascença e o Humanismo, é antropocêntrica. Liberta o homem do cosmo e das potências religiosas, para encerrá-lo na sublime solidão do espaço moral. As figuras trá-

gicas de Racine e Goethe são postas diante de decisões. A realidade, com a qual têm de haver-se, é o jogo das faculdades da alma. A grandeza e o limite da tragédia clássica estão no seu enquadramento na esfera psicológica. Nunca é rompido o círculo dessa lei severa. O herói trágico só pode despedaçar-se contra essa lei. Não pode conciliá-la com o destino. Mas esta tragédia brota artificialmente no solo da tradição europeia. Ela nasceu da equivocada erudição escolar dos humanistas, cuja ambição impossível era lançar uma ponte sobre o espaço milenar que separa Péricles de Luís XIV; o próprio Goethe teve de quebrar essa forma, ao criar o seu poema universal, o *Fausto*."[59]

Tocam-se, assim, pela mesma "falha trágica" duas obras extremas do período. Incorrem em *hybris* o *Fausto* e *O preceptor*, uma por incompletude "excessiva", outra por excesso de plenitude. Assim também suas personagens principais. De certo modo o pobre preceptor Läuffer é uma espécie de perfeito anti-Doutor Fausto, no que de novo os extremos se tocam. Ambos incorrem na *hybris* — um, o Doutor, na *hybris* da insaciabilidade, da factividade incessante, que o faz saltar de novo na juventude; outro, o professor, numa espécie de *hybris* na mediocridade, se tal se pode dizer: ele se castra, no que, é preciso que se conceda, foi ao menos radical na dura necessidade de manter o emprego. Entre o emprego do preceptor e os altíssonos diálogos do Doutor com o Espírito da Terra, suas cavalgadas com o Demo em pessoa, como entre dois termos polares de um mesmo campo de forças, medeia a "miséria alemã", subjacente ao

---

[59] E. R. Curtius, *Literatura europeia e Idade Média latina*, Rio de Janeiro, MEC/Instituto Nacional do Livro, 1957, p. 148.

Classicismo. Ao aproximar-se justamente de seus termos polares, Brecht já procura, nele, o que é movimento de autossuperação, aqueles pontos limítrofes em que ameaça passar noutra coisa. Tais pontos são, como vimos, aqueles em que o Classicismo ameaça romper a sua própria regra — pois ao subsumir o indivíduo em processos mais amplos, que o incluem e ultrapassam, rompe a sua clausura "na sublime solidão do espaço moral". Mas, aí, onde a regra se quebra, aí também ela se mostra como tal. (É significativo, a este respeito, que no texto de Curtius, Goethe surja duas vezes, ilustrando tanto a regra quanto um determinado tipo de sua ruptura.) Mas ao aproximar-se destes termos polares, como estamos vendo, o trabalho de Brecht *os aproxima também entre si*, provocando um curto-circuito em que o próprio campo de forças onde eles surgem revela a sua presença. É precisamente esta aparição da "miséria alemã" — epicização do período — que questiona a regra e lhe restitui a problematicidade. A "miséria alemã", como processo contextual, argúi de arbitrariedade a regra antropocêntrica que comanda o drama do Classicismo alemão (naquele sentido já mencionado de verificar o preço que ele paga para constituir-se), perguntando-lhe em que medida a "completude" e a "pureza" poética de seu desenvolvimento na esfera puramente moral, em cujo âmbito as "grandes individualidades" alargam o gesto soberano de suas "decisões", não é, na verdade, uma completude na renúncia, uma soberania na restrição, soberania que tem a liberdade de se exercer, por assim dizer, entre parênteses. (Brecht, ao longo de sua vida, várias vezes referiu-se a essa "liberdade" restrita a determinados domínios, chamando-os, com ironia, de "parques nacionais das ideias".)

Vimos, anteriormente, com Lukács, que Goethe e Schiller, mas principalmente o primeiro, apresentavam notável consciência do caráter problemático de suas próprias tendências clássicas. Onde esta problematicidade desaparece — na harmonia das obras típicas ou na reposição abstratizada da herança — é que Brecht procura restaurá-la. Oposição pura e simples ao Classicismo? Ao contrário, é precisamente esta restituição da problematicidade às tendências clássicas que melhor revela a existência de um projeto clássico brechtiano, ao mesmo tempo que indica qual é sua natureza. Revelar a existência precisamente de um classicismo histórico e problemático é, ao mesmo tempo que apontar suas limitações, examinar as possibilidades de existência de um Classicismo radical e vitalmente histórico, desvinculado das falsas ideias de beleza e harmonia como *noli me tangere*, ou ausência de contradição. *É possível um Classicismo, digamos, de combate?* Esta a pergunta que atravessa o projeto clássico de Brecht e que lhe determina, no geral, o próprio caráter problemático, que deve manifestar-se em seu trabalho em numerosos paradoxos. Ao final de um de seus belos textos sobre Shakespeare, já perto de 1940, ele escreveu:

> "A desordem do mundo, eis o tema da arte. Impossível afirmar que, sem desordem, não haveria arte, e tampouco que haveria arte: nós não conhecemos um mundo que não seja desordem. O que quer que as universidades nos sussurrem a propósito da harmonia grega, o mundo de Ésquilo estava cheio de lutas e de terror, tanto quanto o de Shakespeare e o de Homero, de Dante e de Cervantes, de Voltaire e de Goethe. Por pacífico que pareça o relato que dele se fazia, ele fala de guerras, e quando a arte faz a paz com o mundo, ela a assinou sempre com um mundo em guerra."[60]

Ao preço de retirar do Classicismo — para o que cumpre identificá-las e compreendê-las — todas as marcas de isolamen-

---

[60] Bertolt Brecht, *Écrits sur le théâtre 1, cit.*, p. 325.

to, é que Brecht poderia utilizar e desenvolver aquelas propriedades clássicas que principalmente o interessavam, mas que, no entanto, apareciam mescladas a elementos inaceitáveis: a clareza, o papel de referência privilegiada, a forma rigorosa como resistência à deformação, o valor analítico e clarificador dos gêneros, a comunicabilidade, a reprodutibilidade modelar, o movimento universalizante e aquela preocupação moral que, como vimos quanto a Schiller, era preciso repor sobre os pés, retirando-a da esfera da moralidade individual.

A posição de Brecht em relação ao Classicismo nacional resulta, assim, complexa, pois trata-se de aceitá-lo e recusá-lo, de "suprimi-lo conservando-o", a que se deveria acrescentar o terceiro termo da *Aufhebung* hegeliana — *alçando-o a outro plano*. É nesta perspectiva que seu projeto pode ser visto como o de instaurar um Classicismo contemporâneo, no rumo de cuja constituição é que se opera o trabalho de "passar no crivo" a herança clássica em sua vocação de universalidade. O próprio *fazer-se* do projeto brechtiano — no que surge um dos atributos de sua classicidade — é que o torna ao mesmo tempo uma *actio in distans*, cujo arco se tende entre o presente e o passado, encontrando nesta tensão o seu impulso próprio, como Brecht mesmo acentuou com referência à retomada de Lenz. Neste trânsito entre suprimir, conservar, alçar, e entre presente, passado e futuro, opera-se um enorme *deslocamento* dos elementos que constituem a herança, ao qual a expressão "passar no crivo" talvez não faça integralmente justiça. Para Brecht tratava-se, como vimos, da totalidade da herança como unidade de contrários. Surgindo inextricavelmente ligados uns aos outros, os elementos aceitáveis e inaceitáveis se entretecem na formação de um todo, em que cada um vive e atua sobre o outro: deslocar um deles é na verdade operar a sua completa reorganização, em que nada fica exatamente como era antes. Trata-se, portanto, de reorganizar a herança através de uma verdadeira operação na cultura: a este título, como acentuamos, é que se pode falar, no sentido forte, de um *trabalho* de Brecht. Nós o vimos, ainda que parcialmente, na recuperação de Lenz e na questão dos gêneros, através da problematicidade e da complexidade de suas articulações a outros múltiplos aspectos.

Numa transposição do argumento de Curtius, Anatol Rosenfeld acentuou, a partir da questão dos gêneros, este caráter de reorganização radical da herança. Encontrando-se no fecho de seu livro sobre o teatro épico em geral, este texto se refere também a outros autores, além de Brecht, mas como apresenta argumentos do interesse deste trabalho, vamos reproduzi-lo mesmo assim:

> "O teatro épico não pode aspirar à grandeza do teatro clássico [no sentido referido por Curtius],[61] mas em compensação emancipou-se das suas limitações. Ao protagonista não cabe mais a posição majestosa no centro do universo. Tanto na obra de Claudel como na de Wilder, Brecht ou O'Neil, a posição do homem (e do indivíduo) é mais modesta, quer por fazer parte do plano universal de Deus, quer por ser parcela embora importante do plano escatológico da visão socialista, quer ainda por afigurar-se, de dentro de si mesmo, ameaçado por forças irracionais que lhe limitam o campo de articulação e decisão lúcidas e racionais. *Na associação da Épica à Dramática — aparentemente uma questão bizantina de classificação e de gêneros — manifesta-se não só o surgir ou ressurgir de novas temáticas, mas uma deslocação decisiva na hierarquia dos valores.*[62] Particularmente a concepção teocêntrica ou sociocên-

---

[61] A frase entre colchetes é nossa.

[62] Grifo que neste ponto se encerra é nosso.

trica transborda do rigor da forma clássica, na medida em que ultrapassa a limitação da esfera psicológica e moral, enquanto *apenas* psicológica e *apenas* situada no campo da moralidade individual."[63]

Se a visão de Brecht não é teocêntrica, é no entanto pelo impulso de totalização que ele se aproxima particularmente do Goethe do *Fausto*. Neste Goethe da obra "gigantiforme", como em Brecht, o "estouro" da esfera da moralidade individual (e o correlato descentramento do indivíduo, que vai integrá-lo num "mundo" imensamente ampliado e complexo) é assumida como uma explosão contínua, totalizante, que não sabe deter-se a si mesma numa visão finalmente aplacada nem, muito menos, contentar-se com deslocamentos meramente setoriais. A "deslocação decisiva na hierarquia dos valores", que se exprime na aproximação dos gêneros, é, em ambos, uma *refundição integral* e *em progresso*, de *todo* o conjunto dos valores. Se para um como para outro puder se fixar um núcleo de permanência, ausente de mudança e deslocamento, este núcleo fixado será aquele, paradoxal, da *permanência do deslocamento*. De certa forma se poderia dizer, quanto a Brecht e Goethe, que estes escritores assumiram, no núcleo de seus trabalhos pessoais, um movimento de mudança integral que os inclui e ultrapassa — movimento cujo alcance é já de ordem coletiva e histórica, e que em suas obras ao mesmo tempo se prossegue (posto que são objetos históricos), se representa e se configura em exemplaridade.

É próprio, pois, dessa totalização que se autoultrapassa o não saber terminar-se, motivo pelo qual os pontos em que ela melhor se exprime, na obra de Brecht e Goethe, são aqueles tra-

---

[63] Anatol Rosenfeld, *O teatro épico, cit.*, pp. 175-6.

balhos rigorosamente em progresso, acionados por uma permanente revolução interna em que procura conformação — com rigor — a massa de elementos em deslocamento. Estes trabalhos são monadológicos, no sentido de Benjamim, pois assim como se tornam expressão exemplar de sua própria época, em cujo âmbito revocam, com foros de integralidade, o passado, costumam fazer confluir e entrecruzar-se todos os demais trabalhos do mesmo autor e, ainda, costumam recobrir todo o percurso de sua vida. "*Na* obra, a obra de vida, na obra de vida, a época e na época o curso inteiro da história, são conservados e suprimidos." Obra-prima, obra-limite e, ainda, obra-mestra: em sua superposição dá-se aquela concentração sígnica que libera, como energia em excesso, um *sobretempo*, uma capacidade de absorção e reposição históricas que as estende no tempo e as transforma em objetos históricos e trans-históricos.

A primeira aparição dessa extensão temporal, como indicamos, dá-se já na propriedade que têm tais obras de recobrir toda a vida destes escritores e de não saber terminar-se. Estes autores são o avesso perfeito do escritor bissexto e do radical de ocasião. Sabe-se que *Fausto* é, para Goethe, sua *Hauptgeschäft*, sobre a qual, certamente com inúmeras compensações (cujo conhecimento nos é vedado), mas também com certa agonia, ele trabalhou ao longo de quase sessenta anos. Para além do caráter problemático que frequentemente assalta aquelas obras de concepção um tanto ampla e que, não se fechando em breve tempo, tendem a ir incorporando tanto as novas percepções adquiridas quanto as próprias mudanças que o escritor vai sofrendo no desenrolar de sua vida, é a própria eleição do movimento integrativo (da "fantasia integrante", diria Curtius)[64] como prin-

---

[64] E. R. Curtius, *Literatura europeia e Idade Média latina*, cit., p. 149.

cípio formal da obra que, ao mesmo tempo que lhe garante o poder de concentração e reverberação simbólicas, a transforma em depositária *da* questão, por excelência, em equacionamento permantente e aberto.

Brecht também tem a sua *Hauptgeschäft*, e a muitos títulos se poderia falar em Brecht fáustico. Pela própria montagem desse nosso texto, já se sabe que se trata de *A compra do latão*, obra inacabada, totalizante e em progresso, a que já nos referimos anteriormente, e cuja aproximação como projeto do *Fausto* se faz sob diversos aspectos. É interessante que Anatol Rosenfeld, diante da tarefa de expor brevemente os fundamentos do "teatro épico de Brecht", tenha começado assim: "Não é fácil resumir a teoria do teatro épico de Brecht (1898-1956), visto seus ensaios e comentários sobre este tema se sucederem ao longo de aproximadamente trinta anos, com modificações que nem sempre seguem uma linha coerente".[65]

De fato não é fácil. Não o era para o próprio Brecht. Na verdade, a própria denominação *teatro épico* não é permanente nele. Nos meados dos anos 20, como vimos, principiou a falar em *drama épico*, evoluindo posteriormente para *teatro épico* — denominação que incluía já a alteração de elementos do jogo do ator, do cenário, da música, da iluminação etc. —, sendo que nos últimos tempos opera-se em todos os seus textos um deslocamento sensível para formulações como *teatro dialético, representação dialética de estado de coisas, realismo que a dialética pode permitir*.

A *mudança* em Brecht é proverbial, e ressaltada por todos os seus críticos e biógrafos, sem exceção. Há, no entanto, nessa mudança uma constância, um movimento permanente de apu-

---

[65] Anatol Rosenfeld, *O teatro épico, cit.*, p. 145.

ramento formal e conceitual que é a melhor expressão daquele assumir no corpo da própria obra a tarefa incomensurável de estabelecer integralmente os fundamentos de uma nova arte, tarefa a que anteriormente nos referimos como a de configurar uma nova totalidade. De certa forma se poderia dizer que Brecht aplica em seu próprio trabalho o mesmo instrumento da *Aufhebung* com o qual trata a herança, e que a si mesmo suprimiu, conservou e elevou. Da mesma maneira que a expressão *teatro épico* já inclui a de *drama épico* — assim como o espetáculo em ato "inclui" a dramaturgia (da mesma maneira que esta o supõe) —, a ideia de um *teatro dialético* como que extrai e amplia a essência contraditória que preside à unificação de Épica e Dramática num *teatro épico*, contradição cujo valor dialético já vimos enfatizado pelo próprio Brecht. A dialética foi, para Brecht, nos seus últimos anos, uma verdadeira palavra-chave.[66] Ele desemboca, pois, numa espécie de princípio básico da autossuperação em espiral que define seu próprio percurso. A dialética, assim, está para Brecht como a "enteléquia" — enquanto tender permanente a um *telos*, factividade incessante — está para o último Goethe, aquele mesmo que enfim deu ao longo *Fausto* o arremate aberto (e problemático) do impulso ascensional do "Eterno Feminino". Em ambos, a mola que impulsiona à autossuperação permanente — que sob muitos aspectos surge como um problema — é a dimensão totalizante de seus projetos.

Para Brecht, em *A compra do latão* é que melhor se expressa esta dimensão totalizante, tanto em sua longa elaboração e seu inacabamento, por assim dizer, ativo e programático, quanto em seus inúmeros intercursos externos — com as demais obras de Brecht e com a tradição — e internos — na confluência das for-

---

[66] Cf. Hans Mayer, *op. cit.*, pp. 9 ss.

mas do drama e do ensaio e na descompartimentação tendencial de áreas de saber, aspectos que anteriormente examinamos e seria o caso de novamente chamar à ação aqui. Mas o que mais impressiona, nesse trabalho de Brecht, é que ao esperarmos encontrar "simplesmente" uma teoria do teatro — o que efetivamente encontramos — vemos no entanto que ela se expande a domínios inusitados, que transcendem os limites habituais desta categoria textual. Há aí um desejo de nada deixar no escuro, e que na medida humana do diálogo, ao tratar da atividade teatral, procura compreender e definir-se diante da política, da história, das relações entre as artes, da filosofia, das relações com a tradição, da evolução da ciência, da guerra, das relações interpessoais, da descompartimentação dos saberes etc.

O próprio desejo de "fazer luz" sobre todos os aspectos possíveis, na verdade recobre uma confluência especialmente cara à racionalidade brechtiana — aquela pressuposta na descompartimentação de arte e ciência. A par da união de teoria e prática, a junção de arte e ciência é de uma recorrência impressionante em Brecht. Aparece não só como tema em sua dramaturgia (*Galileu*, *Voo sobre o oceano*), no próprio aporte analítico e didático de praticamente todo o seu trabalho teatral, de romancista e mesmo de poeta, como também é questão permanente em seus escritos teóricos, cobrindo parte fundamental de diversos ensaios e figurando com importância e insistência no *Pequeno órganon* e em *A compra do latão*. Não tinha, assim, nem a exterioridade e o valor episódico do puro "tema", nem o caráter obsessivo da simples mania. O contraponto e a interpenetração de arte e ciência eram, antes, uma prática entranhada do trabalho de Brecht, nele repontando, por isso, sob tantas formas.

Há algumas pequenas notas, lances miúdos ao lado dessas aparições mais centrais, que no entanto mostram de maneira especialmente aguda a relação íntima e, digamos, organicamente vinculada a sua própria sensibilidade, que Brecht, em seu trabalho, estabelecia entre arte e ciência. Nas "Notas sobre a *Vida de Galileu*", especificamente no "Prefácio para uma versão americana", textos de publicação póstuma, ele escreveu: "Quando, nos primeiros anos de imigração na Dinamarca, escrevi a peça *Vida de Galileu*, fui auxiliado, na recomposição da concepção ptolomaica do mundo, por assistentes de Niels Bohr que então trabalhavam no problema da desintegração do átomo [...]".[67]

Ainda, o seu grande e minucioso *Diário de trabalho* possui numerosas notas desta natureza, mas duas particularmente reveladoras. A primeira, de 1941, refere-se especialmente a *Mãe Coragem*:

> "estudando MÃE CORAGEM de uma ponta a outra, vejo com alguma satisfação a guerra aparecer como um campo gigantesco, não sem semelhança com os campos da física nova, nos quais os corpos conhecem curiosas desviações. todos os modos de cálculo do indivíduo, tirados da experiência da paz, se revelam falíveis; a audácia não adianta, a prudência não adianta, nem a honestidade, nem a velhacaria, nem a brutalidade, nem a piedade, tudo leva ao naufrágio. mas restam as forças que fazem mesmo da paz uma guerra, as inomináveis."[68]

A par desta nota, que lembra pela projeção de um campo no outro aquele texto em que compara o conjunto de sua obra

---

[67] Citamos pela tradução portuguesa, cf. Bertolt Brecht, *Estudos sobre teatro*, Portugália, Lisboa, s.d., p. 208.

[68] Bertolt Brecht, *Journal de travail, cit.*, pp. 157-8. (Como este dado pode interessar para a compreensão da nota de Brecht, acrescentamos que é datada de 5/1/1941.)

ao "universo que explode", há ainda outra, de 1942, de caráter mais geral:

> "agrada-me o mundo dos físicos, os homens o alteram, e em seguida ele se apresenta não obstante como uma fonte de estupefação. nele podemos manifestar-nos os jogadores que somos, com nossas suputações aproximativas, nosso tanto-quanto-podemos, nossa dependência para com os outros, com o desconhecido, com o independente. assim várias vias podem de novo levar ao sucesso, não há um só e único caminho praticável. curiosamente eu me sinto mais livre neste mundo do que no antigo."[69]

Mas mesmo nesta interpenetração de arte e ciência — ilação que certamente o leitor já realizou — Brecht reencontra os clássicos nacionais e, sob certos aspectos, reencontra até mesmo seus motivos para tal operação. Ele próprio, aliás, tinha deste fato a mais clara consciência, e o assinalou diversas vezes:

> "Não obstante, devo confessar, por embaraçoso que pareça, que, pessoalmente, enquanto artista, não posso passar sem certas ciências. Uma tal confissão tem fortes possibilidades de suscitar sérias dúvidas sobre minhas capacidades artísticas: muita gente não tem o hábito de ver no escritor um ser singular, um pouco fora da natureza, descobrindo com uma segurança propriamente divina a essência das coisas que as criaturas normais não compreendem senão com grande dificuldade e a poder de trabalho? É evidentemente bastante desagradável reconhecer que não se é do número dos eleitos, mas é uma necessidade. [...] Não se ignora certamente que Goethe ocupou-se

---

[69] *Id., ibid.*, p. 259. (Acrescentamos também aqui, pelo mesmo motivo exposto na nota anterior, a data: 18/3/1942.)

de ciências naturais e Schiller de história, mas tem-se a bondade de pensar que se tratava de manias. Não desejaria acusar ao mesmo tempo a ambos de ter necessidade destas ciências no seu trabalho de escritores, e não pretendo extrair um *alibi* de seu exemplo; mas quanto a mim, eu preciso das ciências, devo dizê-lo, e mesmo confessar que olho sem indulgência todos aqueles que sei não estarem à altura do conhecimento científico, ou seja, que cantam como os passarinhos, ou como se imagina que os passarinhos cantem. Isto não significa que eu recusaria uma amável estrofe sobre o sabor de uma solha ou sobre as alegrias do remo pela única razão de que o autor não tenha estudado a gastronomia ou a arte náutica; mas penso que os grandes processos complexos que se desenrolam no mundo não podem ser verdadeiramente compreendidos se não se mobilizam *todos* os meios que permitam ter deles um conhecimento exato. [...]"[70]

Mesmo sem que seja preciso desenterrar pela milésima vez, e amadoristicamente, as pesquisas de Goethe sobre o osso intermaxilar humano, sobre botânica, ou sobre a teoria das cores, bem como os estudos históricos de Schiller, é possível indicar a íntima associação existente entre o impulso totalizante de sua produção poética e sua necessidade de estender-se também a outros campos de saber. É nessa mesma conjunção, como vimos, com Lukács, que se compreende a extensão, organização e percuciência de seu legado teórico. Sua produção ficcional se interpenetrava e desdobrava em uma dimensão reflexionante e analítica que, no entanto, transcendia a esfera da reflexão puramente estética para provar-se e fundamentar-se também em outros campos.

---

[70] *Id.*, *Écrits sur le théâtre*, *cit.*, v. 1, p. 264.

Neles, como em Brecht, que identifica e reconhece a semelhança, a aproximação de arte e ciência é uma manifestação do impulso totalizante que marca suas produções. (Será justo falar de "ambição" nestes casos?) O texto de Brecht que acima citamos, carregado de risonha ironia, ao mesmo tempo que proclama a "limitação" que o retira do "número dos eleitos" e o obriga a procurar o recurso das ciências, enuncia um programa na verdade ilimitado, que objetiva apreender nada menos que "os grandes processos complexos que se desenrolam no mundo". É pela ação deste programa que se deve dar a ruptura das antinomias, uma vez que é essencial, para exercitá-lo, a mobilização de "*todos*" os meios possíveis, que no seu bojo encontram reunião e conflito.

É mais que provável que os diferentes setores de atividade de uma mesma época, embora aparentemente isolados, se interpenetrem, e há mesmo a tese de que em suas homologias estruturais, ainda que os agentes individuais não tenham consciência disso, manifesta-se a existência de um campo unitário e objetivamente sistematizado, que a todos igualmente subjaz e é sua comum condição de possibilidade.[71] Mas há momentos, verdadeiros pontos luminosos, em que o projeto totalizante de um escritor, ou de um grupo, através do trabalho de descompartimentação que lhe é inerente, faz aflorar o próprio campo fundante e tende a confundir-se com ele, como o "mapa" borgiano.[72] O Classicismo alemão, notadamente com Goethe, é um desses pontos luminosos, de simultânea concentração e expansão, e a crer na hipótese muitíssimo provável de Lukács e no

---

[71] Sem qualquer pretensão de resumo, diríamos que esta tese básica ganha amplo desenvolvimento, por exemplo, no Foucault de *Les mots et les choses*, *cit.*

[72] Cf. Jorge Luis Borges, "Del rigor en la ciencia", *cit.*, p. 136.

aporte enciclopédico e reflexionante do próprio Goethe, este afloramento aí se dava de maneira bastante autoconsciente. Em Brecht, acreditamos, dá-se, ao mesmo tempo que uma radicalização dessa autoconsciência, uma elevação da ocorrência de interpenetração dos diferentes setores a princípio programático na produção poética. É *enquanto artista* que Brecht declara não poder prescindir do concurso das ciências e, mais, da mobilização de "*todos*" os meios de conhecimento possíveis, recusando-se, assim, a essa colaboração, qualquer caráter meramente "lateral" à produção artística. Daí falarmos em seu caráter entranhado na produção de Brecht e na sua vinculação orgânica à própria sensibilidade artística. A preocupação com os "processos complexos", em sua escala mundial, indica ainda que em Brecht a descompartimentação programática deve ultrapassar a manifestação das aparências para incidir sobre o movimento que lhes subjaz, o que, como vimos para a própria recuperação do Classicismo, atinge os processos sociais e econômicos de base. Sobre também resgatar-se, assim, de uma espécie de "inconsciente" da produção artística, em Brecht a interpenetração dos diversos setores do conhecimento ganha uma dimensão de intencionalidade — e de premeditação ou cálculo, cuja ausência Lukács justamente apontava em Goethe e Schiller, encontrando-a, em sua grande expressão, no século XVIII francês, particularmente em Diderot e Rousseau.[73] Se, sob este aspecto, Brecht ainda uma vez "eleva" e assim "conserva" o Classicismo alemão, será justamente através desta intencionalidade social que ele irá ultrapassar os limites de uma totalização autoconsciente que se basta a si mesma e se satisfaz em sua clausura, movimento pelo qual ao mesmo tempo "abole" o Classicismo, como já ficou indicado

---

[73] Cf. Georg Lukács, "O humanismo clássico alemão", *cit.*, p. 182.

quanto à questão do primado da moral individual em Schiller. Mas, para este passo de nosso trabalho, que se marque, apenas, consubstanciada a este tríplice e simultâneo movimento de abolir, conservar e alçar, não só a aproximação de Brecht do Classicismo alemão, como seu caráter consciente, visível no seu papel de referência privilegiada na constituição de seu próprio projeto — de que a autoconsciência e a intencionalidade são marcas fundamentais.

Projetado contra o amplo conjunto desses intercursos, portanto, é que se deve compreender a aproximação, em Brecht, de Épica e Dramática. O seu *teatro épico* é uma noção sem dúvida central, e duplamente, tanto nas suas relações com a tradição quanto na sua própria evolução, na qual representa um verdadeiro eixo. Mas é insuficiente para dar conta de um processo muito mais amplo, que abarca a ruptura de outras antinomias e implica numa "deslocação decisiva na hierarquia dos valores" em seu conjunto — processo na verdade totalizante, contra cuja necessidade de configurar e positivar uma nova totalidade, como vimos, é preciso também projetar, para compreendê-los, a própria oscilação de Brecht quanto à questão dos gêneros e o inacabamento programático de que *A compra do latão* é o emblema. Se há, então, um Brecht fáustico, *A compra do latão* pode ser lido não como o seu *Fausto*, mas como uma espécie de "Prólogo no teatro" ou melhor, como uma conjunção do "Prólogo no teatro" e do "Prólogo no céu", que antecede o conjunto da obra, este sim propriamente fáustico.

Mesmo no domínio mais propriamente artístico, ou tradicionalmente visto como tal, a aproximação de Épica e Dramática vale então como representante do múltiplo exercício de Brecht em diversos gêneros literários (na verdade, no maior número possível deles, tendendo a recobri-los todos), e também do seu aporte intersemiótico, assunto a que nos referimos no início deste trabalho. Sob este aspecto, além dos outros já mencionados — com especial destaque para o alcance internacional e trans-histórico do arco de incorporação —, a dimensão totalizante do projeto brechtiano ainda uma vez recobre o projeto clássico, particularmente o de Goethe. O fato de reunir em sua produção trabalhos realizados nos campos mais diversos, aí incluídos aqueles tecnicamente novíssimos, como o rádio e o cinema, procurando provar-se em todos e cada um deles, ao mesmo tempo que a todos conjuga no "*domesticum*" da Obra, denuncia a intenção de "*dar corpo de novo em sua obra à concepção clássica do escritor*".[74] Mas por aí mesmo, na totalidade e magnitude da empresa, vê-se, já, que não se trata, quanto a Brecht, de conceber-se como "clássico epigonal", na expressão de Hans Mayer. Poderíamos dizer, antes, que Brecht se concebe, classicamente, como *Mestre*, uma espécie de Mestre-inventor,[75] que junta ao rigor e à destreza múltipla do Mestre a experimentação segura do Inventor. Leia-se, a este propósito, um belo trecho de Hans Mayer:

> "A época de Goethe reconhecia o *escritor universal*, o 'autor nacional clássico' — como o chamava Goethe, particularmente no fato de que era capaz, tanto por seus dons quanto por sua destreza, de produzir coisas bastante notáveis em todos os gêneros da literatura. Este princípio tivera curso até a uma época avançada do século XIX. Não apenas no domínio

---

[74] Hans Mayer, *op. cit.*, p. 77 (o grifo é nosso).

[75] Ao escrever, não pensávamos na conhecida classificação de Pound, mas lembrando-nos dela fomos conferi-la, e acreditamos que a dimensão totalizante da Maestria, em Brecht, faz com que a classificação de Mestre-inventor que lhe aplicamos ultrapasse o sentido da figura do "Mestre-inventor" efetivamente sugerida por Pound. Cf. Ezra Pound, *A arte da poesia*, São Paulo, Cultrix/Edusp, 1976, p. 35.

da literatura, mas também no das outras artes. Quando Robert Schumann, depois de uma genial obra de juventude, exclusivamente de música para piano, passou além disso à conquista, por sua conta, de todos os domínios da música instrumental e vocal, a fim de poder ser considerado um verdadeiro mestre no estilo tradicional, isto pleiteava em favor de uma continuidade artística naquela época ainda largamente inabalada. Johannes Brahms e Friedrich Hebbel são os representantes de posições muito semelhantes em sua atitude em relação ao cânon da tradição clássica. O século XX não conhece este sentido mais englobante do 'mestre'. Rilke, o poeta lírico, Thomas Mann e Franz Kafka os narradores, Gottfried Benn o poeta lírico e ensaísta. George faz do empobrecimento um programa. A poesia é identificada à poesia lírica. Todo o resto é impuro. É claro, o classicisnio de Hofmannsthal queria corresponder de novo à visada totalizante dos clássicos..."[76]

Mesmo sem entrar na discussão do mérito da ironia sibilina de Hans Mayer contra este último escritor mencionado, é sintomático que tenha sido justamente o refinado Hugo von Hofmannsthal, dentre os representantes do *establishment* literário de língua alemã da época imediatamente anterior à guerra, um dos raros a reconhecerem expressamente a importância de Brecht, desde o começo, tendo mesmo escrito um solene elogio — que parece um tanto aterrorizado, é verdade — do *Baal*, à moda dos antigos prólogos dialogados.[77] Precisamente a Hofmannsthal é que E. R. Curtius se dirige quando procura, neste século, um contraponto moderno à ruptura com o fecha-

---

[76] Hans Mayer, *op. cit.*, p. 77 (o grifo é nosso).

[77] *Apud* M. Esslin, *op. cit.*, p. 46.

mento classicista do drama operada pelo Goethe do *Fausto*. Em Hofmannsthal ele aponta, ainda, nesta linha, a retomada da tradição medieval e calderoniana do "grande teatro do mundo", à procura de uma palingenesia da "grande unidade perdida", o que pede, poeticamente, a integração: "Para tudo o que é superior é mister a síntese. O homem superior encerra vários homens. A verdadeira obra poética, para ser produzida, exige vários poetas num só poeta".[78] Neste caminho, explica o mesmo Curtius, Hoffmannsthal encontra "pátria e solução" — ou um princípio unificador — no cristianismo e, poeticamente, na continuidade da tradição cristã ocidental. Brecht o encontra no marxismo, como se sabe, e nas condições que mais adiante se verão. É, pois, significativo que Hofmannsthal, enquanto articulador de um desejo totalizante, cedo reconheça em Brecht um valor, ressaltando especialmente em seu juvenil *Baal* a rara unificação de estrutura dramática, gesto e fala.[79] Mas (é claro) que o projeto totalizante de Brecht seja radicalmente diverso daquele de Hofmannsthal, que Brecht praticamente, na verdade, desconsiderou, não lhe oferecendo sequer uma oposição preocupada em marcar as diferenças. Sua oposição mais marcada, neste sentido, é contra a "visão totalizante no indivíduo, pregada por Heidegger", como anteriormente citamos e, mais ainda, contra a "obra-de--arte-total" wagneriana que, esta sim, ele de todas as formas combateu, procurando afastar e tornar o mais possível distinto dela seu próprio projeto totalizante. Expressa em vários de seus textos, mas particularmente no *Pequeno órganon*, esta última distinção é, de pleno direito, onipresente na crítica brechtiana, e se ex-

---

[78] H. von Hofmannsthal, *apud* E. R. Curtius, *Literatura europeia e Idade Média latina*, *cit.*, p. 149.

[79] *Apud* M. Esslin, *op. cit.*, p. 46.

plica, sinteticamente, como função interna da dialética em seu trabalho teatral, em que as diversas linguagens que proverbialmente compõem o espetáculo dramático não são convocadas, como "artes irmãs", a integrar uma "obra-de-arte-total", mas são dinamizadas no sentido de comunicar umas às outras o choque crítico de sua relativa autonomia e, portanto, de sua diferença.

No seu próprio curso trans-histórico, é nos clássicos nacionais alemães, como vimos tentando verificar, que principalmente se vetoriza o projeto totalizante de Brecht. Mesmo em relação a eles, contudo, de quem se aproxima sob tantos aspectos, temos observado também que a cada forma de aproximação corresponde dialeticamente, em Brecht, um afastamento, igualmente executado com prudência e cálculo. Vista no conjunto de seus traços, porém, e sem pretender a exaustividade, a aproximação entre Brecht e o Classicismo é impressionante. Em ambos, à defesa do "direito plagiotrópico" da literatura se associa o arco de incorporação trans-histórico, de concentração monadológica; o internacionalismo de um e outro, configurado nas incorporações transculturais e no projeto de uma "Weltliteratur", antes de abrir sua expansão, primeiro define sua têmpera e seu alcance a partir da perspectiva nacional, a que se concede função propedêutica; à ampla descompartimentação de saberes que encetam, respondem com a luta pela *unificação*, assim como pela configuração da *Maestria*; a busca de adequada informação da nova matéria histórica é executada, classicamente, no âmbito da tradição, encontrando um eixo fundamental na discussão disciplinadora da pureza dos gêneros e na aproximação de Épica e Dramática; nesse movimento, produziram ambos um lastro de reflexão teórica, organizado e amplo, cujo alcance ultrapassa de longe o âmbito de seus próprios trabalhos artísticos; a preocupação moral de ambos assumiu dimensão totalizante, como remanejamento de todo o conjunto de valores, e esta própria dimensão totalizante configurou-se (ao menos, para os antigos, quanto ao *Fausto*) como remanejamento incessante e em progresso do próprio conjunto de seus trabalhos etc.

Mesmo mais à superfície da obra de Brecht, e também sem qualquer exaustividade, muitos sinais dessa aproximação podem ser colhidos. Ainda muito moço, ele assinalou o parentesco de sua *Na selva das cidades*, então *A selva*, com *Os bandoleiros*, de Schiller: "Com *A selva*, eu quis melhorar *Os bandoleiros* (e provar que pela insuficiência da linguagem todo combate se tornava impossível)".[80]

Sua *Santa Joana dos Matadouros*, assim como suas outras transposições da história de Joana D'Arc, retomam explicitamente *A donzela de Orléans*, do mesmo Schiller. Ainda, Schiller e Goethe são largamente parodiados, em sua dicção, principalmente, em *Arturo Ui* e na *Ópera dos três vinténs*. Acrescente-se, ainda, à sua adaptação e encenação de *O preceptor*, sua colaboração, em 1952, na adaptação e encenação do *Urfaust*, de Goethe, em Berlim. Muitos de seus poemas são retomadas diretas da lírica de Goethe, e ele próprio indica como caso exemplar o soneto "Sobre o poema de Goethe: O deus e a baiadeira", dizendo que ele "pode servir de exemplo para mostrar como os poetas de diferentes épocas herdam um do outro".[81] Também, em relação a Goethe, Brecht escreveu os *Diálogos de exilados*, que fazem contraponto aos seus *Diálogos de emigrados alemães* e, mesmo, como já indicamos, *A compra do latão*, sob aspectos muito especiais, se aproxima da tradição dos prólogos dramáticos na linha dos prólogos do *Fausto*.

---

[80] Bertolt Brecht, *Écrits sur le théâtre, cit.*, v. 1, p. 72. (Este texto foi escrito por volta de 1926.)

[81] *Id., Les arts et la révolution, cit.*, p. 53.

Esta "visão", no entanto, só se obtém tomando-se a obra de Brecht no seu conjunto, como dada de um só golpe, e com o fecho que lhe empresta a morte do Autor. Ela é, assim, um tanto, senão muito, aplacada, como acontece com os necrológios, e dá uma falsa impressão: a de que em relação aos clássicos ele teve sempre e inalteravelmente uma só e a mesma atitude de emulação, menos ou mais pacífica conforme o aspecto de que se tratasse. Não é isto o que ocorre. Como já se pode depreender do próprio movimento que agita o conjunto dessa relação que vimos tentando esboçar, a atitude de Brecht frente aos clássicos, assim como variou e oscilou quanto à questão dos gêneros, também variou bastante ao longo de sua vida. Ainda que haja sem dúvida uma notável continuidade na observação e no estudo do Classicismo por Brecht, e ainda que ele tenha desde sempre apresentado, e crescentemente, como se verá, tendências classicizantes, a sua atitude expressa deslocou-se desde uma recusa frontal da herança clássica até a apresentação explícita de um programa — bem pesada a palavra — *clássico*. Nesse deslocamento, complexo, muitos fatores manifestam sua força. Vamos acompanhá-lo, neste passo, através de alguns textos que valem como balizas principais, vários deles já relacionados por Hans Mayer.[82] Em todo caso é sintomático que a maior parte da crítica não tenha sabido reter senão o momento de oposição e, ainda, alguns aspectos da oposição permanente de Brecht ao Classicismo, da qual em geral se retira — *et pour cause!* — o caráter dialético. Tanto as suas tendências clássicas permanentes, quanto a própria constituição de um projeto clássico, mas principalmente o *movimento* de mudança que conduz a ele têm sido, em geral, negligenciados e quase apagados. (As grandes ex-

---

[82] Cf. Hans Mayer, *op. cit.*, pp. 17-25.

ceções, já mencionadas, e exatamente nestes Autores nos apoiamos, são as de Mayer, Rosenfeld e Benjamin — a interpretação até antecipatória deste último sendo comentada no capítulo final deste trabalho.)

Dois textos especialmente explícitos assinalam os extremos desse movimento. O primeiro deles é sua conhecida resposta a uma enquete sobre a viabilidade e o sentido de se encenarem os clássicos, aparecida numa publicação berlinense, em 25 de dezembro de 1926, e incluída posteriormente nos *Escritos sobre teatro*.[83] Esta "resposta" nos parece, a bem da verdade, um tanto oscilante já desde seu próprio interior, o que não a impede, ao final, de assumir um tom cortante e decisivo. Brecht aí propriamente oscila entre a validade e a inanidade dos esforços de encenação dos clássicos, condicionando-os à possibilidade, ou não, de serem perfeitamente informados por um "ponto de vista novo", que aí, no entanto, não chega a ser suficientemente esclarecido. O problema reside, provavelmente, aí mesmo: na sua dificuldade, em 1926, de estabelecer um ponto de vista suficientemente sólido para permitir uma retomada segura do repertório clássico. A questão se joga em torno de uma frase de Piscator: "No dia seguinte ao de sua encenação dos *Bandoleiros*, Piscator disse-me ter procurado obter que, à saída, os espectadores tivessem consciência de que cento e cinquenta anos não eram uma bagatela".[84] Brecht, ainda que de maneira um tanto oscilante, tendia a subordinar, assim, a encenação dos clássicos à sua *historicização*. Por isso, ao mesmo tempo que recusava os experimentos de *aggiornamento* anacrônico do repertório antigo, tinha necessidade de definir com clareza um ponto de vista político,

---

[83] Bertolt Brecht, *Écrits sur le théâtre, cit.*, v. 1, pp. 113 ss.

[84] *Id., ibid.*, p. 113.

histórica e esteticamente fundado na contemporaneidade. Da dificuldade de obtê-lo — o que implicava uma percepção crítica (e autocrítica) da produção contemporânea — nasce a saída rascante: "Mas para ordenar e restituir seu pleno efeito a estes temas [das peças clássicas] seriam necessários pontos de vista novos, que se pudessem tirar unicamente da produção contemporânea. Adotando um ponto de vista político, se poderia empregar indiferentemente qualquer peça clássica com mais proveito do que mergulhando em reminiscências. Há ainda outros pontos de vista: nós os encontraremos na produção contemporânea. Dito sem rodeios: penso que é totalmente absurdo montar uma peça de Shakespeare enquanto o teatro for incapaz de dar seu pleno efeito às obras de hoje. Tergiversar não serve aqui para nada. E tampouco se pode esperar extrair facilmente, um depois do outro, os pontos de vista das peças modernas para aplicá-los às velhas peças: não é assim que se irá encontrá-los. Vejo o futuro negro para todos aqueles que procuram esquivar-se às duras exigências de uma época impaciente".[85]

Dito também sem rodeios: estamos, em 1926, diante do Brecht pré-marxista, mas, ainda assim, diante de Brecht. Na sua emergente consciência de ter estado a "tergiversar", a fazer "rodeios", revela-se que ressente sua dificuldade de definir um ponto de vista *como uma limitação*, o que por sua vez tem uma carga autocrítica inegável. Mas onde se vê definitivamente que estamos diante do mesmo velho Brecht, é nas exigências estipuladas, ainda que de modo subjacente, para a constituição desse ponto de vista: deve ser um ponto de vista carregado de "no presente", rigorosamente contemporâneo, porém provido do senso histórico das diferenças que permita perceber e dar a perceber que

---

[85] *Id., ibid.*, p. 114.

século e meio não passam em vão. Mas, além disso, uma vez que se trata de ponto de vista de homem de teatro, deve ser modelado simultânea e conjuntamente por um *ponto de vista político* e por um *ponto de vista estético*, informado pela produção teatral contemporânea. Mais ainda, observe-se que esta nova perspectiva não se saberá obtê-la simplesmente justapondo, "um depois do outro", os pontos de vista extraídos das peças modernas. O que significa esta dificuldade senão a exigência de síntese, e síntese abrangente, capaz de cimentar as perspectivas política e estética uma à outra, e ambas à perspectiva histórica?

Há, entretanto, dando cabo da oscilação, uma recusa final de Brecht em relação aos clássicos. Acreditamos, sem pretensões, que exista aí, também, algo da luta do autor jovem, desejoso de se ver encenado, e bem, principalmente contra o ramerrão do velho repertório nos numerosos teatros municipais da Alemanha. Esta recusa, todavia, não é sem grandeza. Ela se dá contra o pano de fundo da exigência de constituição de um ponto de vista totalizante. Só um tal ponto de vista será capaz de aboli-la e resgatá-la, sua presença funcionando assim, desde já, como virtual negação da negação.

Na verdade, como vimos tentando indicar até agora, a constituição deste ponto de vista totalizante se consubstancia ao próprio desenvolvimento de Brecht e é mesmo a essência de seu trabalho e de seu legado. Dito assim, até com placidez, parece tratar-se de coisa simples, a constituição de um tal ponto de vista. A tarefa gigantesca de produzi-lo, no entanto, é que carrega no seu bojo a multidão de intercursos para cuja dimensão e complexidade apenas, se tanto, apontamos. Mas, na perspectiva de nosso tema, importa sobretudo assinalar que, então, em 1926, *pela primeira vez se recobrem explicitamente em Brecht uma aparição do impulso totalizante e a questão da arte clássica*. Note-se que é diante da questão do repertório clássico, para a qual só dispõe no momento de uma resposta provisória e muito limitada, que ele, no entanto, esboça um traçado básico do que será o movimento de totalização de sua obra madura e, retrospectivamente, do conjunto de seu legado. Nossa hipótese, como se sabe, é a de que a recíproca é igualmente verdadeira: no curso de seu movimento totalizante Brecht reencontra dialeticamente a herança clássica e modela o seu próprio projeto em desenvolvimento segundo uma concepção clássica.

Assim, da mesma forma que há oposição, há também continuidade entre o Brecht de 1926 e aquele do texto famoso "Intimidação pelos clássicos", de 1954, a que anteriormente nos referimos. Este texto assinala o outro extremo do deslocamento que Brecht operou em relação aos clássicos. Todo ele é já, por oposição àquele, uma espécie de convite à retomada dos clássicos e foi escrito quando da encenação do *Urfaust*, de Goethe, na qual Brecht colaborou. Mas o elemento radicalmente novo na postura de Brecht, mais do que o dado básico do novo reconhecimento de validade da retomada dos clássicos, está no conjunto das condições em que ela é proposta. Elas agora obedecem a um traçado seguro, cuja nitidez denuncia a existência do ponto de vista firme e perfeitamente focado. Entre elas reencontramos as críticas à velha tradição de encenação dos clássicos e à sua "renovação formalista". A junção destas críticas à proposta fundamental de historicização dos clássicos, neste texto, entretanto, longe de surgir apenas por disseminação ou por mera justaposição, realiza-se já como articulação antitética de seus três termos, cada um deles, além disso, perfeitamente delineado e esclarecido. Apenas a historicização, que se opõe a ambas, pode ao mesmo tempo superar a "tradição de deterioração das obras clássicas" e desmistificar a "resposta formalista" que a renovação anacronizante pretende lhe contrapor. A historicização, por sua vez, surge como ruptura daquela "grandeza" artificial das obras clássicas, anteriormente mencionada, ruptura que só se obtém mediante sua cuidadosa re-contextualização (das obras clássicas), capaz de neutralizar a transmissão, "a vácuo" da herança que é constitutiva da classicidade burguesa. Principalmente, aí, se consolida a politização da perspectiva artística: estamos diante de um pensamento que já inclui uma consideração integrada da função da herança, do estatuto da classicidade e mesmo dos mecanismos de transmissão da herança. O Brecht que produz este texto, em 1954, é aquele que já executou o gesto calculado e estratégico da recuperação de Lenz e já definiu a função propedêutica dos clássicos nacionais; é o Brecht da reorganização da herança, enfim, ao mesmo tempo que o fundador de uma nova tradição. O próprio convite à retomada dos clássicos que aí se faz já tem, ele mesmo, um valor de *intervenção*: é o gesto de um homem que definiu com integralidade uma *praxis* política da cultura e, sem oscilação, é capaz de propô-la e executá-la exemplarmente.[86]

Mas, conforme vimos tentando esboçar, uma vez que em Brecht a constituição deste ponto de vista se dá não como uma "visão" abstrata, mas como um *movimento de totalização permanente e aberta* (em progresso), que no seu bojo opera sempre, em todos os níveis, *a unificação de teoria e prática*, a *exemplaridade* de Brecht está menos na configuração dos pontos extremos de sua trajetória do que na *passagem* que se executa entre um e outro. A observação dessa passagem é que pode produzir uma vi-

---

[86] Mayer interpreta esta mudança como resultante "da passagem de Brecht da oposição social ao mandato social" (cf. *op. cit.*, p. 20). Difícil concordar, pois tal "passagem" parece supor uma sintonia mais ampla e mais profunda entre Brecht e as autoridades alemãs do período do que de fato ocorreu. A tese mesma de um projeto clássico brechtiano, "de combate", supõe a ausência de um "mandato" desse gênero.

são integral da obra em seu desenvolvimento, a qual, juntando sincronia e diacronia, cristalize em exemplaridade concreta o princípio de autoultrapassamento vigente no movimento contraditório que anima cada um de seus pontos extremos. (Isto porque tanto a recusa de Brecht frente aos clássicos, quanto o seu projeto clássico, assim como são contraditórios entre si, são contraditórios em si mesmos.)

Brecht mesmo chamou a atenção para o valor fundamental dessa passagem, e é bastante interessante para o nosso assunto que, ao fazê-lo, *ele tenha se referido a si próprio num raciocínio do mesmo molde e em termos muito semelhantes àqueles com que em outro texto se refere a Fausto* (a personagem). Escritos em 1954 ambos os textos donde surge esta correlação, e sendo Brecht quem é, de nossa parte duvidamos muitíssimo que a ele próprio ela tenha passado despercebida. No referido texto sobre a "intimidação pelos clássicos" (1954), Brecht critica a "falsificação e o empobrecimento do texto", habituais nas encenações burguesas do *Primeiro Fausto*, que consiste em "escamotear" os acontecimentos "não heroicos" da fábula, mesmo os mais importantes, como o "pacto do grande humanista com o diabo". Escreveu, então, em seguida:

> "É evidente, no entanto, que não se pode trabalhar o *Fausto*, e mesmo o *Primeiro Fausto*, senão com os olhos postos no Fausto metamorfoseado e purificado da segunda parte, o Fausto que, tendo vencido o diabo, passa da improdutividade, e dos gozos da vida à atividade criadora. Onde fica essa transformação grandiosa se são negligenciados seus primeiros estágios?"[87]

---

[87] Bertolt Brecht, *Théâtre complet*, cit., v. 10, p. 8.

No mesmo ano, num texto significativamente intitulado "Revendo minhas primeiras peças", em que comenta a decisão de permitir a reedição de suas primeiras peças e as critica acirradamente (é claro que contrapondo o ponto de vista "antigo" ao "atual"), a certa altura pode-se ler:

> "Durante a leitura dos atos 3, 4 e 5 de *Tambores na noite* senti tamanha insatisfação que pensei na possibilidade de eliminar a peça. Só a convicção de que a literatura pertence à história e que esta não pode ser falsificada, bem como a impressão de que as minhas convicções e capacidades atuais teriam menos valor se as minhas anteriores não fossem conhecidas — supondo que tenha havido uma melhora nelas — me impediram de fazer uma pequena fogueira com a peça. Por outro lado a supressão não é suficiente, o que está errado deve ser corrigido."[88]

Em ambos os textos, recusa da escamoteação e recuperação do "defeituoso" (como no caso de Lenz), consideração das "fases" sucessivas como autoultrapassamento, ênfase na *transformação*. Mas sobretudo interessante é observar-se o conteúdo das transformações aí descritas, e pensar-se na passagem faustiana da "improdutividade, dos gozos da vida", à "atividade criadora", em que surge o Fausto "metamorfoseado e purificado da segunda parte", como homóloga à passagem de Goethe do *Sturm-und--Drang* ao Classicismo, cujo trânsito é igualmente o da constituição do *Fausto* (a obra) em suas três grandes etapas.

Ao rever as sua primeiras peças, a principal crítica de Brecht se dirige à comédia *Tambores na noite*, que dentre elas "é a pior". Dentro da própria peça, no entanto, o "pior", acentua Brecht, é

---

[88] *Id., Teatro dialético, cit.*, p. 273.

a saída que o autor lhe dá: "Em *Tambores na noite* o soldado Kragler recebe novamente a sua moça, se bem que 'danificada', e dá as costas à revolução. Esta parece ser a mais mesquinha das variantes possíveis, principalmente quando é possível notar que o autor da peça parece concordar com ela".[89]

O final desta peça é bastante conhecido para que seja necessário insistir nele: entre gargalhadas demoníacas e rufos de tambor, o soldado Kragler, que voltara da guerra, abandona a revolução e os companheiros, na hora mais aguda, acrescentando o famoso "— [...] eu sou um porco, e o porco volta para casa". Com a noiva recuperada volta para casa: "— Agora vem a cama, a grande, branca, a espaçosa cama, venha!".[90] Este Kragler pertence à mesma família demoníaca do "associal" Baal — personagem dos avessos — de Shlink e Garga, completamente entregues a uma luta de morte, do Eduardo II da Inglaterra que, na paixão exacerbada por Gaveston, prefere que se afundem rei e reino a renunciar ao favorito. O Brecht que "parece concordar" com eles, em seu caráter extremado, em sua existência de autoconsumação violenta, é ainda o Brecht da imagem do *Hydatopyranthropos*, ele próprio uma espécie de encarnação do "espírito de contradição". Já o Brecht que os recupera criticamente — mas se recusa assim a escamoteá-los — é aquele que já escreveu *Galileu* e *Mãe Coragem*, que chegou à grande síntese histórico-estética e às personagens centrais perfeitamente "produtivas" de *O círculo de giz caucasiano*; principalmente, é o escritor que já propõe e executa uma *política cultural* (não estivesse esta expressão tão miseravelmente desgastada!), com tudo o que este exercício, quando autêntico, supõe de análise, de perspectivação e de

---

[89] *Id., ibid.*, p. 272.

[90] Cf. *id., Tambours dans la nuit*, in *Théâtre complet*, cit., v. 1, p. 121.

cálculo. É ainda, como se verá, o Brecht que, desde então, passara pela experiência de mais uma guerra mundial, do nazismo, da evolução sob tantos aspectos dolorosíssima da Revolução de 1917, do longo exílio e do retorno à Alemanha dividida e faminta do pós-guerra.

Como definir este Brecht que, em continuidade e oposição ao anterior, é também uma espécie de Brecht "metamorfoseado e purificado" da segunda fase? Nossa hipótese é a de que se trata de *um Brecht que se define a si mesmo como um clássico.* Seja ou não autoconsciente, o fato de definir-se a si mesmo com uma imagem faustiana — com *a sua própria imagem do Fausto* — absolutamente não é ocasional. Ele aponta, ao mesmo tempo que para a feição clássica do projeto de Brecht, para uma de suas matrizes principais: a matriz clássica nacional. Nessa imagem autoaplicada, de modo diferido, é certo, mas flagrante, teríamos uma transposição da autoimagem brechtiana como autor nacional clássico. Ele próprio o deixou mais explícito, e bastante, aliás, em um outro texto — que tem a vantagem das explicitações, ou seja, a de expor claramente as coisas e revelar seu caráter autoconsciente, do qual, no entanto, o flagrante da imagem faustiana dá uma visão mais interna e sensível, a que não é alheio um nexo de personalidade e de gosto.

Entre os dois extremos da sua mudança frente aos clássicos, há um outro texto de primeira importância que em geral não é assinalado, mas que ainda uma vez não escapou à erudita argúcia de seu amigo e colaborador da última fase, Hans Mayer: trata-se do texto que, significativamente, foi escolhido por Brecht para abrir o magnífico volume do *Theaterarbeit*,[91] onde, sob uma

---

[91] Bertolt Brecht *et al. Theaterarbeit — 6 Aufführungen des Berliner Ensembles*, Dresden, VVV Dresdner Verlag, 1952.

foto do pano de boca do Berliner Ensemble, no qual se vê uma enorme pomba de Picasso, ele antecede a apresentação-modelo das seis primeiras encenações desse grande conjunto teatral. O texto é (na verdade) de 1951, e as circunstâncias de sua primeira publicação são igualmente esclarecedoras, e significativas. Ele é apresentado como extraído "de um discurso de Bertolt Brecht, pronunciado por ocasião do Congresso de Cultura de toda a Alemanha em Leipzig, maio de 1951".[92] Ali, diante de artistas e intelectuais das duas partes da Alemanha, Brecht enuncia pela primeira vez certos argumentos que estarão depois no "Intimidação pelos clássicos", de 1954, tais como a crítica da "tradição de deterioração dos clássicos", a necessidade de retomar a tradição, mas contrariando expressamente a falsa "técnica brilhante" dos teatros da época de Hitler. No centro de sua fala, ele coloca uma interrogação: "Como construir uma Dramática das contradições e dos processos dialéticos, não objetivos? Como estabelecer a nova atitude crítica, positiva, do nosso público de produtores?".[93] Na verdade, como esperamos ter indicado, a pergunta que Brecht aí *dramatiza* é *a* questão que informa e atravessa todo seu trabalho — a de dar forma a uma nova matéria histórica, a de constituir um ponto de vista e uma técnica artística capazes de dar conta dos "grandes processos complexos que se desenrolam no mundo". A resposta que nessa ocasião ele encaminha é, ainda, a *sua* resposta, aquela que ele vinha articulando em teoria e prática, e que, como vimos, passa fundamentalmente pelo Classicismo alemão. Dirigindo-se com especial ênfase aos congressistas alemães-ocidentais, a quem diz que a tarefa de fundar essa nova Dramática não saberia cumprir-se sem os esforços

---

[92] *Id., ibid.*, p. 8.
[93] *Id., ibid.*

das duas partes da Alemanha, Brecht finaliza assim o seu discurso: "A palavra de ordem dos Clássicos ainda continua válida: Nós teremos um teatro nacional ou teatro nenhum".[94]

Neste texto veem-se, enfim, confluir explicitamente dois grandes movimentos da produção brechtiana: o da criação de uma nova arte e o da retomada dos clássicos. No que estes dois grandes movimentos se recobrem e se fundem é que se pode ver o trabalho de Brecht como o da *fundação de um Classicismo contemporâneo*, com sua dupla exigência de *atender às necessidades de uma época nova* e de *desenvolver a tradição clássica*. Esta confluência não se faz, no entanto, sem luta. Brecht deixa claro que este novo Classicismo supõe uma "Dramática das contradições e dos processos dialéticos", construída, ainda, segundo o ponto de vista crítico "do novo público dos produtores", isto é, daqueles que trabalham. Se Brecht reencontra Goethe na postulação de uma nova arte nacional clássica, ele também se diferencia dele, como vimos, pela postulação de um Classicismo que não implique na ausência de revolução, de um "Classicismo de combate". Entre a harmonia, a continuidade e a durabilidade que supõe um projeto clássico, e as radicais alterações e rupturas que implica a postura dialética (necessárias, no plano da organização social, à criação de condições para o próprio surgimento de um Classicismo autêntico!), o trabalho de Brecht vai produzir a grande contradição que sem dúvida lhe é constitutiva e que talvez seja sua própria essência. Em outras palavras, assim como seu trabalho produz essa contradição, é também por ela produzido. Constituindo-se no seu mais íntimo núcleo, esta contradição lhe comunica, ao seu conjunto, aquela dinamicidade irredutível que o transforma num trabalho radicalmente e por definição em *pro-*

---

[94] *Id., ibid.*

gresso, trabalho que não sabe "acabar-se" senão como autoultrapassamento contínuo, em interna, digamos, revolução permanente. (Perguntemos assim, entre parênteses: o que, aliás, pode ser a postulação *presente* de um Classicismo autêntico — uma verdadeira metáfora estética para a "vida autêntica"! —, impossível *desde já*, senão um polêmico e permanente tender à constituição de um integral e harmônico conjunto de vínculos universalmente válidos, que assim se situa numa espécie de horizonte em afastamento permanente?)

Também nesta perspectiva é significativo que, dentre as referências nacionais clássicas, Brecht tenha se aproximado mais do Goethe faustiano (e fáustico), e a si mesmo tenha se referido com uma imagem fáustica. Assemelhando-se ainda nisto a Goethe, cujo *Fausto* é, como vimos, uma espécie de depositário do miolo problemático do Classicismo alemão, também Brecht parecia estar perfeitamente consciente do caráter essencialmente problemático de suas próprias tendências clássicas. *Há alguns aspectos pelos quais, sob condições determinadas, o estabelecimento de um projeto clássico pode ganhar um radical poder de contestação*, muito fácil de não ser percebido — quando não tem pior sorte e, diante de outras formas de ruptura, às vezes menos importantes, porém mais gritantes ou embandeiradas, é confundido com o vulgar conservadorismo, senão com a própria reação. É comum que se encontrem referências ao Brecht da maturidade como a alguém que se "rendeu ao humanismo tradicional", ou abandonou o "anterior espírito de contradição". Brecht aqui e ali manifestou-se a esse respeito, e no conhecido texto de 1954 (justamente onde faz a crítica de seus heróis "endiabrados", que são quase o "espírito de contradição em estado puro") ele se pronunciou de maneira breve e cuidadosamente irônica: "Vejo hoje que meu espírito de contradição — reprimo o desejo de acrescentar a palavra 'juvenil' porque espero possuí-lo ainda hoje, sem que tenha diminuído — me levou para perto das fronteiras do absurdo".[95]

Se há diferença, mas também continuidade, entre o "espírito de contradição" do primeiro Brecht e o do Brecht da maturidade, neste último, sobretudo, ele se encontra necessariamente em seu projeto clássico, mais precisamente, no caráter problemático e contraditório, que, acreditamos, lhe é essencial.

Vimos anteriormente, com Lukács, que o pressuposto de ausência de revolução não era apenas interior ao Classicismo alemão, mas lhe era também exterior — ocorrendo na sociedade de que ele surgia — e determinante. Sob este aspecto, se este pressuposto era uma privação, na medida em que ele o incorporava como lei interna, tinha também um valor de resistência e contestação diante da hostilidade do meio imediato. Como reação à "miséria alemã" produz-se nele a necessidade de se mover numa esfera limitada, de relativa intangibilidade, ao mesmo tempo que de ampliar o arco de incorporação a âmbito internacional e trans-histórico. Perdia assim, em imediatidade e intencionalidade, o que ganhava em movimento de essencialização e totalização e, ainda, em durabilidade. Como vimos, Lukács acentua — com o que Brecht parece concordar — que, no seu isolamento e relativo esteticismo, o Classicismo alemão na verdade dava um salto imenso, registrando e incorporando (sobretudo no avanço das formas artísticas e na evolução teórica) o grande abalo produzido pela Revolução Francesa no quadro mundial. Seu salto, assim, entre "miséria" e "completude" era violentíssimo e potencialmente, mas apenas potencialmente, um salto dialético — movimento no entanto sustado na medida em que incorporava *internamente* — como isolamento aristocrático e esteticismo —

---

[95] *Id.*, *Teatro dialético*, cit., p. 273.

o pressuposto nacional de ausência de revolução que, por outro lado, a seu modo, era capaz de assimilar.

Em 1947, no auge de sua maturidade, portanto, Brecht volta à Europa e, ainda na Suíça, prepara-se para o retorno difícil à Alemanha, que se dará no final do ano seguinte. Nesse período é que realiza o grosso de suas leituras (e releituras) de Goethe e Schiller, algumas das quais já assinalamos. A 26 de dezembro de 1947, escreveu em seu *Diário de trabalho*: "leio a 'correspondência entre schiller e goethe' de lukács, ele analisa a assimilação da revolução francesa pelos clássicos alemães. não tendo ainda uma vez nenhuma que nos seja própria, precisaremos agora assimilar a revolução russa, penso eu estremecendo".[96]

Quando, pouco mais adiante, Brecht expressamente reconhecia a feição clássica de seu projeto, ele o fazia de modo maduramente refletido. Reconhecia já, em suas tendências clássicas, ao assumi-las, a sua profunda dimensão nacional e, com ela, o caráter necessariamente problemático de seu próprio Classicismo. Não apenas as características de sua obra se aproximam daquelas dos clássicos nacionais, por uma espécie de conjunção trans-histórica, de grandezas estéticas, mas também as circunstâncias em que ambas são produzidas entram em igual correlação. A própria *reposição* da herança clássica para Brecht, e a presença decididamente forte que ela tem em sua obra, assinala um largo movimento recursivo da história que parece, ela mesma, repetir-se como em outra volta de espiral. Na verdade, é a própria relação entre história e produção cultural que rege o Classicismo que parece *dar-se de novo*. Embora sejam possíveis outras implicações, o "estremecimento" de Brecht certamente assinala um momento de percepção aguda dessa perturbadora potência de re-

---

[96] *Id.*, *Journal de travail*, *cit.*, p. 461. (Esta nota é de 26/12/1947.)

petição, em que ele próprio se vê como nova personagem daquela mesma "tragédia profunda e tipicamente alemã, nascida da miséria do país", na expressão de Lukács.[97]

Produzida em sua maior parte, e principalmente em toda a sua faixa de maturidade, no exílio e em condições de extrema incerteza quanto aos destinos da Alemanha, a obra de Brecht assimila sob todos os aspectos a *falta de imediatidade* a que se vira radicalmente condenada. Difícil expressar-se a gigantesca dimensão de perda material, cultural e emocional implicadas no exílio. Mais do que ao isolamento, era à destruição de seu meio de atuação imediatamente anterior que Brecht se via confrontado, o que significou, entre outras coisas, a prisão, a morte e a dispersão de amigos, companheiros, interlocutores, familiares. Que se lembre unicamente o suicídio de Walter Benjamin. Para o escritor e homem de teatro Brecht, acrescentava-se a este impacto aquele da separação de seu meio cultural e linguístico e a sucessiva produção de peças que não podia ver submetidas à prova de encenação, ele que sempre trabalhara imediatamente vinculado aos cenógrafos, músicos, atores. Em setembro de 1940, no exílio da Finlândia, Brecht, conhecidamente avesso a derramamentos emocionais, lançou laconicamente em seu *Diário de trabalho* esta nota verdadeiramente terrível: "seria incrivelmente difícil pintar meu estado de alma quando, depois de ter seguido a batalha da inglaterra pelo rádio e na medíocre imprensa fino-sueca, eu escrevo PUNTILA. este fenômeno moral explica igualmente que tais guerras possam existir e que o trabalho literário possa continuar. puntila não me concerne quase em nada, a guerra em tudo; posso escrever quase tudo sobre puntila, nada sobre a guerra. não penso apenas no 'direito' de escrever, penso realmente também na 'ca-

---

[97] Georg Lukács, "O humanismo clássico alemão", *cit.*, p. 178.

pacidade' de escrever. é interessante ver como a literatura está relegada, enquanto práxis, a uma tal distância do centro dos acontecimentos de que tudo depende".[98]

Se a fase imediatamente anterior de Brecht fora dominada, como para o jovem Schiller, pela "tentativa de exprimir no drama os problemas morais da atitude revolucionária"[99] (lembrem-se *A decisão*, *Aquele que diz sim e aquele que diz não*, *A exceção e a regra*), a partir de 1933 o problema central passa a ser a dificuldade de enfrentar, literariamente, a presença ameaçadora, maciça e crescente da contrarrevolução, cujo avanço, durante grande parte da guerra, nada autorizava a acreditar contido ou, sequer, resistível. A Alemanha, que pouco antes se acreditava viver a iminência revolucionária, via-se transformar na pátria da contrarrevolução. Com a "virada", e o completo deslocamento que ela provocava em todo o quadro de valores, a atividade literária de Brecht passava de uma espécie de *solidariedade* imediata com a matéria histórica, sob a forma do antagonismo ou da adesão *diretos* às evoluções que apresentava, a uma necessidade de considerar a distância e o descentramento que em relação a ela agora se impunham de maneira radical.

A essa *falta de imediatidade* que lhe era assim imposta, Brecht dará, na verdade, uma resposta também radical: *ele irá trazê-la para o centro problemático de sua produção*. A distância, o descentramento e o risco de desagregação a que era submetida, a produção de Brecht irá *internalizá-los*, transformando-os dialeticamente em seu próprio motor.

Perdido o "clima" de iminência de revolução e mesmo o fluxo que provoca a preparação revolucionária, a produção de

---

[98] Bertolt Brecht, *Journal de travail*, *cit.*, p. 128. (Esta nota é de 16/9/1940.)

[99] Georg Lukács, "O humanismo clássico alemão", *cit.*, p. 179.

Brecht perderá a imediatidade trepidante que já tivera e que mais o aproximava de Maiakóvski — este, quem sabe, o seu grande *pendant* no âmbito da arte revolucionária. Praticamente toda a produção do grande artista revolucionário russo surge, por assim dizer, ritmada pela marcha da revolução — pelo seu impetuoso fluxo preparatório, sua deflagração, consolidação e mesmo pelo seu refluxo. Não há, propriamente, separação entre o que Maiakóvski produz e o seu exterior. Há luta, polêmica, mas não descentramento e distância. Para 1917, ele escreveu no autobiográfico "Eu mesmo":

> "*Outubro*
> Aceitar ou não aceitar? Semelhante pergunta não existia para mim (e para os demais futuristas moscovitas). A minha revolução. Fui ao Smólni. Trabalhei. Tudo o que era preciso. Começavam as reuniões."[100]

Sente-se o seu percurso como que consubstancial ao percurso da Revolução e, neste sentido, mesmo a sua morte, em circunstâncias de endurecimento e refluxo, sente-se quase como um símbolo. Grande parte da força que lhe é característica vem sem dúvida da dinamização poética adequada e brilhantíssima dessa *imediação*. Não há, por isso, em Maiakóvski, uma preocupação, interna ao conjunto da obra, de totalização; nada há nele de semelhante a um movimento de constituição de sistema. Daí, por exemplo, que sua teoria seja

> "quase sempre uma teoria do imediato, do contingente, a fundamentação de um trabalho, que se expõe para que os outros vejam como foi realizado e possam encontrar seu próprio ca-

---

[100] Cf. V. Maiakóvski, *in* Boris Schnaiderman, *op. cit.*, p. 97.

minho, à base desse ensinamento. Outras vezes, está ligada a polêmicas, a discussões em torno de problemas artísticos colocados pela realidade cotidiana."[101]

Produzida no bojo do fluxo revolucionário, a obra em constituição não é obrigada a suscitar desde seu próprio interior um movimento de totalização que duplamente garanta sua continuidade: que mantenha vivo seu impulso formativo e a sustente, a ela própria, pela construção de seu conjunto. Ela pode se produzir como uma sucessão de *gestos* carregados de imediatidade e sentido prático-poético, deixando a constituição de sua coerência e de seu sentido histórico à própria densidade e significado histórico das circunstâncias a que surge entrelaçada. Uma obra como a de Maiakóvski obtém, assim, uma coerência interna, desdobrada numa dimensão teórica própria, que permite falar em uma *poética* de Maiakóvski[102] — de que no entanto é ausente a preocupação e a necessidade interna de totalização.

Quanto à obra de Brecht, *grande parte da força que lhe é característica vem, por sua vez, da aguda dinamização poética da falta de imediatidade que lhe é imposta.* Trazendo para o seu centro a descontinuidade e a distância a que é submetida, ela lhes dará tratamento dialético, e também à sua potência negativa responderá com a negação da negação. No seu plano mais geral, esta resposta brechtiana se exprime pelo *movimento de totalização*, cuja abrangência e significado vimos tentando observar. Perdida a imediação, mais feliz, de que desfrutava, a obra de Brecht não ficará presa a sua impossibilidade. O gesto literário

---

[101] Boris Schnaiderman, *op. cit.*, p. 30.

[102] É o que demonstra, aliás, o próprio trabalho de Boris Schnaiderman que vimos de mencionar.

que não mais pode se conectar com o contexto imediato, a que se integra e de que se realimenta, passa agora a desferir-se no âmbito da própria obra, na qual se conecta, construindo-a como conjunto integrado, "*domesticum*". A obra — e o trabalho de fazê-la — passa a ser, em certa medida e num sentido novo, o contexto de sua própria produção, que nela própria se conecta e integra ao mesmo tempo que nela retoma alento e impulso de autossuperação. Devendo, num certo sentido, bastar-se, a obra *suscita um mundo*, que ao mesmo tempo a constitui, a sustenta e lhe permite avançar. Por isso ela se constrói *monadologicamente*, como anteriormente acentuamos, e o movimento de se constituir como unidade a si mesma referida é simultaneamente o de conjugar, no presente total da obra, a pluralidade cultural e histórica que abrange em seu arco de incorporação. Também neste sentido se podem compreender os múltiplos intercursos de gêneros e formas, a concepção integrante da maestria e a interdisciplinaridade, descompartimentadora e universalizante, que são programáticos em Brecht.

A totalidade da obra brechtiana, a constelação de "conjuntos admiráveis" de que ela se constitui, se conquista, assim, por causa e contra a descontinuidade e a perda de imediatidade que lhe são impostas. Neste sentido, também Brecht produz um salto entre miséria e completude, pelo qual reencontra os clássicos nacionais e, sob certos aspectos, reencontra a si mesmo como clássico nacional. É interessante observar-se que, pelo mesmo movimento com que obtém seu alcance internacional, a obra de Brecht alcança também sua mais profunda dimensão nacional — a de autor nacional clássico.

Sobre o antigo, e renovado, sentido de *superação* que é constitutivo do Classicismo alemão — e, portanto, também da *ideia* alemã do autor nacional clássico — escreveu Anatol Rosenfeld (por sua vez ele também sob o impacto do nazismo e da emigração), ao final de um belo estudo sobre a *Ifigênia em Táurida*, de Goethe:

> "Talvez seja pedante insistir neste classicismo, fruto de um esforço imenso que no fim se traduz na leveza e graça serena da obra final. Todavia, é preciso romper os clichês da 'Alemanha Romântica' e do romantismo de Goethe e Schiller. A perspectiva histórica acrescentou aos termos novas dimensões. Surgiram, infelizmente, implicações trágicas que ultrapassam o terreno da literatura. De um modo que antes não se imaginara o esforço de Goethe se afigura hoje exemplar — este imenso esforço de superar os poderes noturnos que, por si só, se tornou clássico."[103]

Acreditamos que, neste lance sintético e pessoalmente empenhado, Anatol Rosenfeld apanhe o sentido profundo da reposição da herança clássica — como *clássica* — para os intelectuais alemães na emigração ou na resistência, durante o período nazista e também no pós-guerra. É como se, diante de uma demonstração muito concreta da mortalidade da civilização, o esforço clássico pela clareza, pela harmonia e pela continuidade cultural se transformasse em símbolo, por excelência, da potência organizadora da cultura (estatuto que ele pode assumir também em outras situações de aguda *descontinuidade* cultural). Em

---

[103] Anatol Rosenfeld, *Teatro moderno*, cit., p. 18. A sua própria formulação, na verdade, Anatol Rosenfeld a desenvolveu, classicamente, a partir da 22ª das "Cartas sobre a educação estética da humanidade", de Schiller, onde, em tradução de Roberto Schwarz, pode-se ler: "Receptivo apenas para o elemento cru, precisa destruir a organização estética de uma obra antes de ter nela algum prazer e esgaravatar cuidadosamente o individual que o mestre, com arte infinita, havia feito desaparecer na harmonia do todo" (cf. F. Schiller, *Sobre a educação estética*, São Paulo, Herder, 1963, p. 106).

larga medida, o sentido da reposição do Classicismo para Brecht é também este, embora não seja exclusivo e haja ainda outros motivos para a aproximação brechtiana da herança clássica — como é o caso já ao menos indicado anteriormente, e a que voltaremos, do seu confronto com a indústria cultural. (Mas, ainda nesta perspectiva, o projeto clássico brechtiano encontra também seus pontos de contato com o trabalho de tantos outros grandes intelectuais do período, dos quais, sob outros aspectos, é tão diverso. Para ficar apenas entre os intelectuais alemães ligados aos estudos literários, e que nos são mais familiares, lembrem-se apenas o sentido e a dimensão simbólica que ganha o fundo mergulho na tradição ocidental que é o *Mimesis*, de Erich Auerbach, escrito durante a guerra e, em vários sentidos, *contra* as circunstâncias, ou o grande, e amoroso, painel trans-histórico de E. R. Curtius, *Literatura europeia e Idade Média latina* (1932-1947), declaradamente conquistado contra o fragmentário, a carência de informações, as bibliotecas semidestruídas etc. Mesmo o aporte anti-irracionalista e o respeito pelas conquistas culturais do passado, presentes na atividade de Anatol Rosenfeld enquanto crítico de teatro e de ideias no Brasil, estão, digamos, em continuidade com sua reiterada ênfase na feição clássica de Goethe e Schiller.)

A aproximação brechtiana do Classicismo alemão, no entanto, como vimos de várias formas indicando até aqui, não será pacífica, como um unívoco tender à herança clássica. Aproxima-os, dito sinteticamente, o movimento de totalização que em ambos é essencial e definidor; aproxima-os, ainda, o singular paralelismo nas circunstâncias históricas de que surge esse movimento de totalização — em ambos resposta dialética à privação de imediatidade. Ao internalizá-la, no entanto, a essa falta de imediatidade, a obra de Brecht vai, por assim dizer, virá-la e revirá-la de todos os lados, vai *analisá-la*, examinando-a sob cada um de seus aspectos, verificando o seu sentido sob diversos ângulos e interrogando suas causas e suas consequências na esfera estética e social. Tornada interna à obra, essa análise não se fará, em Brecht, unicamente nem principalmente como um discurso *sobre* a distância ou sobre a não imediatidade: ela se fará, antes, *concretamente*, no *corpo* mesmo da obra, tornada ela mesma, em cada um de seus membros, uma experiência crítica — analítica — da não imediatidade e da distância. Principalmente no seu teatro, ao menos desde *A exceção e a regra*, cada peça será um momento ou um ângulo desse exame. O exemplo mais flagrante é ainda uma vez *A vida de Galileu*, a peça epistemológica por excelência, que tematiza a própria transformação da ciência em esfera *separada*. A galeria das grandes personagens cindidas, de Brecht, cuja essência é a cisão inconciliável que na própria peça jamais se "solda" numa consciência de si, é o exemplo tradicional do tratamento brechtiano da *separação*: o próprio Galileu, o Puntila ébrio-populista/sóbrio-patronal, a sábia/estúpida Mãe Coragem, a — perdão — clássica, boa Shen-Te desdobrável no duro Shui-Ta. Em cada uma delas se refrata e se examina, ao nível da personagem, a questão de base da própria obra brechtiana — a questão da não imediatidade e da distância que se coloca para o próprio artista "desde a base de seus próprios esforços". Mais do que ao nível das personagens, em todos os seus níveis a obra de Brecht continua esse trabalho de análise. A própria centralidade do "efeito de distanciamento" — de que a construção da personagem é um aspecto — vigente na técnica do ator, na iluminação, na música, na maquilagem, na organização da narrativa etc., é a consecução mais completa da incorporação dialética da não imediatidade em Brecht. O caráter *concreto* dessa análise brechtiana da separação e da distância faz o núcleo do excelente estudo de L. Althusser, "O 'Piccolo', Bertolazzi e Brecht", onde, além do estudo de sua manifestação ao nível das personagens, o Autor examina-o também em sua ocorrência na organização do tempo e do espaço da narrativa teatral, cindidos numa "dialética a dois tempos" — trabalho a que expressamente também remetemos aqui.[104]

No curso deste nosso trabalho, no entanto, e no interesse de seu assunto, onde essa análise da não imediatidade, realizada por Brecht, mais bem aparece é já no tratamento que ele dá à sua própria aproximação do Classicismo alemão. Atingido ele próprio por uma inescapável não imediatidade, semelhante à dos clássicos, Brecht transforma sua própria recuperação do Classicismo numa oportunidade para o exame das bases sociais dessa não imediatidade e dos modos de seu equacionamento pela produção cultural. O Classicismo então lhe fornece, performada estética e teoricamente, matéria histórica para esse exame, assim criticamente incorporada à sua própria obra, ao mesmo tempo que informa a constituição de seu próprio ponto de vista mais amplo em relação a esse problema. Nós o vimos principalmente através da recuperação de Lenz em seu aporte crítico: tratava-se, na verdade, de suscitar, de novo, as contradições que animam o Classicismo, de recuperá-lo em sua problematicidade. Como indicamos anteriormente, ao aproximar-se de seus termos polares, e ao aproximá-los entre si, Brecht fazia aflorar o próprio campo de forças que constitui o Classicismo alemão. Ora, o que significa trazer à tona simultaneamente a "miséria alemã" no século XVIIII e a estética clássica que nele se produz — tratando-os como elementos de um mesmo processo e propondo que se revelem e se arguam reciprocamente — senão levantar e analisar a não imediatidade característica do Classicismo, examinando tan-

---

[104] L. Althusser, "O 'Piccolo', Bertolazzi e Brecht: notas sobre um teatro materialista", *in Análise crítica da teoria marxista*, Rio de Janeiro, Zahar, 1967.

to a sua gênese social quanto a sua incorporação e equacionamento estéticos? Por isso, também, dissemos anteriormente que o "salto" clássico entre miséria e completude, interessava a Brecht *detê-lo* no momento em que constitui o seu arco, examinando o que tem de ultrapassamento e o que tem de limitação. O gesto analítico de detê-lo, a esse movimento, no entanto (dito isto sem amor dos paradoxos aparentes) é já em si mesmo o caminho de consumá-lo — ele indica uma extrema agudização crítica da percepção da não imediatidade, que em seu aumento quantitativo enseja uma transformação qualitativa: na obra de Brecht não mais se trata, apenas, de *sofrer o influxo* da não imediatidade, ou de responder-lhe com uma atitude limitada à resistência; há, já, um enfrentamento da não imediatidade — a obra mesma, ao assumi-la e em seu corpo, transformando-se em uma instância de seu combate, ao mesmo tempo que a *representa* e a *indicia*.

Pelo próprio modo pelo qual essa análise brechtiana de não imediatidade se aplica ao Classicismo alemão, estendendo-se assim até a épocas passadas, vê-se que a experiência mais aguda de separação, que é o exílio, não o levou a colocar em dependência exclusiva uma da outra a situação de emigração e a não imediatidade, como se, estando o escritor em seu próprio país e entre seu próprio povo, esta última fosse automaticamente abolida e tudo ficasse no lugar — raciocínio que, no entanto, foi o de diversos outros intelectuais. Ao contrário, o exame brechtiano das situações de separação, diferença e distância, agudizado pelo exílio, *ultrapassa esta situação, alcançando dimensão histórica e expandindo-se em uma análise da não imediatidade em toda a vida social*. Já em 1938, ao cabo de cinco anos de exílio, portanto, encontramos em Brecht a seguinte reflexão:

> "Quando se querem definir as palavras de ordem para a literatura alemã contemporânea, é preciso levar em conta o fato

de que tudo aquilo que pode pretender o nome de literatura é impresso exclusivamente no estrangeiro e lido quase exclusivamente no estrangeiro. O que confere à palavra de ordem de 'popularidade' uma ressonância bastante particular. O escritor deve, com efeito, escrever para um povo com o qual ele não vive. Entretanto, olhando a questão mais de perto, a distância entre o escritor e seu povo não se agravou tanto quanto se poderia temer. Ela não é atualmente de fato tão grande quanto parece, e não era anteriormente tão pequena quanto se acreditava. A estética reinante, o preço dos livros e a polícia sempre colocaram uma distância considerável entre o escritor e o povo. Seria falso, contudo, vale dizer, irrealista, considerar o crescimento da distância como puramente 'exterior'."[105]

"Mas restam as forças que fazem mesmo da paz uma guerra, as inomináveis", escrevera Brecht a propósito de *Mãe Coragem*. A análise brechtiana da distância faz passarem uma na outra a "guerra" e a "paz", como momentos ou estágios diferentes de um mesmo combate contínuo, entre forças antagônicas, que sacodem toda a vida social. A incorporação crítica dessa distância pela obra de Brecht, que a traz para seu próprio centro e a assume em sua própria constituição, *faz dela mesma uma realidade conflagrada, sacudida entre potências antagônicas, em que este combate se torna exemplar e encontra prosseguimento*. A presença das formas da descontinuidade, da cisão e da distância é o aspecto mais amplamente conhecido, ou pelo menos o mais ressaltado, da obra de Brecht. Mas o que seria a sua presença solitária e incontrastada no âmbito dessa obra senão uma manifestação finalmente constatatória e pacífica da existência *separada*? Mesmo

---

[105] Bertolt Brecht, *Sur le réalisme, cit.*, pp. 113-4.

esta distância incorpora-se à obra de Brecht sob violento antagonismo, o que lhe restaura a dinamicidade, pois *à presença maciça das formas da descontinuidade e da cisão contrapõe-se o movimento não menos forte de totalização presente em cada fragmento e no conjunto da obra de Brecht.*

Dado este estatuto constitutivo da contradição em Brecht, o aparecimento da questão da *popularidade*, no bojo do mesmo movimento que conduz à constituição de uma classicidade (pelo impulso de totalização) é tudo menos ocasional. Na perspectiva de sua gênese ela se prende, ainda, à dupla originação social do projeto clássico de Brecht, em sua especificidade: ele não conhece seu lugar de nascimento unicamente na experiência do nazismo e do exílio, mas, também, e conjuntamente, *na experiência da indústria cultural* — que altera integralmente o "complexo da cultura" e a arte "enquanto totalidade". Assim como não é ocasional por sua gênese, encontrando-se mesmo entre as molas mais fundamentais do projeto brechtiano, a presença da questão da popularidade em Brecht também não será ocasional pelo amplo e profundo desenvolvimento que recebe em sua obra, de tal modo que, assim como se pode falar em um projeto clássico brechtiano, também se poderia falar de um projeto popular brechtiano. O erro estaria sempre em dar-se a qualquer destas denominações um sentido restrito ou aferrado aos significados tradicionais de seus termos, sem levar em conta a sua especificidade em Brecht — a "ressonância bastante particular" que em sua obra recebem classicidade e popularidade. Boa parte desta peculiaridade vem de que sua presença seja simultânea e conjunta — tratando-se, em Brecht, de uma classicidade constituída de perspectiva popular e de uma popularidade que não renuncia à posse compreensiva e integrada da herança. (De toda maneira, é significativo que se encontrem em Brecht, reunidas, *ambas* as preocupações que extraíram da experiência da guerra os melhores espíritos, e os mais generosos, de seu tempo — e cuja presença seja talvez mesmo seu signo distintivo: a preocupação de revigoramento da herança clássica e a preocupação com o sentido do popular e da popularidade.)

Na verdade, a perspectiva clássica e a perspectiva popular se oferecem em Brecht, uma à outra, uma correção dialetizadora recíproca e seu antagonismo, ou melhor, a sua junção polêmica, é uma das manifestações, sem dúvida que central, do grande combate que no âmbito de sua obra constitutivamente se fere entre totalização e separação. Elas combatem, uma na outra, dito de maneira muito esquemática, a sua *limitação* específica: à limitação histórica, de fato, da perspectiva popular, a perspectiva clássica, tal como se dá em Brecht, em seu alcance totalizante e trans-histórico, oferece o impulso dialetizador de um ultrapassamento que procura transformá-la no *ponto de vista universal* que, de direito, corresponde ao caráter de *classe universal* do proletariado; à limitação de classe da perspectiva clássica, cujo impulso totalizante se detém e petrifica — em renúncia — na moldura da obra de arte, a perspectiva popular oferece o impulso dialetizador que lhe possibilite *consumar*, em transitividade e intencionalidade, o seu movimento sustado — no qual se pode ver, cristalizado, o momento em que uma "classe universal" (a burguesia) se transformava em uma nova classe meramente hegemônica. (Este último movimento, ainda, podemos vê-lo, atuando, na atitude de Brecht em relação ao Classicismo alemão.)

Constituída, assim, desde seu próprio interior, pela contraposição de movimentos antagônicos, a própria *totalidade* da obra de Brecht se faz de modo especial e finalmente diverso da totalidade idealista do Classicismo: tomada por uma dinamicidade interna irredutível, que não pode se aplacar em uma "visão" finalmente fixada, a totalidade em Brecht não se pode dar como uma totalidade *na* obra. Ela *não se contém em si mesma, transborda da obra* — onde não se reflete especularmente numa consciência de si — e abre sobre o mundo, sobre a própria realidade das coisas: mais do que uma *totalidade em progresso*, a obra/trabalho de Brecht é uma *totalidade em ato, movimento de totalização* no seu fazer-se.

Por isso, para tentar começar a compreendê-la, será preciso, ainda um pouco, e sempre, homologar este seu movimento. Para compreender seus elementos de classicidade e de popularidade, assim como para ver, talvez um pouco melhor, sua aproximação e afastamento do Classicismo alemão, será necessário retomar o nosso percurso — que não tem sido, esperamos, senão o de procurar acompanhar esta totalidade no movimento de sua constituição.

Aere perennius

"Porque a totalidade, enquanto realidade primeira formadora de todo fenômeno singular, implica que se possa realizar uma obra fechada sobre si mesma; perfeita porque nela tudo sucede sem que dela nada seja excluído ou aí remeta a uma realidade superior, perfeita porque tudo amadurece nela para sua própria perfeição e, atingindo-se a si mesma, insere-se no edifício inteiro. Não há totalidade possível do ser senão no ponto em que tudo é já homogêneo antes de ser investido pelas formas, senão onde as formas não são constrições, mas a simples tomada de consciência, a vinda à luz de tudo aquilo que, no seio de tudo que deve receber forma, dormitava como obscura aspiração. Aí onde o saber é virtude e a virtude felicidade, aí onde a beleza manifesta o sentido do mundo."

Georg Lukács

Do final dos anos 20 (data provável), há um texto de Brecht com o título de *Totalidade*, onde se pode ler:

"Os metafísicos se esforçam, e é isto que prova que são metafísicos, por chegar à totalidade, e procedem como se se tratasse simplesmente de mostrar que ela é dada, como se ela existisse e não tivesse senão de ser revelada. Eles falseiam; por consequência, dissimulam. Porque quando seus esforços não têm sucesso, vale dizer, sempre, revela-se que eles recompuseram um quebra-cabeças, mas, à revelia de todas as regras do jogo, pintando discretamente as peças em lugar de se limitar a colocá-las.

De fato, não se pode chegar à totalidade senão construindo-a, fazendo-a, compondo-a, e se deveria fazê-lo muito francamente, mas segundo um plano e em vista de um fim determinado."[1]

Menos do que anotando leituras filosóficas e políticas — que nessa época realizava com particular interesse — Brecht está na verdade transpondo em síntese reflexiva o desenvolvimento de seu próprio trabalho. Ele aí registra reflexivamente a categoria da totalidade *no momento em que ela se produz no âmbito de seu trabalho e segundo o modo pelo qual aí se produz.*

De fato, se a categoria da totalidade e a visada totalizante tornam-se centrais no trabalho de Brecht, isto não se dá, primordialmente, pelo influxo *exterior* de um princípio filosófico que desde outra parte se aplicasse à produção da obra. É a própria obra, em seu desenvolvimento, que desemboca na visada totalizante e, daí, na reflexão sobre ela. Produzida assim *operativamente* — não por decalque ou aplicação, mas através de um movimento de constituição que empenha e arrisca a obra mesma — a totalidade em Brecht é, já desde o seu surgimento e por ele, uma *totalidade operante*. Dito em outras palavras: se Brecht desemboca num conceito de *totalidade como produção*, é porque ele próprio *produz* por *totalização*, este conceito mesmo tendo sido produzido pela prática que ele próprio teoriza. Observem-se os passos do desenvolvimento de seu trabalho nos anos 20 e no início dos anos 30, inclusive pelos lineamentos que anteriormen-

---

[1] Bertolt Brecht, *Schriften zur Politik und Gesellschaft* (G. W. 20), *cit.*, 1967, p. 131.

te traçamos: não se pode dizer que os trabalhos de Brecht se coloquem, já então, simplesmente um depois do outro, como sequência de gestos sucessivos em que o último só ocasionalmente ou por mera justaposição se ligasse aos anteriores. Da mesma forma que procede com a tradição, que com alcance totalizante ele procura recuperar no fazer-se de suas obras, suprimindo-a e elevando-a a outro plano, ele procede em relação a seu próprio trabalho. O desenvolvimento futuro ele o encontra descrevendo uma elipse até o passado. A regra com que trata a tradição não só é a mesma com que trata seu trabalho, como também *nasce* dele. Contrariando em tudo o modo da sequência descontínua, já naquele período decisivo em que, como o século, Brecht vai dos 20 aos 30 anos, o seu desenvolvimento faz-se por um *avançar recursivo*, com a licença da expressão, em que cada deslocamento para diante descreve uma curva em elipse até o passado — deslocando consigo, para diante, também o que já fora realizado anteriormente — de modo que cada trabalho novo tende a carregar no seu bojo, totalizando-o, o conjunto dos trabalhos anteriores, que assim se conserva, se suprime e se transpõe — como um todo — a um novo plano. É significativo, a esse respeito, que Brecht retome diversas vezes, e de diferentes modos, um mesmo trabalho, como faz com a *Ópera dos três vinténs* (já uma retomada de John Gay), desdobrada num radical "Processo dos três vinténs" e finalmente num *Romance dos três vinténs*, que recupera e integra o aprendizado ativo dos outros dois e a "resposta" social à sua produção. Brecht como que faz questão de se herdar a si mesmo. (Este movimento vai encontrar sua elipse mais profunda naquele último Brecht que, fausticamente, retoma suas primeiras peças e postula um sentido teórico para esta retomada.)

Mas, principalmente, que se retome aqui a análise que anteriormente esboçamos do "Processo dos três vinténs", cujo caráter de *suma* deve-se sobretudo ao fato de que *para ele confluem, totalizando-se e perspectivando-se no ferir-se da ação e do conflito, as tendências mais marcadas, "escandalosas", de tudo o que Brecht até então realizara*. A importância decisiva desse momento, no entanto, deve-se ao fato de que este próprio movimento de totalização de tal modo acirra e radicaliza as contradições do trabalho de Brecht que ele atinge uma situação propriamente explosiva, transbordando das fronteiras tradicionais da obra de arte e expandindo seu impulso formativo à própria vida social. É principalmente desta experiência de ação direta na vida social que surge a concepção de totalidade característica de Brecht. Como dissemos anteriormente, e não é o caso de repetir por inteiro aqui, considerando-se o modo *internamente motivado* pelo qual o trabalho de Brecht atinge esse verdadeiro ultrapassamento, quando este se torna uma experiência da cultura em seus limites, torna-se ao mesmo tempo uma experiência dos limites da obra na cultura. Ao irromper, assim ativamente, numa esfera mais ampla que a inclui e ultrapassa, a obra de Brecht se produz uma percepção da totalidade que supera aquela, limitada, que é permitida unicamente pelo desenvolvimento interno, ainda que totalizante: se é verdade que "a consciência acede ao real não pelo seu desenvolvimento interno, mas pela descoberta radical de *outra coisa que ela*",[2] é ao atuar nos mecanismos sociais da produção, controle e comercialização da produção artística que o trabalho de Brecht se produz uma percepção da totalidade que se abalança a integrar os "grandes processos complexos que se desenrolam no mundo", em cuja ampla rede, intrincadíssima, a produção artística entretece seu fio. Obtida assim, ativamente, propriamente *produzida* por confrontação direta, esta concepção da totalida-

---

[2] Cf. L. Althusser, *Análise crítica da teoria marxista, cit.*, p. 126.

de, em Brecht, faz com que se recubram, e se impliquem mutuamente, a *percepção* da totalidade e a *intervenção* no real.

É a partir deste momento que Brecht passa a falar, como anteriormente mencionamos, no grande "complexo da cultura", que não se pode conhecer ou julgar senão se "este complexo é observado e tornado observável, na sua prática, em ato, em plena atividade, constantemente produzido pela realidade e produzindo-a constantemente".³

Trata-se de um momento complexíssimo da trajetória de Brecht, em que primeiro se descortina, para ele mesmo, o âmbito extremamente alargado em que se moverá sua obra madura. Um tal abalo, na verdade, se processa em inúmeros campos e de tantas maneiras que é praticamente impossível recuperá-lo na reverberação inúmera com que certamente se agita e se levanta em todos os setores nos quais Brecht atuava e em outros nos quais passa a atuar. Este mesmo período, que ocupa a segunda metade dos anos 20, é não só aquele em que se realiza inteiramente o ciclo dos *Três vinténs*, mas também o período em que Brecht realiza seu primeiro conjunto de leituras de Marx. Na totalização de seu próprio trabalho, que por sua vez ele passa a ver no conjunto de uma totalidade complexa que o inclui, *a leitura de Marx desempenhará um papel fundamental, porém destituído de qualquer apriorismo teórico*. O descortino destas duas totalidades que se interligam, complexas em si mesmas e complexas nas suas relações, será na verdade vivido por Brecht com a força de um espanto poderoso, que a leitura de Marx irá, por assim dizer, ajudar a metodizar e canalizar produtivamente. Este espanto é também aquele que certamente conhecem os que descobrem as coisas por si mesmos, o que irá, inclusive, vitalizar a

---

³ Bertolt Brecht, *Sur le cinéma, cit.*, p. 148.

própria leitura de Marx por Brecht, assim como esta o alimenta e informa. O grande registro em que se *fixa* e *metodiza* (no próprio momento em que ocorre — irá depois rebater na *Vida de Galileu*, como assinalamos) este espanto é o "Processo dos três vinténs", em que Brecht, ao "totalizar-se" compreensivamente no complexo da cultura, se *distancia* pela primeira vez, radicalmente, a si mesmo e à sociedade como um todo. (Depois disso, necessariamente se terá um Brecht transformado.) Acreditamos que aí resida a mola mais profunda da confiança brechtiana, irrevogável, na potência transformadora do efeito de distanciamento — este, uma espécie de *metodização do espanto, de sua produção e de seus efeitos.*

Leia-se a este respeito o belo fragmento, típico da linguagem de Benjamin, com que este finaliza um de seus estudos sobre o teatro épico:

> "O momento em que a água se detém no fluxo real da vida, o instante em que o curso deste se imobiliza, torna-se perceptível pelo refluxo: este refluxo, é o espanto. A dialética na imobilidade é seu objeto verdadeiro. É o rochedo do alto do qual o olhar mergulha neste rio das coisas, rochedo a propósito do qual, na cidade de Jehoo, que está sempre cheia de gente e onde ninguém permanece, ouve-se uma canção começando assim:
>
>> 'Não retenhas a onda que se quebra a teus pés
>> Enquanto estiverem na água
>> Novas ondas aí virão se quebrar'
>
> Mas quando o rio das coisas se quebra contra este rochedo do espanto, não há mais diferença entre a vida de um homem e uma palavra. Ambos não são no teatro épico senão a crista da vaga. Este faz jorrar o destino do leito do tempo co-

mo um feixe de água, o faz reverberar um instante imóvel no vazio, para fazê-lo entrar de um novo modo em seu leito."[4]

O texto de Benjamin pode ser lido tanto como uma descrição marcadamente poética dos procedimentos de distanciamento do teatro épico brechtiano, quanto como uma descrição do processo sofrido pelo próprio Brecht em seu desenvolvimento. Há, neste desenvolvimento, um momento de descortino em que, desde o alto, o "olhar mergulha neste rio das coisas". Este momento é aquele em que Brecht "descobre" a globalidade complexa dos grandes processos econômicos contemporâneos. Pelo espanto que acompanha esta percepção, que ao surgir parece descortinar uma complexidade indomável, como veremos, é que Brecht acede à leitura do marxismo — onde este espanto não se aplaca, mas *prossegue, clarificando-se* e, digamos, *organizando-se*. Ao fazê-lo, esta potência do espanto não é mais como o clarão de um relâmpago, que dura um instante e se esgota em si mesmo: metodizada, ela se repõe duradouramente, ao mesmo tempo que ganha consequência na alteração dos rumos da obra. Compreende-se, pois, que *o conhecimento do marxismo não tenha transformado a experiência própria de Brecht numa "demonstração" empalidecida, ou em mero desdobramento lógico de um princípio oni-explicativo que de antemão se conhecesse*, assim como se compreende que seu marxismo resulte heterodoxo e muito diverso do marxismo escolar. Tendo ele próprio, no bojo de um desenvolvimento *interno* e pela potência da perplexidade, chegado à leitura do marxismo, dá-se, antes, entre ambos, uma espécie de colaboração ou "afinidade eletiva". Assim como *desde seu próprio interior* o trabalho de Brecht desemboca no marxismo, ao encontrar nele uma opor-

---

[4] Walter Benjamin, *Essais sur Bertolt Brecht, cit.*, pp. 22-3.

tunidade e um instrumento de compreensão e desenvolvimento *de suas próprias tendências*, o marxismo provoca no trabalho de Brecht o seu primeiro grande *refluxo*, em que ele reexamina em seu conjunto as suas produções anteriores. Por um "momento", assim, o próprio impulso da produção brechtiana salta de seu leito e, pela potência crítica do marxismo, a si mesmo se examina — *distancia-se* —, para em seguida entrar em novo curso. Este "momento" complexo e poderoso, reiteramos, não temos a ambição de conhecê-lo integralmente. Mas sem dúvida, seu estágio capital está na "suma" que é o "Processo dos três vinténs", para que apontamos, no qual se vê, sobretudo, *que este refluxo crítico e totalizante não se faz como autocrítica teórica, mas na intersecção de teoria e prática*. (Há um grande trabalho esperando um intelectual disposto — um daqueles trabalhos necessários ao estabelecimento de uma autêntica estética do marxismo — em que, dando sequência a Benjamin, se estabeleçam a origem e o significado da opção marxista de Brecht, ao lado da de Maiakóvski, por exemplo, e outros. Não será um pobre estudante a fazê-lo.)

Brecht encontraria, assim, na ideia marxista da totalidade dialética, não um princípio para sucessivo decalque, mas uma concepção congenial ao seu próprio desenvolvimento. Demonstram-no, já, o modo mesmo pelo qual, em seu desenvolvimento, ele se aproxima da própria teoria marxista e, principalmente, o encaminhamento que dá a esta aproximação: este encaminhamento será o da produção simultaneamente conceitual e prática da concepção da *totalidade operante*, cujo núcleo não é outro senão a junção dialética de teoria e prática.

Dos textos em que Brecht, ele mesmo, expressamente registra sua aproximação do marxismo, o mais significativo foi escrito durante sua viagem de 1935 à União Soviética. Consta que tenha sido escrito para ser apresentado durante uma sessão de leitura de seus poemas (provavelmente traduzidos por Tretiakóv). Sendo um texto breve, bem-humorado, e que nos parece importante para nosso tema, não vemos, salvo engano, inconveniente em reproduzi-lo aqui:

> "Sendo já, há vários anos, um escritor conhecido, eu não sabia ainda nada de política e nem tinha visto com meus próprios olhos sequer um livro ou um artigo de Marx ou sobre Marx. Eu tinha escrito quatro dramas e uma ópera, representados em numerosos teatros, tinha recebido prêmios literários, e por ocasião das sondagens quanto à opinião dos espíritos progressistas podia-se ler também frequentemente a minha. Mas eu não compreendia ainda o ABC da política e não tinha mais ideias sobre a direção dos negócios públicos em meu país do que qualquer pequeno camponês numa plantação isolada. Antes de voltar-me para a literatura, eu já havia, no ano de guerra de 1917, escrito um poema contra a guerra, a 'Balada do soldado morto'. Em 1918 eu tinha feito parte de um conselho de soldados e do Partido Social-Democrata independente. Mas em seguida, entrando na literatura, eu não ia além de uma crítica passavelmente niilista da sociedade burguesa. Nem mesmo os grandes filmes de Eisenstein, que exerceram influência considerável, nem as primeiras manifestações teatrais de Piscator, que eu não admirava menos, me incitaram ao estudo do marxismo. Talvez isto se prendesse à minha formação inicial em ciências naturais (eu tinha feito vários anos de medicina), que me havia fortemente imunizado contra uma influência de tipo emocional. Em seguida, fui levado mais longe por uma espécie de acidente de trabalho. Para uma determinada peça de teatro eu tinha necessidade, como pano de fundo, da Bolsa de Cereais de Chicago. Eu pensava, graças a algumas perguntas dirigidas a especialistas e profissionais, poder obter rapidamente os conhecimentos necessários. A coisa se deu de outro mo-

do. Ninguém, nem certos economistas conhecidos, nem homens de negócios — eu persegui de Berlim a Viena um corretor que havia trabalhado toda a vida na Bolsa de Chicago — ninguém pôde me explicar suficientemente os mecanismos da Bolsa de Cereais. Eu fiquei com a impressão de que estes mecanismos eram muito simplesmente inexplicáveis, o que quer dizer inapreensíveis pela razão, o que quer dizer ainda simplesmente irrazoáveis. A maneira pela qual os cereais do mundo inteiro eram repartidos era muito simplesmente inconcebível. De qualquer ponto de vista que não fosse o de um punhado de especuladores, este mercado de cereais era um extraordinário pantanal. O drama projetado não foi escrito. Em vez disso eu comecei a ler Marx, e foi aí, somente então, que eu li Marx. Só então minhas próprias experiências e impressões práticas dispersas começaram verdadeiramente a viver [...]."[5]

A consideração bem-humorada de Brecht sobre o "acidente de trabalho" que a partir de 1926 o teria levado ao estudo do marxismo na verdade acentua a natureza *interna* e *orgânica* de sua aproximação dele. O tom intencionalmente modesto e autoirônico, de quem fala de seu próprio marxismo na União Soviética de 1935, não encobre a tendência já visível no dramaturgo que, mesmo pré-marxista, projetara e procurara executar uma peça que desse conta dos processos de distribuição de cereais em escala internacional. Na verdade, Brecht aí assinala o veio da exploração de temas de natureza econômica, que, no curso dos anos 20, vai paulatinamente se tornando central em seu trabalho, até precipitar-se — a par da leitura de Marx — na polariza-

---

[5] Bertolt Brecht, *Journaux 1920-1922; Notes autobiographiques 1920-1954*, cit., pp. 185-6.

ção radical da forma mercadoria e sua crítica, na *Ópera dos três vinténs* e, posteriormente, como vimos, no grande experimento dramático-econômico-social do "Processo dos três vinténs". O Brecht dos anos 50, ao rever suas primeiras peças, também assinala este veio, notadamente em *Na selva das cidades* (1921/23):

> "Na minha peça deveria ser notada a pura satisfação pela luta. Durante o esboço eu já notei que era singularmente difícil motivar e manter viva uma luta que tivesse um significado, isto é, segundo as minhas concepções daquela época, uma luta que provasse alguma coisa. Ela tornou-se cada vez mais uma peça sobre a dificuldade de realizar uma luta desta espécie. Os personagens tomaram várias medidas para acertar. Eles escolheram a família de um dos lutadores como campo de luta, escolheram o seu lugar de trabalho etc., etc. Também 'introduzi' os bens do outro lutador (com isto eu me movia, sem saber, muito próximo da luta verdadeira que se estava travando e que eu somente idealizava: a luta de classes)."[6]

Esse procurado antagonismo, Brecht só começará a produzi-lo nas duas obras terminais desse período, as duas óperas — *Mahagonny* e a dos *três vinténs* — época em que já se tinha nele, ainda que incipiente, um estudioso do marxismo. Mas conhecer verdadeiramente este antagonismo, e extrair dele todas as consequências para seu próprio desenvolvimento, Brecht só irá fazê-lo quando o *experimenta* desde a sua própria perspectiva e atuação de escritor e encenador. Passando ao crivo dos embates econômicos a sua própria experiência de produtor artístico, Brecht irá vivificar pela perspectiva própria e empenhada o seu estudo do marxismo, ao mesmo tempo que irá ampliar a ação da teoria

---

[6] *Id., Teatro dialético, cit.*, p. 276.

marxista e extrair muitas de suas consequências, à semelhança de Benjamin, em um domínio que não é preferencialmente analisado pelo próprio Marx. A percepção brechtiana do marxismo será, por isso, uma *contribuição*, inventiva e heterodoxa: perfeitamente diversa de um estudo do marxismo que se fizesse exclusivamente a partir da observação da alheia inserção econômica, a experiência brechtiana do marxismo se fará a partir de sua própria inserção, de artista e intelectual, na organização da produção, e será assumida no corpo mesmo de seu trabalho.

Vimos, anteriormente, o peso que a necessidade de compreensão dos "grandes processos complexos que se desenrolam no mundo" tem na formulação brechtiana do teatro épico, na sua intersecção de arte e ciência e, consequentemente, na existência de um projeto clássico de Brecht. Por esta "estrada real" do desenvolvimento de Brecht, que é também o caminho de um marxismo coerente e constante, vê-se que o impulso profundo e orgânico que o levou ao marxismo continua orgânico ao longo desse desenvolvimento: a perplexidade inicial diante da complexidade dos processos econômicos contemporâneos transforma-se na procura permanente e regrada de sua compreensibilidade e de seu domínio — *constituindo-se na espinha dorsal do trabalho de Brecht.*

Na verdade esta vinculação do marxismo com o trabalho de Brecht é orgânica desde seu primeiro momento. Brecht mesmo o assinalou, ao mostrar as circunstâncias de seu aparecimento, assim como as suas primeiras consequências. Por surgir do próprio trabalho de Brecht, este é também o primeiro campo em que a leitura de Marx exerce sua potência crítica e organizadora: "[...] e foi aí, somente então, que eu li Marx. Só então minhas próprias experiências e impressões práticas dispersas começaram verdadeiramente a viver". Pretendemos emprestar a estas afirmações quanto à *unificação* do fragmentário, implicada no "começar a viver" dos elementos anteriormente dispersos, o sentido mais forte possível — o que acreditamos autorizado pelo desenvolvimento verdadeiramente *monadológico* que em seguida terá o trabalho de Brecht, visível principalmente na reunião e *precipitação* de suas tendências anteriores no "Processo dos três vinténs". Não menos o autoriza, em realidade, o movimento totalizante do conjunto de sua produção. Acreditamos que o "refluxo" sobre seu próprio trabalho, provocado pela leitura de Marx, tem para Brecht o valor totalizante de uma verdadeira "iluminação", para usar ainda uma vez um termo caro a Benjamin.

Ainda que seja um pouco excessivo e aparentemente exterior ao nosso trabalho, esperamos que nos seja permitido tentar esclarecê-lo através de um breve paralelo que nos é muito caro, e que, ao fim e ao cabo, talvez não seja tão esdrúxulo quanto parece.

Ernest R. Curtius que, a tantos outros títulos, junta também o de perfeito conhecedor de Balzac, achava "revoltantes e injustas" as qualificações do tipo "gênio robusto e vulgar" aplicadas ao grande escritor francês. Por sua parte, declarava-se "penetrado da grandeza incomparável de Balzac", cuja obra lhe parecia um "universo" em que "havia um segredo a desvendar". Curtius acredita encontrá-lo, a este segredo, cifrado "numa experiência visionária, que remontava aos anos de infância de Balzac":

> "Ele tinha sido atingido por uma iluminação e transportado entre as legiões de anjos. Tinha visto 'as potências celestes subirem e descerem e se estenderem umas às outras os baldes de ouro'. Ele foi atravessado subitamente pelo pressentimento da conexão universal de todas as coisas. Sentiu em si uma força que não podia nomear e que procurava seu caminho."[7]

---

[7] E. R. Curtius, *Essais sur la littérature européenne*, Paris, Bernard Grasset, 1954, pp. 83-4.

Este longínquo sonho de infância, a "fantasia integrante" de Curtius o descreve precisamente com as palavras do *Fausto* para o *Macrocosmo* (cuja extração da alquimia não haveria de desagradar a Balzac) e julga vê-lo prosseguir seu caminho, sonho recorrente, no Balzac da maturidade. Escreverá adiante Curtius:

"Balzac desenvolveu-se lentamente e amadureceu tarde. Ele perde dez anos em experiências profissionais e literárias, que são uma sequência de fracassos. Mas, quando ele se encontrou, sua produção jorra repentinamente com uma potência e uma riqueza sem exemplo. E, nesta febre mesma de criação, o sentido secreto de sua obra se esclarece aos seus olhos. Durante o verão de 1833 brota subitamente nele a ideia de agrupar sistematicamente seus romances, de construir com eles um mundo fechado. Ele concebe esta ideia num estado de iluminação acompanhado da mais viva exaltação. Ele está a tal ponto subjugado pela sua ideia que atravessa a metade de Paris, se precipita à casa de sua irmã e lhe anuncia que está muito simplesmente em vias de se tornar um gênio.[8] O que, pois, se passou em Balzac? Produziu-se no seu espírito uma espécie de explosão, uma iluminação que, ao mesmo tempo, o eleva acima de si mesmo. Isto significa que uma ideia que existia já desde muito tempo sob a forma de intuição vaga, surgia na sua consciência sob contornos precisos. Balzac sen-

---

[8] Num outro livro (*Balzac*, Paris, Bernard Grasset, 1933, p. 95), Curtius cita uma passagem de um texto da irmã de Balzac, L. Surville (*Balzac, sa vie et ses oeuvres*, p. 95), em que ela assim descreve a cena: "O dia em que foi iluminado por esta ideia foi um belo dia para ele! Ele parte da Rua Cassini, onde tinha ido morar ao deixar a Rua Tournon, e corre ao Faubourg Poissonière, onde eu morava então: 'Cumprimentem-me', ele nos disse alegremente, 'porque eu estou muito simplesmente em vias de me tornar um gênio'".

te que todas as obras que já criou constituem um conjunto orgânico, que elas são as partes de um todo que as envolve. E este todo aparece organizado segundo uma estrutura cheia de sentido. Este processo psicológico tem uma analogia simbólica na natureza física: a formação dos cristais, a passagem fulgurante de um fluido a uma estrutura organizada. Balzac encerrou sua descoberta daquele dia nesta frase: não é suficiente ser um homem, é preciso ser um sistema."[9]

A "iluminação" de Balzac poderia entrar numa vasta galeria histórica dos casos de "estalo". Brecht também tem o seu, a seu modo. O caso de Balzac interessa-nos aqui particularmente por duas coisas: pelo seu caráter *totalizante* e pelo modo como se exerce esta totalização. Curtius cita também uma carta de Balzac, de 1844, na qual ele escreveu:

> "Quatro homens terão tido (no século XIX) uma vida imensa: Napoleão, Cuvier, O'Connell e eu quero ser o quarto. O primeiro viveu da vida da Europa, ele se inoculou exércitos! O segundo esposou o Globo! O terceiro encarnou em si um povo! Eu, eu teria carregado uma sociedade inteira na minha cabeça."

Em seguida Curtius comenta:

> "O traço comum entre eles, Balzac o encontra na extensão de seu campo de ação, no aspecto totalitário de sua energia. Eles dominaram um todo: exércitos inteiros, um povo inteiro, a Terra inteira. São indivíduos que levam em si uma totalidade."[10]

---

[9] E. R. Curtius, *Essais sur la littérature européenne, cit.*, pp. 88-9.
[10] *Id., ibid.*, p. 90.

No caso de Balzac esta totalidade, por assim dizer, opera em dois estágios, interdependentes: na "febre de criação" o escritor se dá conta da universal conexão dos fatos sociais: "a sociedade inteira" que ele carrega na cabeça; esta percepção mesma, produzida no trabalho, opera uma totalização de sua própria obra anterior, que passa a ser vista como um conjunto integrado e que, daí por diante, passará a produzir programaticamente como tal. Até aí, há uma grande semelhança, acreditamos, entre as "iluminações" de Balzac e Brecht. Também neste último a "iluminação", produzida no bojo do trabalho, tem valor de totalização, e passa da percepção de uma totalidade social — os processos econômicos globais — ao refluxo totalizante sobre sua produção anterior e ao impulso totalizante de sua produção futura. Há, entretanto, uma diferença capital, de grandes consequências. A "precipitação" totalizante em Balzac, que reunifica e faz viver o anteriormente disperso, dá-se como que *sem mediação externa*. Curtius, que lhe interroga o "segredo" dessa precipitação, só o encontra — poeticamente — num remoto sonho de apelos místico-cabalísticos. Não há dúvida de que Balzac tinha um grande interesse — e um gosto pronunciado — pelas *démarches* totalizantes da antiga Alquimia, interesse de que sua obra dá inúmeros testemunhos, o maior sendo provavelmente *A procura do absoluto*. O *corpus* dos estudos dos alquimistas não chega, no entanto, a ser suficientemente sistematizado por Balzac, nem tem abrangência suficiente para explicar ou "causar" a sua própria "fantasia integrante". Ele é, antes, um de seus elementos internos, antes "chamado" por ela do que deflagrando-a. A "precipitação" totalizante em Balzac, assim, parece surgir desde o próprio interior da obra literária, sem recurso a uma verdadeira alteridade. É claro que este fenômeno, em Balzac, encontra explicações, no plano mais geral das causalidades sociais, na própria generalização da forma-mercadoria. Mas nele, esta passagem da totalização dos nexos sociais à totalização da obra poética, da "sociedade inteira" à "obra como um todo", é *direta*, a produção desta última não passa por um *corpus* teórico unificado e externo que mediasse a relação, que lhe contrapusesse seus próprios critérios, obrigando-a a um jogo entre identidade e diferença. A totalização de Balzac é uma "visão" e nela seu olho permanece soberano e incontrastado. Consequências imediatas: a obra de Balzac não se cinde internamente — tende a ser uma totalidade sem fissura, sem um "outro", que lhe sendo simultaneamente interno e externo lhe vigiasse a constituição. Dito de outra forma, a totalização que se produz internamente à obra, sem alteridade, *permanece apenas interna* a ela: nada sai da moldura — *a totalidade em Balzac é a totalidade enquanto representação*.

Nossa hipótese é a de que Brecht também passa por uma espécie de "iluminação", de valor totalizante. Mas, no seu caso, a *passagem* entre o movimento de percepção da totalidade social e o refluxo totalizante sobre a própria produção anterior é clara e expressamente *mediada* pela referência teórica externa — unificada e organizada — do marxismo. Se Brecht desemboca no marxismo por uma espécie de movimento interno de sua própria produção, encontra nele uma potência de identificação mas também de diferença: Brecht *se reconhece* no Marxismo, mas também *se estranha* nele. Não há, pois, no caso de Brecht, um "segredo" quanto às causas dessa "precipitação" em totalidade, nem elas lhe restam puramente interiores: ao contrário, se Brecht *chega* "por si" ao marxismo, também identifica nele o *elemento precipitador externo* de sua nova percepção. A totalização em Brecht não é, assim, uma "visão", mas uma *produção*, e à sua perspectiva uma outra contrapõe seu ângulo: o acordo é possível, mas será sempre um *processo*. Consequências imediatas: sendo desde o início um processo, a totalidade em Brecht reproduz internamente, cindindo-se a si mesma, a alteridade que preside ao seu surgimento — tende a ser uma *totalidade em processo*. Dito de outra forma, a totalidade que se produz pelo influxo externo de uma alteridade tende a internalizá-la, não se contendo em si mesma e abrindo permanentemente sobre o que já não é ela: a totalidade em Brecht é a *totalidade como produção*.

Se no texto de 1955 Brecht menciona, algo economicamente, que apenas depois da leitura de Marx suas "próprias experiências e impressões práticas dispersas começaram verdadeiramente a viver", já um texto pouco notado, escrito em 1927 (mais perto do início dessa leitura, portanto), é bem mais incisivo. O editor escolheu colocá-lo sob o título de "O único espectador para minhas peças".

> "Foi lendo *O capital* de Marx que eu compreendi minhas peças. Admitir-se-á que eu deseje uma difusão abundante desse livro. Bem entendido, não descobri que, sem me dar conta, eu houvesse escrito uma porção de peças marxistas. Mas este Marx era para minhas peças o único espectador que eu me tivesse jamais imaginado. Unicamente um homem com tais focos de interesse poderia se interessar por peças como as minhas. Não porque elas fossem inteligentes, mas porque ele o era. Elas lhe ofereciam materiais de observação. Isto vinha do fato de que eu possuía tão poucas opiniões quanto dinheiro, e que eu tinha a mesma opinião sobre as opiniões e sobre o dinheiro: é preciso tê-los para gastá-los, não para guardá-los."[11]

Brecht não é transportado entre as "legiões de anjos" mas, por seu lado, hipostasia um "olho" alterno: este olho — é o de Marx. Tendo se alçado até este "miradouro privilegiado" para, de sua perspectiva, desbastar o espanto diante da estrutura in-

---

[11] Bertolt Brecht, *Écrits sur le théâtre*, cit., v. 1, p. 128.

discernível dos grandes processos econômicos contemporâneos — "extraordinário pantanal" —, o espanto de Brecht, no entanto, bate, em ricochete, contra um objeto "inesperado": sua própria produção. O que significam estes "foi lendo *O capital* de Marx que eu compreendi minhas peças", "só então minhas próprias experiências e impressões práticas dispersas começaram verdadeiramente a viver"? É, para Brecht, o momento do *refluxo* de que fala Benjamin, em que sua própria produção por um instante queda suspensa e lhe revela o seu sentido, para ele mesmo até então semioculto.

Não consta que Brecht tivesse atravessado Berlim para comunicar a alguém uma rompente genialidade, mas é evidente que, também no seu caso, alguma ideia antes difusa surge então na sua consciência sob contornos nítidos. Qual o princípio jacente em sua própria produção que, para ele mesmo, nesse momento se revela? Sabe o mais elementar bom-senso, é claro, que só o exame do que passa a ocorrer, em seguida, na produção de Brecht pode responder satisfatoriamente a esta indagação. No entanto, este texto mesmo, de 1927, dá uma indicação de resposta, um tanto cifrada, é verdade, mas que a esta altura de nosso trabalho talvez já possamos compreender: o que tinha o condão de tornar interessante, para o seu "olho alterno", a produção de Brecht, é que ela lhe ofereceria "materiais de observação". Esta propriedade, por sua vez, advinha de que Brecht tratava as opiniões da mesma maneira que o dinheiro, conforme a sua *blague*: ele as tinha para gastá-las, não para guardá-las. O princípio jacente em sua produção, e que nesse momento se revela como tal, é o seu traço permanente, invariante e dominante de exteriorização. Explicando melhor: é o traço de exteriorização que neste momento se revela para ele não só como uma invariante em suas obras, *mas também como um específico valor estético, determinante do interesse possível de sua produção*. Aos trinta e seis anos (1934), num retrospecto breve, ele escreveu em suas notas autobiográficas: "Eu não vivi para mim, mas de maneira muito pública, porque desde o meu vigésimo primeiro ano fui conhecido por minhas obras literárias e por várias atividades a elas relacionadas".[12]

De fato, principalmente até o final dos anos 20 e mesmo até o exílio, em 1933, Brecht viveu em permanente exposição ideológica. O seu *extremo* antipsicologismo, sempre anotado, levava-o a configurar com nitidez e até berrantemente, *para o exterior*, as suas próprias posições. De tal modo que, mesmo encontrando nelas, posteriormente, motivos para autocrítica, Brecht via que lhes restava inalterado e constante esse valor de *exposição nítida*. Em alguma medida certas ou erradas, essas opiniões, por assim dizer, desventravam-se *coram populo*, expunham-se em alto-contraste. Certas ou erradas, era atributo de sua exposição a clareza. Configuradas na exterioridade berrante desses signos "estalados", as "opiniões" apareciam em exposição privilegiada, o que os colocava, àqueles signos, como materiais "ótimos" para a observação dos fenômenos da vida ideológica. Nós o vimos, anteriormente, ao tratarmos do que Brecht chamou de "organização da glória" e daquilo que nós, por uma analogia que não há de ser excessiva, chamamos de organização do escândalo. Naquela ocasião pudemos observar como, em Brecht, a luta permanente pela *performance* pública desembocava numa preocupação de exemplaridade. Se nos lembrarmos do *caráter concreto* que ele procurava dar a esta exemplaridade — o que então chamamos de *soberania na exemplaridade* —, teremos uma boa percepção, já algo *corrigida* pelo próprio Brecht, do que seja esta exposição privilegiada da "opinião" em signos perfeitamente "exteriorizados".

---

[12] *Id., Journaux 1920-1922*, cit., p. 183. (A nota é de 1934.)

Aere perennius

Além disso, é importante sublinhar, acreditamos, para este passo de nosso trabalho, que, no caso de Brecht, até mesmo o revelar-se do princípio de *exteriorização* que rege a sua produção se dá através de uma referência exterior. Ao contrário de Balzac, Brecht não descobre em suas próprias obras uma "genialidade" — ele a situa num *outro*, e ela o ilumina: "não porque elas [suas peças] fossem inteligentes, mas porque ele [Marx] o era". O próprio refluxo totalizante de Brecht sobre suas obras não nasce unicamente de sua *produção*, mas concomitantemente de sua *recepção*. Também a aqui impulso produtivo pratica uma *actio in distans* — descreve uma elipse em que se lança até o exterior para, só então, retomar-se. Explicando um pouco mais, é a própria produção da obra, em Brecht, que não se define como uma "autoria" absoluta, um fluxo único desde "dentro" até "fora", instaurando uma relação entre um "autor" ativo, operante, e um "receptor" passivo, "posterior". A produção da obra, em Brecht, é um movimento de produtividades cruzadas: assim como entre autores, textos, tradições e épocas diversos, também entre as produtividades de "autoria" e "recepção". Neste ponto acreditamos poder entrevê-la nas circunstâncias de seu nascimento.

Brecht se suscita um receptor "ideal" (no sentido de "o melhor possível", "ótimo"). Aparentemente corriqueiro, este fato no entanto tem importância capital, e é preciso dar-lhe o peso que realmente tem. Já do ponto de vista de suas consequências mais gerais, essa incorporação do receptor ao processo produtivo tende a alterar o próprio regime deste, como estamos vendo. No caso de Brecht, este suscitar de um receptor ideal se reveste de aspectos particulares que *aprofundam* esta alteração do processo produtivo. Não se trata, no seu caso, de projetar a figura difusa de um receptor imaginário, nem de defini-lo, seja por uma média imaginária da recepção, seja pela "eleição" de um setor ou segmento social. O seu receptor ideal tinha um nome: Marx. Não era uma "figura" vazia ou uma alteridade esfumada, mas um ponto de vista bem determinado — constituído por um conjunto coerente de textos, uma mole de reflexões tão abrangente e poderosa quanto organizada. O Marx receptor de Brecht era, naturalmente, uma figura que se *projetava* de um conjunto de textos mobilizados pela leitura — (Brecht cita nominalmente *O capital*): "[...] unicamente um homem com tais focos de interesse poderia se interessar por peças como as minhas". Melhor dizendo, então, o Marx "inteligente" de Brecht era uma figura que se retroprojetava a partir de suas próprias projeções. Parodiando Balzac, não era um "homem", era um "sistema" — um desses homens que "carregam em si uma totalidade".

Resumindo, então, nota-se que Brecht, naquele momento, descobria em si mesmo uma constante, porém era *fora de si* que ele situava esta perspectiva compreensiva, integrativa. Mas era como seu *receptor* que ele "projetava" Marx, não como uma "referência" teórica ofuscante ou remota, mas em todo caso perfeitamente exterior. Além disso, tendo "desembocado" em Marx pela dinâmica de seu próprio trabalho, e encontrando nele um princípio de unificação para este mesmo trabalho, era, como vimos, no sentido ativo, coprodutivo, da recepção que ele assim o projetava. Ora, um tal receptor é uma instância do processo produtivo; sua existência supõe, de maneira forte, a existência da produtividade específica do outro e até mesmo a provoca: projetado como receptor, Marx nem era "indiferente" à produção de Brecht nem o *eximia* dela e de sua especificidade, vale dizer, não lhe era perfeitamente exterior nem perfeitamente idêntico, não lhe quedava meramente lateral nem a recobria completamente, substituindo-se a ela e, por isso, anulando-lhe a especificidade. Projetado como seu receptor ativo e "compreensivo", em relação ao trabalho de Brecht, Marx era a um tempo interior e exterior, e pelo estatuto dúplice dessa presença o inseminava ao mesmo tempo de totalização e de distanciamento.

Dissemos, pouco anteriormente, que a percepção estranhada de si próprio, "espanto" ou "iluminação" que a referência "sistêmica" interno-externa do marxismo ajudava simultaneamente a provocar e a metodizar, constituía uma experiência brechtiana fundamental que ele incorporou e metodizou no seu trabalho como o "efeito de distanciamento". Esse caráter de alteridade perfeitamente constituída do marxismo, o fato de surgir como um todo coerente e organizado desempenha nessa transposição um papel fundamental. Leia-se a este respeito um fragmento de Benjamin sobre Brecht, voltado especialmente para o seu *Romance dos três vinténs*:

> "Marx está no plano recuado de seu romance mais ou menos como Confúcio e Zoroastro estão presentes por detrás dos mandarins e xás que, nas sátiras do Século das Luzes, olham viver os franceses. Marx determina aqui a distância que o grande escritor em geral, mas sobretudo o grande autor satírico, toma em relação a seu objeto. Foi sempre esta distância que a posteridade fez sua quando qualificou um escritor de clássico. É válido pensar que ela conseguirá facilmente orientar-se no *Romance dos três vinténs*."[13]

O Brecht maduro, de 1954, ao rever *Tambores na noite*, lamentou não ter conseguido, então, *descolar* seu próprio ponto de vista daquele do herói e, por consequência, não ter conseguido também que o público o fizesse. Ele então comenta: "Naquela época eu ainda não possuía a técnica do distanciamento".[14] Ele

---

[13] Walter Benjamin, *Essais sur Bertolt Brecht*, cit., p. 106.

[14] Bertolt Brecht, *Teatro dialético*, cit., p. 273.

começa a constituí-la transpondo para seu trabalho, e nisso metodizando-a, sua própria experiência de distanciamento, que, como vimos, é também a de se descolar de seu próprio ponto de vista através de um "olho alterno". Mas, ao fazê-lo, Brecht transpõe também, em sua particularidade, esse elemento (ou perspectiva) precipitador de sua própria experiência, internalizando-o. Por isso o Marx que Benjamin descobre *dentro* do *Romance dos três vinténs*, no seu "plano recuado", é um elemento determinante de *distância*: enquanto "leitura" de Brecht, Marx transforma-se em seu "*receptor*" — é um seu "*mestre de distância*"; internalizado em suas obras, torna-se um elemento produtor de distância — reconstitui, agora na esfera dos signos, aquele princípio do "olho alterno" que permite, em uma mesma obra, conviverem e se estranharem reciprocamente diversos pontos de vista. O movimento básico deste efeito é o *descolamento* dos pontos de vista de autor, narrador e personagem. Marx pode ser, em Brecht, o seu eficiente produtor porque, enquanto alteridade perfeitamente constituída, é "portador de uma totalidade". Há, na verdade, uma relação dialética entre *totalidade* e *distância*. Ambas, que por um lado se repelem, como movimento integrativo e unificador (produtor de identidade) oposto a movimento de cisão continuada (produtor de diferença), por outro se implicam mutuamente. Foi essa relação dialética entre totalidade e distância que o Classicismo fez sua quando formulou o princípio fundamental do *éloignement* clássico. No Classicismo, esta "distância" se conquista pelo poder da forma, que integra e domina *totalmente* a *matéria* (daí o caráter clássico dos esforços de Goethe e Schiller — e de Brecht — pela perfeita "enformação" da nova matéria histórica).

O princípio brechtiano da "distância" encontra-se, assim, também ele, em conexão com o princípio clássico do *éloignement*. Ele é, na verdade, um desenvolvimento, por *Aufhebung*, daquele princípio clássico. É assim legítima a passagem que Benjamin executa (por um daqueles "saltos" estonteantes, tipicamente seus, que carregam de um estranho "mistério" de completude/incompletude o texto) entre o elemento de distância em Brecht e a feição clássica de seu desempenho. Num de seus comentários sobre Schiller, já o mestre perfeitamente atencioso que foi Anatol Rosenfeld indicara com clareza a filiação clássica do "efeito de distanciamento" brechtiano, apontando algumas das mediações que acima mencionamos. Ao comentar a conhecida reflexão de Schiller sobre a incapacidade de alguns para a apreciação das obras de arte, escreveu Rosenfeld:

> "A razão disso é precisamente a atitude inadequada ou não estética, dirigida unilateralmente para a 'matéria'. Falta a este tipo de apreciadores a necessária distância estética, aquele *éloignement* tão ressaltado na estética classicista. A forma deve consumir a matéria (conteúdo), isto é, assimilá-la inteiramente à forma. O triunfo da arte reside em dominar a matéria e reter o apreciador na contemplação da forma. O segredo da criação artística concentra-se na manutenção desta 'distância ideal'. O efeito de distanciamento ou afastamento de Brecht encontra aqui um precedente clássico. Mas o *uso* deste *éloignement*, na teoria e prática de Brecht, é bem diverso, já que seu intuito é precisamente o de facilitar ao público a apreciação crítica da 'matéria', com fito político-social."[15]

A anotação de Benjamin, por seu lado, é particularmente "espantosa" por dois motivos. Primeiro, porque ele percebe a feição "clássica" de Brecht no momento mesmo em que ela começa a cristalizar-se. Seu texto é escrito no começo dos anos 30, praticamente no momento em que Brecht escreve este seu ro-

---

[15] *In* F. Schiller, *op. cit.*, p. 106.

mance, no qual integra tanto suas recentes leituras políticas quanto os resultados de seu grande "experimento sociológico". *Ora, esta "conjunção", como estamos vendo, é decisiva para a transformação "fáustica" de Brecht, que desembocará na explicitação de um "projeto clássico", que no entanto só muito mais tarde poderá ser visto com nitidez.* Morto em 1941, Benjamin não conheceu estes desenvolvimentos posteriores que, no entanto, iriam lhe dar razão. O fato de que Benjamin o perceba desde o primeiro momento, talvez antes e melhor que o próprio Brecht, evidencia tanto sua poderosa percepção, e até intuição crítica, quanto a atenção que dedicava a Brecht. Este seu trabalho se inicia assim:

> "Oito anos se passaram entre a *Ópera dos três vinténs* e o *Romance dos três vinténs*. Mas isto não se passou daquela maneira complexa segundo a qual habitualmente as pessoas se representam a maturação de uma obra de arte. Porque estes anos foram politicamente decisivos. O autor soube extrair-lhes a lição, denunciou-lhes os crimes e fez ver claro às suas vítimas. Ele escreveu um romance satírico de grande envergadura."[16]

Benjamin está anotando precisamente a grande transformação pela qual Brecht passa nesse período. Indica com aguda percepção, embora não os desenvolva, tanto o fato de que Brecht passa, dialeticamente, a "recuperar-se" a si mesmo, quanto a mediação da política (da *prática* política) nesse processo de "maturação". O que é este modo de desenvolvimento da obra, diverso da mítica "complexidade" da maturação artística, senão aquele procedimento "dramático" exteriorizado, que se radicaliza no "Processo dos três vinténs", sendo este, justamente, o trabalho *mediador* entre a *Ópera* e o *Romance dos três vinténs*?

---

[16] Walter Benjamin, *Essais sur Bertolt Brecht*, cit., p. 95.

Segundo, porque Benjamin, já naquele momento não só anota a dupla função de Marx no trabalho de Brecht — a de "mestre de distância" e de elemento produtor de distância *sígnica* —, como, principalmente, extrai daí *a possibilidade de uma vinculação direta entre um legítimo influxo do marxismo (dotado de coerência teórica desdobrada numa prática política) e uma nova perspectiva clássica em artes*. Influxo do marxismo e projeto clássico: ao mostrar, em Brecht, como um pode desembocar legitimamente no outro, Benjamin revela, num lance iluminado, raro, a possibilidade de um *Classicismo* justamente onde, por assim dizer, "ninguém espera" que ele surja — no bojo do marxismo.

Compreende-se, desse modo, que o Brecht da maturidade tenha reencontrado precisamente os clássicos nacionais e também que os tenha tratado justamente da maneira como tratou. O Brecht que retoma os autores clássicos vinha, ele mesmo, da experiência da produção de uma perspectiva clássica, perspectiva que, por assim dizer, entra "naturalmente" *em constelação* com o seu legado, distante de quase dois séculos. O núcleo mesmo dessa experiência de Brecht, no entanto, como vimos, consistia na produção simultânea e em mútua implicação da *totalidade* e da *distância*, fundamentais à perspectiva clássica, através do recurso a unia totalidade externa, ou seja, através do confronto com uma alteridade, perfeitamente constituída. Tendo, pois, produzido sua perspectiva clássica mediante um radical *distanciamento* de seu próprio trabalho e de sua matéria histórica, ao reencontrar os clássicos nacionais, Brecht lhes transfere esta experiência, comunicando-lhes também o *choque* desta *distância*: ele, digamos, *"distancia" a distância clássica*, o que equivale a dizer que distancia igualmente a totalização clássica. Nós o vimos, anteriormente, ao procurarmos examinar o modo pelo qual ele traz para o centro de sua obra a análise da *não imediatidade* clássica. Ele procura apreender o período clássico *como uma totali-*

dade — na *totalidade de suas contradições*, porém. Neste movimento, como vimos, ele se aproxima de seus termos polares e os aproxima entre si — o curto-circuito assim produzido revelando o próprio campo de forças que subjaz ao Classicismo: chama-se à boca de cena o "pano de fundo", ou seja, é a própria matéria histórica das obras clássicas que se procura submeter "à apreciação crítica", para usar a expressão de Rosenfeld. Brecht não está produzindo, no entanto, por sua própria conta, "dramas históricos" sobre o século XVIII alemão: como esta emersão crítica de um período histórico se faz através da dinamização também crítica de suas obras de arte, é a própria *relação* que entre si mantêm uma determinada sociedade e sua produção artística, que está sob o foco da análise. Ele trabalha, então, propriamente a partir de matéria histórica, isto é, com dados históricos performados esteticamente. Isto equivale a dizer que a "apreciação crítica" a que Brecht submete a matéria histórica comporta um momento fundamental de crítica da linguagem, pois o modo pelo qual os homens de uma época representam sua própria história (o modo pelo qual "trabalham" ou "modelam" os dados históricos) é ele próprio um elemento histórico, de valor "distanciador". Observa-se, assim, *ao mesmo tempo* que o movimento que vai da sociedade à constituição da obra, também o modo pelo qual esta última "assimila" a matéria histórica, ou seja, o modo pelo qual a forma *modela* — seleciona, interpreta, trabalha — a matéria histórica. Para o Classicismo alemão, continuando na terminologia clássica usada por Rosenfeld, este procedimento resulta na arguição de sua própria regra, pois trata-se de verificar como a forma assimila "inteiramente" a matéria (se o faz) e, igualmente, de que maneira se retém o espectador na contemplação da forma. (Sob este aspecto, como assinalamos, é significativo que Brecht se aproxime de *obras-limite*, pontos em que o equilíbrio entre matéria e forma ameaça romper-se e passar noutra coisa.) Em suma, trata-se de arguir criticamente a "totalidade" da obra clássica e sua capacidade de *éloignement*. O procedimento de Brecht, como vimos para o caso de Lenz, é o de oferecer, pelo gesto de recuperação e adaptação, uma alteridade flagrante à identidade da regra clássica, tanto no plano da obra "harmônica" quanto no plano da "grande individualidade" à Goethe e Schiller, o que resulta em contrapor à "matéria", enquanto "conteúdo" da obra, a matéria histórica da própria época, que a ultrapassa e inclui, e em cuja amplitude transbordante a "totalidade" da primeira aparece como o que é — como *recorte* cuja relativa, porém necessária, arbitrariedade se evidencia em seus contornos específicos.

Choque "distanciador" de uma alteridade e historicização por "emersão" da matéria histórica: na realidade, Brecht transpõe, no tratamento dos clássicos nacionais, o mesmo processo deflagrador de seu próprio, por assim dizer, aprendizado de distância, que nesse contato mesmo se prossegue e consolida na direção de uma nova classicidade. Há, no entanto, um sentido talvez mais profundo dessa transposição, o qual, até o momento, só temos resvalado. Do fato de que aquela "iluminação" totalizante e distanciadora de Brecht se tenha produzido com recurso à alteridade do marxismo, sendo determinante para a aproximação o seu alcance de análise social, capaz de dar conta do "extraordinário pantanal" dos processos econômicos globais, resulta o caráter extremamente autoconsciente e analítico de que se revestiu aquela experiência de Brecht. Referida a um *corpus* teórico-crítico externo e permeada pela análise social, a "iluminação" em Brecht nada tem de ofuscamento ou obnubilação e se traduz, imediatamente, em autocrítica e crítica da sociedade e, imediatamente, no processo *experimental* da "experiência sociológica". Há um entusiasmo inegável, e mesmo *espanto*, no sentido de Benjamin, nos textos que se referem a esta "experiência", entusiasmo, no entanto, que o próprio Brecht cuida de "resfriar", apontando-lhe a feição analítica, mais próxima do experimentalismo científico. Na realidade, ao caracterizar sua aproximação do marxismo como um "acidente de trabalho", além de indicar o caráter orgânico dessa aproximação, Brecht aponta também para seu caráter de *descoberta* operativa, ao modo das míticas descobertas científicas em que à operatividade se associa algum "acaso" precipitador. Este dado é sublinhado, em Brecht, pela insistência quanto à sua formação inicial em ciências naturais, que o teria "fortemente imunizado contra uma influência do tipo emocional".

Há um outro pequeno texto, inacabado, também da segunda metade dos anos 20, em que esta "autoanálise" de Brecht aparece em exposição mais nítida:

> "Contrariamente a grande número de meus companheiros de luta atuais, eu operei minha conversão ao marxismo por assim dizer a frio. Isto se deve, possivelmente, ao fato de eu ter começado por estudos científicos. Os argumentos me entusiasmavam mais do que aquilo que fazia apelo a meus sentimentos, e a experimentação científica me inspirava mais do que as experiências vividas."[17]

Na verdade, esta ênfase de Brecht na conversão "a frio" e na oposição entre o valor do "argumento" e do "sentimento", ao invés de acentuar unilateralmente o caráter ocasional da sua aproximação do marxismo, aponta de novo para seu caráter orgânico: ao recusar como "decisivo" o apelo dos sentimentos ou do argumento moral para explicar sua aproximação e convívio com o marxismo, Brecht de novo aponta para sua própria inser-

---

[17] Bertolt Brecht, *Écrits sur la politique et la société*, cit., p. 79.

ção, digamos, congenialmente determinada, na legítima tradição do fundador do "socialismo científico", por sua vez caudatário e máximo expoente da grande linhagem dos estudos sociais que proscreve o recurso ao argumento moral e à exortação, seja para a compreensão, seja para a modificação da ordem dominante.

Por isso, tendo assim produzido e analisado seu próprio e inicial "aprendizado de distância" — fundamental para seu projeto clássico, quando posteriormente Brecht se aproxima da grande tradição clássica nacional, sua recuperação se reveste do caráter deliberado e estratégico que já lhe apontamos, ao mesmo tempo que tem o alcance de uma autêntica intervenção na composição e transmissão da herança clássica. Na verdade, estes dados são já elementos terminais desse processo brechtiano de recuperação, pois, *na base da intervenção está o procedimento analítico, que investiga o sentido e a validade socioestéticos da produção clássica*, tão bem denunciado pelo caráter cuidadosamente premeditado e calculado de sua recuperação de Lenz, movimento apenas *interno* à sua recuperação do Classicismo compreendida globalmente, mas tão representativo dela. Brecht, como bom marxista, era especialmente sensível à confluência de análise e intervenção, o que registra uma excelente passagem do seu *Diálogos de exilados*, onde a reflexão sobre esta confluência é significativamente encaminhada por um exemplo do campo das ciências físicas — procedimento típico da intersecção entre arte e ciência na formulação de um pensamento brechtiano. Referindo-se ao tema brechtiano (verdadeiro *leitmotiv*) da "incompreensibilidade" dos fenômenos econômicos modernos, escreve o personagem do exilado Ziffel:

> "Um exame da situação ia de encontro a dificuldades muito particulares. Penso aqui em uma descoberta da física moderna, o princípio de indeterminação de Heisenberg. Eis

do que se trata: no domínio atômico, para observar os processos ao nível das menores partículas, somos obrigados a utilizar lentes de aumento de alta potência: este fato entrava nossas pesquisas. O foco luminoso dos microscópios precisa ser tão potente que provoca elevações de temperatura e graves alterações, verdadeiras revoluções no mundo dos átomos. Observando, colocamos fogo naquilo que queremos observar. Por isso, não é a vida normal desses microcosmos que temos sob os olhos, mas uma vida perturbada pela nossa observação. Ora, parece que existem, no plano social, fenômenos análogos. O exame dos processos sociais, longe de deixá-los intatos, tem sobre eles incidências não negligenciáveis. É sem dúvida por isso que os meios dirigentes encorajam tão pouco, em matéria social, os exames em profundidade."[18]

A recuperação brechtiana do Classicismo é um desses momentos luminosos em que se juntam a clareza da análise e a transformação do objeto observado, alterando-se tanto a composição da herança clássica quanto o regime de sua transmissão. Por isso pode-se dizer que no mesmo movimento pelo qual Brecht vincula seu projeto clássico à "palavra de ordem dos clássicos nacionais" — através da recuperação do Classicismo —, neste mesmo movimento ele produz sua diferença em relação a eles. No que toca ao aspecto da *distância* clássica, esta diferença é precisamente a de romper o caráter intransitivo do *éloignement*, produtor da "contemplação desinteressada" através da superposição de análise e intervenção.

O papel do marxismo no engendramento e desenvolvimento dessa nova *técnica da distância*, primeiramente assinalado por

---

[18] *Id., Dialogues d'exilés, cit.*, pp. 44-5.

Benjamin, inclusive em seu influxo classicizante, torna-se sobretudo visível na radicalização da *contemplação* (teoria) como análise crítica, vinculada dialeticamente à *intervenção* (prática). A recuperação "retificadora" que o marxismo enseja, em Brecht, da *distância* clássica, nos permite, então, ao menos indicar a natureza de seu influxo na produção de um específico projeto clássico brechtiano, influxo este que se manifesta também sob muitos outros aspectos. De modo que não é ocasional que em Brecht se encontrem, além da referência constante aos clássicos da literatura e das artes, notadamente aos clássicos nacionais, também referências constantes a outros autores que ele chama também sempre "clássicos", "clássicos do socialismo", ou "clássicos do marxismo". Em seus poemas, em seus ensaios,[19] estas expressões recobrem sempre os nomes de Marx e Engels e, outras vezes, o de Lênin. Às suas obras, como às dos clássicos da literatura e das artes, Brecht igualmente procura dar sequência, trabalho de que a coexistência, em suas próprias obras, da isenção clarificadora da análise e de uma vibração moral extraordinária não é o traço menos relevante. Ao vermos ambos os seus legados — o dos clássicos da literatura e das artes e o dos "clássicos do socialismo" — tão diferentes entre si, "colaborarem" no engendramento de um projeto clássico brechtiano, não resta dúvida de que aos últimos Brecht concedeu prevalência crítica sobre os primeiros. Mas, igualmente, não é menos claro que também a ambos Brecht outorgou o papel de *criadores de tradição clássica*, de forma que, se for possível alguma vez não concordar com Hans Mayer, se pode

---

[19] Cf., por exemplo, Bertolt Brecht, *Schriften zur Politik und Gesellschaft*, cit., p. 334, e *Écrits sur le théâtre*, cit., v. 1, p. 564. Hans Mayer insiste em acrescentar aos brechtianos "clássicos do socialismo" — Marx, Engels, Lênin — o nome de Mao Tsé-Tung e "bem pouco" o de Stálin. Cf. H. Mayer, *op. cit.*, p. 82.

ver, talvez, uma exorbitância em sua afirmação de que Brecht era "um artista que não reconhecia o papel de criador de tradição clássica senão aos grandes sociólogos e economistas, não aos poetas". É verdade que, em seguida, Mayer suaviza um pouco sua afirmação, ao propor o estatuto de contradição dialética para esta postura que julga encontrar em Brecht: "Esta contradição, que é também perfeitamente dialética, pois Brecht pensava, ele próprio — a despeito ou mesmo por causa desta escolha permanecer um artista [...]".[20] De nossa parte, acreditamos que, em seu desenvolvimento, o trabalho de Brecht precipita ele mesmo uma síntese desses elementos em contradição, precisamente no rumo da constituição deliberada e programática de uma nova classicidade, como parece indicar o seu tratamento da herança clássica alemã. O próprio Classicismo alemão, como vimos anteriormente, entre outras coisas, interessa-lhe também pelo que ele próprio já realizara de ruptura de antinomias, notadamente no caso da intersecção entre arte e ciência — ciências humanas, no caso de Schiller, e também ciências físicas e biológicas, no caso de Goethe. Também sua valorização de Virgílio e Lucrécio, cuja influência reconhece — e recomenda — num texto da maturidade, se faz numa direção semelhante:

> "Por duas razões, ao menos, que são ligadas, vale a pena estudar os dois grandes poemas didáticos dos Romanos, as *Geórgicas*, de Virgílio, e *Da Natureza*, de Lucrécio. De um lado, são modelos da arte de descrever em versos o trabalho da terra e uma concepção do mundo, de outro, nós temos, nas belas traduções de Voss e Knebel, trabalhos que nos proporcionam magníficas luzes sobre nossa língua. O hexâmetro é um

---

[20] Hans Mayer, *op. cit.*, *loc. cit.*

verso que obriga a língua alemã aos mais produtivos esforços. Ela aparece claramente como 'alguma coisa que se tem bem à mão', o que ajuda muito a aprender. [Brecht intercala, aqui, uma nota interessante: "'Bem à mão', assim aparece também a língua na obra em verso que Goethe tirou dos projetos em prosa da *Ifigênia* e naquela que Schiller extraiu de *Dom Carlos*".] Como Virgílio, o tradutor deve ensinar a arte de cultivar o verso ao mesmo tempo que a arte de cultivar a terra e o 'uso cheio de arte e de gosto que o velho poeta sabe fazer de todo mecanismo poético', em suma, o grande senso artístico dos antigos se demonstra por ocasião dos grandes temas."[21]

Na penúltima nota de seu *Diário de trabalho*, escrita em maio de 1955, em seu penúltimo ano de vida, portanto, Brecht deixa uma pequena, mas luminosa, indicação do sentido que empresta ao trabalho de vinculação de arte e ciência:

> "moscou
> a nova universidade, de longe o emblema de moscou: um edifício alegre com vastas linhas e bonitos detalhes, do qual as fotos não dão uma ideia justa. este edifício é antiprofessoral, construído como para as artes (em que, um dia, as ciências se mudarão)."[22]

Ao contrário do que parece julgar Mayer, o intento de "permanecer artista", em Brecht, não é uma "concessão", mas uma afirmação da potência da qualidade estética, à qual nunca renunciou. Diante da recusa ou da incapacidade de admitir a especificidade do texto artístico, o Brecht da maturidade reage com uma

---

[21] Bertolt Brecht, *Les arts et la révolution*, cit., pp. 132-3.
[22] Id., *Journal de travail*, cit., p. 554. (A nota é de maio de 1955.)

irritação que parece ecoar as reflexões de Schiller sobre aqueles que são incapazes de apreciação estética. Ele escreveu, também no *Diário*, em 21 de agosto de 1951:

> "ao que me dizem, os membros do governo ficaram em geral satisfeitos com o RELATÓRIO SOBRE HERRNBURG, entretanto grotewohl parece que emitiu uma objeção interessante — criticou nele 'alguma coisa de doutoral'. ele terá ressentido que sempre a forma coloca os cantos fora de alcance imediato. em tais julgamentos nós nos chocamos com o desejo de não encontrar na expressão artística nada mais do que uma expressão intensificada, sem passagem a uma qualidade nova, aquela da arte, precisamente. eles desejariam que a poesia — ou a música, ou a pintura — falasse ao modo deles."[23]

Uma expressão teórica apreciável, embora breve, deste esforço de síntese — ou de criação de uma nova tradição clássica — encontra-se justamente num texto de *A compra do latão* sobre a validade de Shakespeare, em que se faz menção aos "clássicos do marxismo":

> "Nós também, nós que somos pais de tempos novos e filhos de tempos antigos, compreendemos muitas coisas de um passado longínquo, e somos ainda capazes de partilhar os sentimentos outrora todo-poderosos e cujo despertar foi um grande acontecimento. Porque, enfim, a sociedade na qual vivemos é também ela muito complexa. O homem, como dizem os clássicos do marxismo, é o conjunto de todas as relações sociais de todos os tempos. Bem entendido, há também nessas obras antigas muitas coisas mortas, malvindas e vazias.

---

[23] *Id., ibid.*, pp. 531-2.

Aere perennius

Tudo isto pode ficar nos livros, pois pode ser que aquilo que está morto não o esteja senão em aparência e sirva para explicar outros fenômenos do tempo passado. Mas, por um momento, eu chamaria a atenção de vocês para a vida múltipla que anima, nestas peças, os lugares aparentemente mortos. É preciso pouco para que esta vida se retome, justamente agora, somente agora."[24]

As suas diferenças contando, o que aproxima estes dois grandes conjuntos textuais, que influenciaram Brecht de maneira decisiva — o das poéticas clássicas e o da teoria marxista —, é o fato de, no bojo de seu trabalho, ambos serem valorizados e retomados *pela capacidade de reposição,* ou seja, *pela aptidão para a duração* específica de cada um deles. É esta comprovada capacidade de durar que lhes confere o papel de criadores de tradição clássica, e é também a este título que Brecht deles se aproxima, enquanto portador de um projeto de fundação de uma classicidade contemporânea. No entanto, esta aproximação, e a destinação que ele lhe dá, é ainda um ponto bastante obscuro em nosso trabalho, não obstante tenhamos aqui e ali apontado algumas de suas razões possíveis e mesmo, acreditamos, tenhamos disseminado ao longo do texto o conjunto básico dessas razões. De fato, por que Brecht se aproxima de modo preferencial, diante de todo o vasto conjunto da herança, justamente do legado clássico? E, ainda, por que, ao se aproximar do marxismo (dos "clássicos do socialismo"), ele direciona o seu poderoso influxo para a constituição de um projeto clássico e não, por exemplo, para a constituição de uma poética do engajamento imediato e trepidante, ausente das preocupações de totalização e duração?

---

[24] *Id., Écrits sur le théâtre 1, cit.,* pp. 564-5.

Para procurar responder a estas indagações é preciso justamente investigar, no conjunto dos traços que vimos delineando até aqui, a origem e o significado da *preocupação de duração* em Brecht, pois seu projeto — que temos visto constituir-se através das preocupações da totalização, da incorporação da tradição, da constituição de uma *Maestria*, da racionalidade, da clareza, da recuperação da *distância* —, traçou-se também pela preocupação da duração — de constituir obra duradoura, organizada como *legado* capaz de reposição ativa. O conjunto destes elementos, na específica dinamização que ele lhes deu, é precisamente o que pode configurar o seu projeto como o da criação de uma classicidade contemporânea.

Vimos, anteriormente, que Brecht, a partir de determinado momento, em sua trajetória, começa a "recuperar-se" a si mesmo, o que denuncia, ao lado da nascente preocupação de totalização "operante", uma também nascente preocupação com a duração. No seu desenvolvimento posterior, acreditamos, o Brecht da maturidade — aquele que descreve a voluta última, fáustica, da recuperação de suas primeiras peças — acaba por submeter a um radical e global *efeito de distanciamento* a sua própria obra como um todo, e nesse movimento último *as preocupações de totalização e duração como que se amalgamam definitivamente*: ao *enlaçamento* permanente, em espiral, de uma obra em progresso que se produz recuperando-se continuamente, descrevendo sempre uma volta para trás ao retomar o seu avanço, este movimento final como que confere um enlaçamento último, que une ambas as pontas extremas do fio espiralado de seu desenvolvimento. Este movimento que a "circunavega", que a abraça de uma só vez, a "distancia", totalizantemente, do restante da produção, presentifica-a, ao mesmo tempo que a *outorga* sob a forma de um legado integral e exemplar, cuja exemplaridade última estaria na capacidade de se repor duradouramente, como fundador e modelo de uma classicidade contemporânea. Brecht se distancia a si mesmo como um clássico: integrado, distanciado, modelar.

Entre este Brecht último, da totalização e da duração — e também da explicitação de um projeto clássico, lembramos — e o primeiro Brecht, a diferença é enorme. Os seus estudiosos e biógrafos são unânimes em apontar no primeiro Brecht algo que seria uma antítese perfeita (significativamente) do projeto de duração. Para ficar apenas com dois dos maiores desses estudiosos, no Brecht que produziu *Baal*, *Tambores na noite* e mesmo *Na selva das cidades*, Bernard Dort encontra o ritmo de um "tempo da destruição"[25] e Hans Mayer, mais incisivo, aponta e examina um "anticulto da desaparição" e uma "fascinação da morte e da destruição".[26] Há uma enorme transmutação, nota-se a olho nu, embora nem sempre se a observe como tal (mutação a que, com Brecht, já chamamos "fáustica"). O mais comum é ver-se cindir Brecht em dois compartimentos estanques — o do "jovem Brecht" e o do "velho Brecht" — fazendo-se uma "opção" por um deles, operação que, especialmente no Brasil, é tão difundida quanto difusa. Há passagem, no entanto, e entre concepções, vistas globalmente, muito diversas entre si — passagem sobretudo muito complexa, em que numerosos elementos encontram-se em continuidade nos dois estágios, outros ocorrem de maneira francamente antitética e outros, ainda, se metamorfoseiam no seu oposto completo através da potenciação máxima de sua específica qualidade anterior — o que faz passar uma na outra continuidade e descontinuidade. Elevada diferenciação e simultânea complexidade da transformação talvez expliquem tanto o fato de que se opere a referida cisão binária dos

---

[25] Bernard Dort, *Lecture de Brecht*, cit., pp. 32-44.

[26] Hans Mayer, *op. cit.*, pp. 11-4.

dois Brecht (o que torna a passagem uma espécie de "buraco negro"), quanto o fato de que, quando se a assinala, ela quase nunca seja analisada, ou veja-se atribuída unicamente ao "choque" do nazismo, como no caso de Lukács.[27] O problema de sua análise, no entanto, é bem conhecido dos historiadores: diante de tais passagens, da complexa e entrecruzada multiplanearidade de sua dinâmica, quase tão nociva quanto a abstenção de análise, é a onipotência explicativa que acredita poder apreendê-la integralmente e esgotá-la em um quadro bem arrumado de causas e efeitos. Em todo traçado histórico há sempre algo de indomável, elementos erráticos, de estranhas elipses e, mesmo, a sombra rápida sempre se entrevê de elementos inapreendidos, que inquietam os lineamentos precários da explicação. De nossa parte, não pretendemos agora, ao continuarmos a examinar o projeto clássico de Brecht no movimento de seu surgimento, senão acrescentar apenas mais uma linha ao traçado movente que vimos constituindo através de *flashbacks* e antecipações entrecruzados, em cujo movimento, esperamos, causas e efeitos possam mutuamente relativizar-se e, quem sabe, diluir-se qualquer presunção explicativa.

Se um novo *flashback* estratégico nos é permitido, veremos que esta nova linha — a da preocupação e mesmo do *planejamento da duração* — risca-se numa dialética intrincada, já desde seu despontar, *pois surge do acirramento máximo das tendências de "desaparição"*. Há um momento, na trajetória de Brecht, em que a exacerbação extrema de um *pathos* de destruição e mesmo de autodissolução começa a gerar, no seu próprio interior, as tendências à duração para, enfim, assimilar-se inteiramente a es-

---

[27] Cf. G. Lukács, "O humanismo de Shakespeare", *in Ensaios sobre literatura, cit.*, p. 153.

Aere perennius

tas últimas — fato, inclusive, determinante da sua especificidade. Na realidade, foi por este momento de lusco-fusco, momento limítrofe, em que uma coisa ameaça passar na outra, que começamos a observar a constituição do projeto clássico brechtiano. Não tendo abordado como o faria qualquer biografia completa e conscienciosa as características do primeiríssimo Brecht, nós começamos esta exposição observando já o momento em que aquelas tendências iniciais de desaparição atingiam seu máximo acirramento, complexificando-se e ameaçando precipitar-se na constituição de uma configuração nova.

Quando Brecht faz confluírem, no "Processo dos três vinténs", as suas tendências anteriores, e muito marcadas, à exteriorização, ele as leva também a um ponto extremo de exacerbação, pois só aí as noções de "obra" e de "ação" se recobrem inteiramente em sua produção, neste ponto diluindo-se a oposição interno/externo (obra/"vida") Até então a sua coerente trajetória de escândalos "artistificados", como vimos, mantinha conexões numerosas e orgânicas com sua produção literária — mas apenas conexões, não se confundindo inteiramente com ela. Havia como que trajetos paralelos entre a sequência dos trabalhos literários e a sequência de *performances* públicas, o que não as impedia de se dinamizarem reciprocamente — a distinção entre ambas, no entanto, permanecendo nítida. Mas, no "Processo", estas duas linhas se superpõem completamente, e a obra *passa a ser* a *performance* pública, "desaparecendo" inteiramente nela, ao mesmo tempo que esta última ganha a sua verdadeira dimensão experimental, o que implica autoconsciência, organização e planejamento. De tal modo Brecht se "objetiva", que se poderia falar num exercício radical, num sentido bastante específico, do "estar fora de si". Ao menos poder-se-ia dizer que, então, Brecht executa um radical "desprendimento" de si mesmo, o que aparece, por exemplo, no assumir publicamente posições que não eram as suas e que, até mesmo, estavam em franca contradição com elas:

> "Neste processo nossa posição comportava desde o início graves contradições: éramos obrigados a defender nossos direitos, dos quais não dispúnhamos senão enquanto direitos à propriedade privada, diante de um tribunal que não desejaríamos absolutamente reconhecer, ao utilizá-lo, como sede do Direito. Além disso, nós compreendemos logo que mesmo por este caminho não obteríamos justiça."[28]

Ora, assumir a defesa de tais direitos junto aos tribunais era o próprio procedimento básico deflagrador de todo o "Processo", cuja sequência prevista *ainda comportava, constitutivamente, o ver-se interpretado e re-interpretado publicamente ao sabor de todas as tendências, as mais contraditórias.* Se tal sequência permitia abundante e reveladora colheita de material ideológico, e tinha apreciável poder de choque e agitação, seu desenvolvimento real na verdade não era controlável, assim como suas consequências práticas — a dimensão de relativo controle estando restrita ao terreno analítico. Em outros termos, a *performance* de Brecht não projetava, junto com sua "provocação", critérios para sua avaliação ou modelos de sua recepção. Se, associado a isto, lembrarmos, sem que seja preciso repetir aqui o esboço que anteriormente realizamos, que na mecânica e mesmo no conteúdo do "Processo", se desventravam e amplificavam os próprios procedimentos constitutivos da mais recente dramaturgia brechtiana (a superposição polêmica da forma-mercadoria e sua crítica), teremos uma boa percepção dessa exteriorização *objetivada* de Brecht tanto no sentido de que assumia, às suas próprias custas,

---

[28] Bertolt Brecht, *Sur le cinéma*, cit., p. 159.

dados ideológicos externos, quanto no sentido de que projetava, em exterioridade, elementos básicos e vitais de seu próprio desenvolvimento produtivo. No bojo deste duplo movimento, Brecht *aceitava diluir-se na coisa social*, no sentido de que não havia em sua *performance*, além do incerto saldo analítico, qualquer dispositivo de retenção, ou de garantia de autoidentidade. Neste sentido, anteriormente, dissemos que Brecht então jogava, perigosamente, com seus próprios limites, transformando a experiência dos limites da obra numa experiência de seus limites na cultura.

Vê-se que, assim, o acirramento das práticas "exteriorizadas" de Brecht encaminha tanto o início do procedimento totalizante em sua produção (na medida em que esse acirramento implicou a confluência e recuperação de suas tendências anteriores, "exteriorizantes", ao mesmo tempo que as projetou no "grande complexo" da cultura), quanto determinou o caráter operante dessa totalização (na medida em que esta última se produz como uma intervenção no campo da cultura). Todavia nem totalização nem operatividade, tomadas em si mesmas, continham ainda qualquer elemento de *planejamento da duração*, embora, por trabalharem explicitamente no campo da recepção da obra, ainda que sem dispositivos de controle, as agitasse, já, ao menos, certa *inquietação* do tempo, no plano da sequência da obra e de sua influência. Nada, nelas, entretanto, as afastava definitivamente do Brecht de 1925 que escrevera: "Eu não experimento a necessidade de que um só pensamento meu permaneça, gostaria ao contrário que tudo fosse consumido, assimilado, aniquilado".[29]

O próprio Brecht, como apontamos anteriormente, assinalou a dimensão de autodestruição da "experiência sociológica", ao propor como "tema de tragédia" a "organização de uma

---

[29] Id., *Écrits sur la politique et la société*, cit., p. 23.

'experiência sociológica', um homem se deixa aniquilar para mostrar o aparelho de destruição em pleno funcionamento. um professor rodeado de seus alunos?". Surgida na exacerbação das tendências à "desaparição" é, no entanto, esta operatividade da totalização que vai primeiramente encaminhar a transformação delas num planejamento da duração. Ao menos o mecanismo inicial desta transformação não é muito complicado, em sua dureza: lançadas operativamente no que Brecht chamou de "complexo da cultura em sua situação atual" (do qual, como vimos, já não se excluíam as instituições e o regime de propriedade dos meios de produção), as tendências de Brecht à desaparição e à autodestruição vão defrontar-se, ao mesmo tempo que as revelam, com forças externas, violentíssimas, também de destruição e desagregação. Ao defrontar-se com uma potência externa de destruição, ao mesmo tempo homóloga e antagônica, as tendências autodestrutivas de Brecht perdem, para ele mesmo, a aparência de autônomo e avassalador impulso apocalíptico, que em si mesmas pareciam possuir, para aparecerem como um pequeno caudal, dependente de um fluxo mais amplo, em cujo curso, este sim avassalador, tomavam inevitavelmente certa feição conformista e "menor" — até ingênua.

Para vê-lo, observem-se brevemente certos aspectos do "conteúdo" do "Processo dos três vinténs" que anteriormente não indicamos. Tomado em sua mecânica "molar", o "Processo" é também o exame do que ocorre com uma obra desde que ela se desvincula de seu autor e passa a ser transformada pelo aparelho da indústria cultural. Para melhor acompanhar esse processo, Brecht elaborou um minucioso esquema,[30] em que parte da "concepção burguesa da obra de arte como expressão

---

[30] *Id., Sur le cinéma, cit.*, pp. 200-1.

adequada de uma personalidade", para chegar ao seu modo de aparição posterior, ao "nível do mercado", indicando os desmembramentos por que passa a "obra" nesta trajetória. Este processo, ele o comenta assim:

> "A obra de arte, que na ideologia burguesa é a expressão adequada de uma personalidade, deve suportar, antes de chegar ao mercado, uma operação muito precisa no curso da qual todos os seus elementos são dissociados; estes elementos chegam de certa maneira um a um ao mercado [...]. É o esquema da destruição da produção literária, destruição da unidade do criador e de sua obra, da história e de sua significação etc... A obra pode ganhar um ou vários novos autores (que são personalidades), sem que o autor original seja descartado, em vista da exploração da obra no mercado. Pode-se utilizar seu nome para esta obra modificada, ou seja, utilizá-lo sem sua obra. Pode-se mesmo utilizar sua reputação de intelectual de extrema-esquerda sem o fruto de seu pensamento, ou seja, sem sua obra bem precisa. Pode-se, com efeito, encontrar um uso para sua obra, uma vez o texto despojado de seu sentido ou provido de um outro sentido, ou desprovido de qualquer significação. As teses primitivas da obra degeneram em uma tese recuperável, avalizada pela sociedade, e que não chega ao mercado senão sob a forma de nomeada. Dá-se uma outra forma ao conteúdo da literatura, ou um conteúdo diferente ou parcialmente diferente à sua forma. E, além disso, naquilo que concerne à forma, a forma falada e a forma cênica podem aparecer uma sem a outra. O conteúdo narrativo pode ser dito por outras personagens, as personagens podem ser colocadas em um outro relato etc. Esta desmontagem das obras de arte parece inicialmente obedecer às mesmas leis do mercado a que obedece a desmontagem dos carros tornados inutilizáveis e que não podem mais fun-

cionar; são decompostos em unidades menores (metal, bancos, lâmpadas...) e vendidos. Nós assistimos à irresistível decadência da obra de arte individualista: é preciso admiti-lo. Ela não pode mais chegar ao mercado na sua integral unidade; é preciso destruir as tensões de sua unicidade contraditória."[31]

Brecht não está fazendo, como se vê, a defesa da "obra de arte individualista". Mas é também fora de dúvida que o antigo desejo de que tudo fosse "consumido, assimilado, aniquilado" se depara aí com uma voracidade de consumição, desagregação e aniquilamento, cujo alcance objetivo e, de certo modo, incontrolável, oferece um corretivo a sua própria posição anterior. Acreditamos que, de certa forma, uma contradição tão fértil quanto de difícil resolução se coloca nesse momento para Brecht: trata-se de dotar a sua obra de mecanismos de autoproteção, reforçadores de sua identidade, sem por isso fazer "obra de arte individualista", ao mesmo tempo que de assegurar sua difusão e assimilação tão amplas quanto possível, recusando, no entanto, o risco da desagregação apropriadora e da perda da identidade. Brecht reconhece, no corpo de seu próprio trabalho, a partir do "Processo dos três vinténs", tanto a irrisão, em termos de eficácia, da produção "artesanal", em pequena escala, diante do bombardeio informacional da indústria cultural, quanto o caráter deletério e finalmente improdutivo desta última no âmbito das relações capitalistas de produção. Nossa hipótese, como indicamos anteriormente, é a de que na longa resolução desta contradição, logo mais agravada por novos acontecimentos, Brecht reata com a tradição clássica e configura o seu próprio projeto como um projeto clássico. De certo modo, é à potência de de-

---

[31] *Id., ibid.*, pp. 190-1.

sagregação que Brecht responde com um movimento de *totalização* incessante (desdobrado em tantos outros aspectos, no que se refere à unificação interna da obra, às suas relações com a tradição — à concepção da *Maestria*, da *Distância* etc.), assim como é com um específico planejamento da duração que ele responde à voracidade improdutiva do consumo. Esta forma da *duração planejada*, associada que é ao movimento de totalização operante, será igualmente uma forma de *duração ativa e técnica*, muito diversa de um lance "raro", votado à "eternidade". Para examinar um pouco esta resposta brechtiana, e ver como ele encaminha a sua resolução à contradição com que se defronta, observe-se, ainda que brevemente, uma de suas percepções que, segundo nosso ponto de vista, é o núcleo mesmo de sua reflexão no "Processo". Trata-se do momento em que ele percebe, no bojo de seu próprio trabalho e por sua conta, a aguda *separação entre produção e consumo*, gerada pela mediação do capital e, mais, *detecta o seu desdobramento específico no campo da produção artística*. Nesta passagem se vê em ação, mais do que em qualquer outro do mesmo período, o Brecht que justamente nessa época (a segunda metade dos anos 20) começava a desenvolver sua leitura de Marx, dos pressupostos de cuja teoria, assim como Benjamin, procurava tirar as consequências para a sua própria área de atividade. Na parte V do "Processo", escreveu Brecht:

> "Mas é precisamente esta oposição aguda entre o trabalho e o lazer própria do modo de produção capitalista que separa todas as atividades intelectuais em atividades que servem ao trabalho e em outras que servem aos divertimentos, e que organiza estes últimos em um sistema de reprodução da força de trabalho. As distrações nada devem conter do que contém o trabalho. As distrações, no interesse da produção, são votadas à não produção. Naturalmente, não é assim que

se pode criar um estilo de vida formando um todo único e coerente. Isto não é imputável ao fato de que a arte se acha envolvida no ciclo da produção, mas ao fato de que ela o seja tão incompletamente e deva criar uma ilhota de 'não produção'. O homem que comprou seu ingresso se transforma diante da tela em ocioso e em explorador; e como se colocou nele próprio o objeto da exploração, pode-se dizer que ele é uma vítima da 'ins-ploração'."[32]

Deste modo, o Brecht que, a partir da experiência da "explosão" da obra poética tradicional, recupera, por um salto, uma nova totalidade para o fazer artístico, não a atinge como ao "melhor dos mundos":[33] longe de ser uma nova totalidade "paradisíaca", a equalização parcial entre a produção artística e as demais formas de produção reproduz igualmente no interior daquela uma cisão inconciliável entre produção e consumo, que repõe para o "artista" o confronto com a *descontinuidade* da experiência cultural num sentido novo e mais radical do que aquele com que se apresentava na produção artística tradicional.

A experiência da indústria cultural, portanto, não só permite a Brecht que alcance *operativamente* a nova percepção da totalidade, como também, concomitantemente, a revela como *totalidade contraditória em si mesma*. Por isso, essa experiência não lhe fornece uma "visão" da totalidade, mas comunica à sua produção um impulso totalizante: o movimento de totalização, no qual Brecht operativamente desemboca, deverá ser ele próprio uma *contínua produção da totalidade*, na medida em que esta

---

[32] *Id., ibid.*, pp. 178-9.

[33] Para uma crítica da visão "paradisíaca" do círculo dos *mass media*, cf. o artigo de Roberto Schwarz, "Nota sobre vanguarda e conformismo", *in O pai de família e outros estudos, cit.*, pp. 43-8.

se deve continuamente conquistar contra a nova experiência do descontínuo. Contrariando a reposição continuada e inelutável dos processos de sua desagregação, a obra deverá responder dialeticamente com o planejamento de sua própria reposição — continuada, integral, ativa. Dessa maneira, a experiência da indústria cultural, concomitante e entrelaçada à leitura do marxismo, não só é um deflagrador, em Brecht, da visada totalizante, como também imprime a estas suas características fundamentais: o caráter de operatividade e de planejamento de duração. Estas características, na verdade, implicam-se mutuamente, na medida em que a operatividade da totalização, precisando vencer a separação entre produção e consumo, deve processar-se como conquista da reprodutibilidade, vale dizer, deve planejar a duração da obra através da programação de sua reposição; o planejamento da duração, por sua vez, precisando vencer a desagregação que atinge a unidade da obra, deve processar-se como garantia de sua integralidade, vale dizer, deve desenvolver, no seu interior, procedimentos de totalização.

O movimento de totalização, assim, que se apossa da produção de Brecht a partir dos anos 30, possui como dimensões constitutivas e interligadas a operatividade e o planejamento da duração. Mas é importante que se sublinhe que estas características, garantidoras de sua especificidade, encontram-se nesse movimento de totalização — ainda que, em grande parte, como virtualidade — *já desde a sua gênese e por causa das condições em que ela se processa*. Novos acontecimentos, como veremos adiante, virão desenvolver e consolidar definitivamente esse movimento de totalização da obra de Brecht em seus traços específicos. Mas nunca se marcou suficientemente (nem daí se tiraram as devidas consequências) a importância da indústria cultural para o desenvolvimento de Brecht e a constituição de seu projeto. Por um lado, é o fato dessa experiência desenvolver-se especificamente no contato com a indústria cultural que permite a Brecht levar ao extremo suas tendências à "exteriorização", no limite da "desaparição". (É este acirramento, por sua vez, que permite a ele percebê-las enquanto tal, totalizando-as e perspectivando-as.) Por outro lado, é também este contato com a indústria cultural, precisamente com as *técnicas de reprodução* que lhe são essenciais, que permite a Brecht corrigir e desenvolver — dialetizar — estas tendências à exteriorização, sob outras formas muito marcadas, por exemplo, no Expressionismo. Por meio da experiência da reprodutibilidade técnica Brecht começará a apurá-las e metodizá-las. O que essas tendências já possuíam, como anteriormente assinalamos, de "vocação" coletivizante — no entanto ainda "selvagem" ou carregada de espontaneísmo — vai se reforçar, ganhando dimensão objetiva e analítica, no encontro com o influxo coletizivante da indústria, ainda que no âmbito das relações capitalistas de produção. Além disso, como vimos, o caráter destrutivo que estas últimas emprestam à reprodutibilidade técnica — pela desagregação da unidade da obra e pela separação entre produção e consumo — encaminhará Brecht à crítica de suas tendências autodestrutivas, levando-o, posteriormente, a não mais vincular exteriorização e autodestruição. De fato, se observarmos o "Processo dos três vinténs", veremos que Brecht critica, ao dar-se conta dele, apenas o caráter destrutivo que a reprodutibilidade técnica assume no âmbito das relações capitalistas de produção. Em nenhum momento ele se volta contra a própria reprodutibilidade técnica, tomada em si mesma; ao contrário, como indicamos anteriormente, ele se refere ao caráter "progressista" desse processo, desde que concebido "como ativo e não como passivo",[34] acrescentando adiante: "A técnica, que

---

[34] Bertolt Brecht, *Sur le cinéma, cit.*, p. 215 (o grifo é nosso).

triunfa aqui e parece condenada a assegurar os lucros de um pequeno número de dinossauros e portanto a permanência da barbárie, poderá, uma vez nas mãos certas, realizar coisas totalmente diferentes. É a nós que cabe ajudá-la a chegar a boas mãos".[35]

Na verdade essa necessidade da atitude *ativa* — em que se irá corrigir e desenvolver sua "operatividade" — Brecht parece deduzi-la muito diretamente das novas condições de produção industrial, em que o volume e a constância da produção são determinantes: "O que é de uma importância extraordinariamente decisiva, porque revoluciona todas as atitudes e todas as representações, é o papel desempenhado pela produção ou, mais exatamente, a importância crescente desse papel. O Direito, a Liberdade, o Caráter, todos tornaram-se funções da produção, ou seja, variáveis. O próprio ato de conhecimento não mais é possível fora do processo geral de produção. *É preciso produzir para conhecer, e produzir significa: estar no processo de produção.* O campo de ação do revolucionário e da revolução é igualmente o processo de produção. Há um exemplo simples e que não é suficientemente meditado: o papel espantosamente menor que desempenham os desempregados na revolução. E este papel de figurante se tornará imediatamente o papel principal no dia em que o desemprego coloque seriamente a produção em perigo".[36]

No entanto (como vimos anteriormente, com Brecht), pela contradição que é constitutiva da mediação do capital, no mesmo movimento em que o fluxo da produção industrial se universaliza, ganhando valor determinante, ele universaliza também a separação. Vale dizer: no mesmo passo em que se impõe a produção como condição inescapável para o trabalho da obra, im-

---

[35] *Id., ibid.*, pp. 215-6.

[36] *Id., ibid.*, pp. 208-9 (o grifo é nosso).

põe-se, contraditoriamente, também a *separação* entre produção e consumo, criando-se no fluxo da produção a "ilhota de não produção", de que fala Brecht para a esfera artística. Em outra parte do mesmo ensaio Brecht registra laconicamente: "*Não há direitos fora da produção*".[37]

Dada, porém, a contradição que ele agudamente registra, tirando-lhe as consequências imediatas para a esfera do conhecimento, esta "condenação" ao campo da produção não será experimentada por Brecht como mera adequação a ele, em sua situação atual. Se produzir torna-se condição para o próprio conhecimento, *o exercício produtivo, inescapável, deve necessariamente processar-se, assim, como enfrentamento contínuo da separação entre produção e consumo*. (A curva desse enfrentamento será longa e, evidentemente, só ganhará pleno sentido se observada em sua trajetória na evolução de Brecht, em que sem dúvida ocupa uma posição central. Todavia, note-se que a contradição que a põe em marcha encontra-se notavelmente percebida e expressa, em seus elementos fundamentais, já em 1931, e precisamente no "Processo dos três vinténs", em que Brecht expõe e analisa sua experiência da indústria cultural.)

Mas (como o desenvolvimento de Brecht demonstrará), se a luta pelo ultrapassamento da dicotomia produção-consumo se fará, no seu caso, na direção predominante de um aumento do fluxo produtivo, o empuxo mesmo nesse rumo implicará fazer passarem um no outro produção e consumo, de modo que a produção, em Brecht, terá muitos traços de consumo, e este se mesclará de elementos de produção. A fórmula, aqui, pode parecer esdrúxula (é sem dúvida árida) mas se explicita: a) o momento da produção, em Brecht, incluirá elementos de consumo,

---

[37] *Id., ibid.*, p. 196.

tanto no sentido de que 1) irá propriamente *consumir* produtos alheios — que recupera, adapta, assimila, "plagia" —, de maneira, mais que deliberada, *programática*, quanto no sentido de que 2) irá incluir no processo produtivo, modelando-o por ele, o cálculo de seu ulterior consumo, que procurará programar; b) por sua vez, esta programação do consumo terá como objetivo principal *transformá-lo numa instância produtiva*, de modo que o consumidor — o espectador, o leitor — encontre no consumo uma inserção produtiva (reproduzindo, dessa forma, o próprio (e modelar) processo produtivo da obra que consome — a de Brecht — que encontra nos produtos alheios, os quais assimila transformadoramente, a ocasião para o desenvolvimento de sua própria produtividade).

Onde mais bem se expressa esta específica solução brechtiana é na sua noção de *modelo*, que, começando a gestar-se nesse período, terá desenvolvimento contínuo até a última fase de sua trajetória. Constituída basicamente pela *intersecção de produção e consumo*, esta noção, como veremos logo adiante, encontra aplicação ampla em vários níveis da obra de Brecht. Também esta noção — fundamental para a configuração de um projeto clássico brechtiano — foi apontada por Benjamin, no momento mesmo em que começava a constituir-se, na conferência famosa de 1934 ("O autor como produtor"):

> "A melhor tendência é falsa, se não indica a atitude que se deve ter para conformar-se a ela. E o escritor não pode indicá-la senão naquilo em que ele verdadeiramente faz alguma coisa: ou seja, quando escreve. A tendência é a condição necessária, jamais a condição suficiente para que as obras possuam uma função de organização. Ela exige, além disso, do autor um comportamento que dê diretivas e instruções. E hoje deve-se mais que nunca exigi-lo. *Um autor que não ensina nada*

aos escritores não ensina nada a ninguém. O que é determinante é, portanto, o caráter de modelo da produção, que está apta, em primeiro lugar, a guiar outros produtores à produção e, em segundo lugar, a colocar à sua disposição um aparelho melhorado. E este aparelho é tanto melhor quanto mais consumidores encaminhe à produção, em suma, na medida em que é capaz de fazer dos leitores ou dos espectadores, colaboradores. Nós já possuímos um modelo deste gênero, mas do qual só rapidamente posso falar aqui. É o teatro épico de Brecht."[38]

O texto de Benjamin tem a vantagem de, ao apontar como a noção de modelo surge do ultrapassamento da separação entre produção e consumo, mostrar também que este ultrapassamento tem por base uma necessidade imperiosa de promover a difusão tão ampla quanto possível — "[...] tanto melhor quanto mais consumidores [...]" — da obra. Desenvolvida à base de uma programação da reprodutibilidade da obra (e da grande "tecnicização" da produção artística que é inerente a esta postura), essa preocupação com a difusão — no que tem de *quantitativo*, mas também no que tem de técnico — coloca, sob este aspecto, a produção de Brecht em continuidade com o influxo da indústria cultural, ao qual, no entanto, sob outros aspectos, se opõe. O Brecht que anota que "o Direito, a Liberdade e o Caráter [...] tornaram-se funções da produção", e o Benjamin que assinala que mesmo "a melhor tendência é falsa", se ela não se expande em um trabalho organizativo, de certa forma estão reconhecendo que a "ideologia principal do capitalismo moderno está na massa das mercadorias acessíveis e na organização do aparelho produtivo, ao passo que as ideias propriamente ditas pas-

---

[38] Walter Benjamin, *Essais sur Bertolt Brecht, cit.*, pp. 122-3.

saram para o segundo plano".[39] Como se verá adiante, através da noção de modelo, Brecht não só trabalhou diretamente com a indústria cultural — produzindo para o rádio e para o cinema — como também desenvolveu mecanismos de reprodutibilidade em áreas tradicional e até exemplarmente infensas a ela, como é o caso da encenação teatral, o que significa não ter sido o influxo da indústria cultural em seu trabalho ocasional nem restrito à produção teórica. Embora não estabeleça uma relação explícita entre esse influxo e a noção de modelo, Benjamin acrescenta, pouco adiante do trecho citado, que o teatro de Brecht "em lugar de entrar em concorrência com os novos instrumentos de publicação, tenta utilizá-los e aprender com eles, procura aí, em resumo, uma emulação. O teatro épico tornou o partido desta emulação. Comparado ao nível de desenvolvimento atual do filme e do rádio, é ele o teatro moderno".[40]

Compreende-se, assim, que o influxo da indústria cultural tenha encaminhado Brecht não só a uma preocupação particularmente acentuada com a *difusão* (o aspecto quantitativo do alcance da obra) e a *duração* (a capacidade de reposição da obra) — aspectos de certa forma desde sempre presentes na atividade literária — como também o tenha levado a, por assim dizer, tecnicizá-los, resgatando-os tanto quanto possível para o nível da consciência e incorporando sua elaboração aos demais aspectos da técnica artística: da mesma época do "Processo dos três vinténs" é o texto, anteriormente observado, "Contra a glória 'orgânica', pela organização", em que este aspecto tradicionalmente "superveniente" e "exterior" ao trabalho literário — a "glória" — é o objeto não só de análise crítica mas também de uma exem-

---

[39] Cf. R. Schwarz, "Nota sobre vanguarda e conformismo", *cit.*, p. 119.

[40] Walter Benjamin, *Essais sur Bertolt Brecht*, *cit.*, p. 124.

plar proposta organizativa. Da mesma maneira, também sob o mesmo influxo e na mesma época, como vimos, começa a formar-se a noção brechtiana de *modelo*: a produção de novos textos a partir dos textos herdados — que sempre se deu, e é mesmo constitutiva da evolução literária, não obstante seja mais ou menos consciente ou importante em cada época — recebe na prática "modelizante"' de Brecht um tratamento de tal forma sistematizado, que a erige em pincícpio formativo de importância mais marcada do que aquela que já alcançara nos períodos de tendências clássicas dominantes.

Observe-se que esses dois aspectos — o da preocupação com a difusão e com a duração da obra — no tratamento que Brecht lhes deu, aproximam-no, sem dúvida, de importantes traços clássicos. Oriundos ambos da resposta dialética de Brecht ao influxo da indústria cultural, na medida em que configurassem, por si sós, uma *classicidade*, esses traços assinalariam um fato notável: o surgimento de um projeto clássico pelo influxo direto da indústria cultural (fato tanto mais notável quanto mais essa influência, embora gere uma exacerbada preocupação com a difusão, habitualmente *instantaneíza*, por assim dizer, o efeito do texto, assim como *atomiza* o ânimo formativo, gerando uma produção artística de impacto imediatista e ausente de preocupação com a duração, situada nos antípodas de qualquer opção clássica). Embora a preocupação com a difusão, em Brecht, o aproxime da "comunicabilidade" e mesmo da "universalidade" clássicas, e a preocupação com a duração — no tratamento que ele lhe dá — o aproxime da proverbial feição *modelar* dos clássicos, estes dois traços, tomados em si mesmos, não bastam para configurar sua experiência da indústria cultural como bastante geradora — ainda que em termos iniciais — da curva classicizante que caracterizará sua trajetória. Todavia, como esperamos ter indicado até agora, no conjunto de suas implicações, estes traços constituem um feixe de impulsos capaz de configurar a dinâmica básica do desenvolvimento de um projeto clássico em Brecht. O que permitirá, no entanto, que as linhas de força desta dinâmica *prossigam* o seu trabalho em direção à constituição de um projeto clássico, será a experiência brechtiana do exílio e da guerra, como anteriormente indicamos ao falarmos das relações entre Brecht e o Classicismo alemão. Tal experiência confirmará a direção intencional dessas linhas de força, não só dando-lhes novo impulso como também aprofundando-lhes e ampliando-lhes o sentido. Tomando-se como eixo a luta de Brecht pelo ultrapassamento da separação entre produção e consumo (através da qual se dialetiza a preocupação com a difusão, que se desdobra num planejamento da duração, dando origem à noção de modelo), observe-se, a este título, como a intersecção de ambos implica a geração das principais linhas de força de que falávamos, em seguida *confirmadas* pela experiência do exílio e da guerra.

Um dos aspectos dessa intersecção, como vimos, é o fato de que o ato de produção da obra, em Brecht, é ele próprio também um *momento de consumo*, em que aquela — pela incorporação, adaptação, "plágio" — *reata com a tradição*, surgindo, assim, em que pesem as rupturas que introduz, como *um produto de seu longo curso*. Na medida, porém, em que estes procedimentos vão se tornando sistemáticos na produção de Brecht — ganhando mesmo um primado indiscutível entre suas técnicas composicionais — vai se configurando, em sua obra, *uma coletivização e uma trans-historização da autoria*, que transformam inteiramente o estatuto desta. Que peças são mais "brechtianas" (mais reconhecidas como especialmente de Brecht) que *Mãe Coragem e seus filhos, O Sr. Puntila e seu criado Matti, A ópera dos três vinténs* e *A vida de Galileu*? *Mãe Coragem*, no entanto, é uma adaptação do seiscentista *Simplicissimus*, de Grimmelshausen; *Puntila*, uma transposição teatral de elementos do folclore finlandês; a *Ópera*, recriação da antiga *Beggar's Opera*, de John Gay, e o *Galileu*, por sua vez, nasce do vasto substrato histórico de antigas crônicas e processos, a fábula herdada possibilitando a "encarnação" de novas ideias. Ainda que numa listagem não exaustiva, lembrem-se que suas *Joana D'Arc* e *Simone Machard* são retomadas de Schiller, assim como *A mãe* é uma adaptação da narrativa de Gorki e *Eduardo II*, da peça de Marlowe. Seu *Schweyk* é tomado a Hasek, assim como *O círculo de giz caucasiano* e *A boa alma de Setsuan* retomam motivos já bastante trabalhados literariamente, a partir de inteiros conjuntos de motivos da tradição bíblica e de seus desenvolvimentos medievais. Lembrem-se, ainda, suas adaptações de Goethe e Lenz, já mencionadas, sua *Antígona* e seu *Coriolano*. Tem-se aí grande parte, e certamente não a menos importante, do teatro — *de Brecht*. A essa autoria coletiva, internacional e trans-histórica — que se subsume no largo nome de Brecht — corresponde, no plano da obra, em seu conjunto, uma vasta variedade de *tons*, advindos de obras de culturas e épocas diversas, com seus diferentes *pathos* culturais e históricos, da Antiguidade grega e romana à contemporaneidade e ao Oriente.

Mas é precisamente quando a notável unidade e coerência das preocupações e técnicas brechtianas — tão bem ressaltadas e demonstradas por Roland Barthes e por Bernard Dort[41] — se refrata e se *tonaliza* nesta pluralidade de matérias artísticas e históricas, que um efeito interessante se produz: refratada nessas variadas matérias em que ganha corpo, a obra surge como *de há muito existente, como se tivesse recebido sobre si, por refluxo, o trabalho de muitas gerações, o conjunto de suas transposições culturais*

---

[41] Cf. R. Barthes, "Les taches de la critique brechtienne", *in Essais critiques*, Paris, Seuil, 1964, sobretudo pp. 86 ss.; e B. Dort, *Lecture de Brecht, cit.*

e históricas. Surge, assim, como se longa e ativamente tivesse durado — o que lhe confere uma espécie de aptidão para durar ou "virtude" durativa, como se fosse depositária de um princípio histórico que a tornasse capaz de suscitar o interesse e o trabalho de gerações sucessivas, de épocas e culturas diversas.

Em seu ensaio "Sobre os clássicos" de 1965, escreveu Borges em dois experimentos sucessivos de definição:

> "Clássico é aquele livro que uma nação, um grupo de nações ou o largo tempo decidiram ler como se em suas páginas tudo fosse deliberado, fatal, profundo como o cosmos e capaz de interpretações sem fim."[42]
>
> "Clássico não é um livro (eu o repito) que necessariamente possui tais ou quais méritos; é um livro que as gerações dos homens, urgidas por diversas razões, leem com prévio fervor e com uma misteriosa lealdade."[43]

Um livro clássico, assim, na definição borgiana, só pode surgir como tal *pelo trabalho da obra no tempo*. Em Brecht estas duas esferas — *a da obra e a do trabalho da obra* — que superpostas e amalgamadas, e só assim, são constitutivas do estatuto de uma classicidade, encontram-se presentes *de um golpe*, antecipando-se o trabalho do tempo. Pela intersecção de produção e consumo, então, a obra de Brecht construiria para si própria, neste sentido, o estatuto de uma obra clássica, tomando a si uma tarefa que não lhe pertenceria, nem lhe estaria ao alcance. No seu conhecido "Que é um clássico?", T. S. Eliot, numa perspectiva muito semelhante à de Borges, escreveu sobre Virgílio, seu paradigma do autor clássico:

---

[42] Jorge Luis Borges, *Otras inquisiciones*, cit., p. 260.

[43] *Id., ibid.*, p. 262.

"A única coisa que ele não podia almejar ou saber que estava fazendo era compor um clássico — pois é apenas em retrospecto, e dentro de uma perspectiva histórica, que um clássico pode ser conhecido como tal."[44]

Brecht, conforme vimos postulando, contrariava essa condição "inescapável" da retrospectividade para o estabelecimento do clássico e, *produzindo de acordo com um projeto clássico, produziu-se a si mesmo como um clássico*. Ele, como vimos, reconhecia — ao incorporar em seu trabalho os signos da duração — o aspecto trans-histórico do estatuto da obra clássica, mas por este gesto mesmo denunciam-se tanto a sua concepção de que um projeto clássico pode ser deliberadamente formulado e executado, quanto sua determinação em fazê-lo. Num texto difícil de ser datado com precisão, mas que é possível saber posterior a 1930 e anterior a 1941 (escrito depois do "Processo dos três vinténs", portanto, e talvez mesmo durante o exílio), Brecht apresenta uma formulação que parece especialmente preparada para contrariar a concepção eliotiana que citamos:

"O Classicismo não é, em absoluto, como aparece retrospectivamente, um grau particularmente elevado do aperfeiçoamento de um gênero artístico autônomo, nem o reflexo da época de acabamento que foi a época clássica; ele não é um resultado, mas uma intenção (mantida parcialmente inconsciente, é verdade): uma intenção dirigida aos fenômenos sociais. Tentando dar uma forma durável a projetos determinados de natureza ética ou estética, conferir-lhes a feição defini-

---

[44] T. S. Eliot, "Que é um clássico?", *in A essência da poesia*, Rio de Janeiro, Artenova, 1972, p. 82.

tiva de um acabamento e, portanto, tentando trabalhar segundo o ideal clássico, é uma classe que tenta conferir duração a si própria e dar a seus projetos a aparência do definitivo."[45]

O próprio sentido que essa *intenção* de durar — desdobrada num *planejamento* da duração — assume em seu trabalho, levantada inicialmente pela necessidade de responder aos processos de desagregação da obra, irá aprofundar-se e clarificar-se no curso do exílio, notadamente a partir da deflagração da guerra. Suas reflexões, nessa linha, irão trabalhar de várias formas a questão da duração da obra, o que significa que trabalharão também a questão da perspectiva clássica (enquanto paradigma da duração), numa trajetória que culmina com a profunda retomada brechtiana do Classicismo alemão e da própria "palavra de ordem dos clássicos". No exílio da Finlândia, no ano de guerra de 1941, ele escreveu no *Diário de trabalho*:

> "querer conferir às obras uma longa duração — esforço a princípio simplesmente 'natural', torna-se mais sério quando o escritor crê fundada a hipótese pessimista de que suas ideias (isto é, aquelas que ele defende) poderiam levar muito tempo para se impor. as medidas que se tomam nesse sentido, de resto, não devem de maneira alguma prejudicar o efeito atual de uma obra."[46]

Determinados por sua gênese nas experiências da indústria cultural e do exílio, as medidas de Brecht para assegurar a duração da obra — vale dizer, o planejamento de sua duração — serão tomadas no rumo de assegurar sua reprodutibilidade. Nesta

---

[45] Bertolt Brecht, *Écrits sur la politique et la société, cit.*, pp. 125-6.

[46] *Id., Journal de travail, cit.*, p. 187.

perspectiva, como assinalamos anteriormente, essa instância sistemática de *consumo* constitutiva do seu processo de produção, que o leva ao gesto de um largo reatamento com a tradição, é o primeiro estágio da constituição da obra como *modelo*, passível de reprodução — no sentido de que ao expor-se como uma retomada de elementos pré-formados, a obra modeliza, em primeiro lugar, a própria prática modelizante. Os signos de duração que a obra de Brecht incorpora não são, dessa forma, um mero "efeito" sígnico que em si mesmo se esgotasse, mas têm uma funcionalidade imediata na reprodutibilidade da obra: a "aparência" de ter durado longamente — atributo retrospectivo dos clássicos — é estratégia do vir a durar longamente — projeto clássico, classicidade prospectiva. Constituída assim pelo duplo empuxo da retrospectividade e da prospectividade, a classicidade de Brecht é antes de tudo um *trabalho* da obra na cultura,[47] através da dupla *actio in distans* que pratica, simultaneamente em direção ao passado e ao futuro — aspectos que observamos antes ao falarmos de sua constituição *monadológica* e de seu desenvolvimento da noção hegeliana de *Aufhebung*. Na fórmula precisa de Hans Mayer: "Em Brecht, os momentos da retomada, da rejeição e da fundação de alguma coisa de novo são estreitamente vinculados. A exigência do escritor de teatro e dramaturgo Brecht, de uma atitude dialética diante da tradição é ela mesma tradição desenvolvida dialeticamente".[48]

A noção de *modelo*, ainda, central nessa dupla perspectiva brechtiana, também pelo segundo estágio de operação que prevê — o de suscitar a produtividade do leitor e permiti-la — aproxima novamente Brecht da *imitabilidade* e mesmo da *prescrip-*

---

[47] Cf. *id.*, *ibid.*, p. 336.
[48] Hans Mayer, *op. cit.*, p. 25.

tibilidade clássicas. Em 1943, ele anotou: "o clássico comporta um momento de imitabilidade. uma obra clássica não é excepcional senão superando os tipos análogos que ela suscita e permite".[49] Onde esta atividade modelizante de Brecht melhor se explicita é justamente no domínio da encenação teatral, onde a imitabilidade e a reprodutibilidade pretensamente se chocam com o proverbial *hic et nunc* do espetáculo. Não por acaso é também nesse terreno que os "modelos" brechtianos provocaram especialmente acirradas polêmicas — que todavia têm a vantagem de terem gerado uma de suas respostas mais exacerbadas, porém das mais esclarecedoras de sua concepção. Nos anos 50, respondendo a uma questão de M. Winds, diretor do teatro de Wuppertal, em que este lhe perguntava se não constituía um perigo para a liberdade artística a existência de representações-modelo, disse Brecht:

> "As lamentações quanto à falta de liberdade na realização artística eram de se esperar — numa época de produção anárquica. Entretanto, existe, mesmo atualmente, uma continuidade na evolução. Por exemplo, nas ciências, uma atenção às aquisições do passado; na técnica, a estandardização. Os artistas livremente criadores no teatro não são particularmente livres, se se olha mais de perto. Eles são habitualmente os últimos a poderem se liberar de preconceitos, convenções e complexos seculares. De saída, eles se encontram em um estado de dependência perfeitamente indigna em relação ao seu 'público' [...]"[50]

---

[49] Bertolt Brecht, *Journal de travail, cit.*, p. 336.

[50] *Id.*, "L'utilisation d'un modèle est-elle une entrave à la liberté de l'artiste?", *Théâtre populaire*, jan.-fev. 1955, 11, pp. 51-2.

Em seguida, respondendo ao mesmo Winds, quanto ao risco de que os modelos provocassem o "caráter muito rígido, muito estereotipado" da "cópia", Brecht avançou a singular noção da "imitação soberana".

"— Precisamos nos libertar do desprezo que comumente se tem pela arte de copiar. Copiar não é assim tão fácil; não é uma atividade desprezível, é uma arte verdadeira. Quero dizer que é preciso tornar a cópia uma arte, para evitar precisamente que a cópia não tome um caráter rígido e estereotipado. Para citar minha própria experiência, eu copiei, enquanto dramaturgo, peças japonesas, gregas e elisabetanas; enquanto encenador, adaptações do cômico popular Karl Valentin e esboços cênicos de Caspar Neher; e nunca tive a impressão de alienar, por isso, a minha liberdade. Dê-me um modelo razoável do *Rei Lear* e terei muito prazer em reconstituí-lo. [...] Naturalmente, é necessário, primeiro, aprender a arte da cópia, assim como aprender a criar modelos. Para poderem ser imitados, os modelos devem ser imitáveis. Não se deve confundir o inimitável e o exemplar. E, se há uma imitação servil, há também uma imitação soberana."[51]

Brecht, ele mesmo, coordenou e editou ao menos três grandes livros-modelo de suas encenações: um *Couragemodell 1949*, um *Antigonemodell 1948*[52] e o já citado *Theaterarbeit*, no qual são apresentadas seis encenações do Berliner Ensemble. Em cada

---

[51] *Id., ibid.*, pp. 52-3.

[52] *Couragemodell 1949*, Berlim, Henschelverlag Kunst und Gesellschaft, 1961. Do *Antigonemodell* encontramos editado um conjunto de anotações, sem outros materiais: "*Antigonemodell 1948*", in *Schriften zum theater 6*, Frankfurt, Suhrkamp Verlag, 1964.

um deles, um conjunto de selecionadas fotos-modelo — da caracterização das personagens, espaço cênico, jogo do ator, grupamentos cênicos etc. — junta-se a textos que definem e avaliam o trabalho, textos críticos e teóricos do próprio Brecht e, ainda, à exposição do processo de trabalho utilizado. Dessa maneira, as representações-modelo de Brecht, assim como fazem confluir produção e consumo, futuro e passado, ao elaborarem sua *imitabilidade*, introduzem, na obra de Brecht, um princípio, digamos, intersemiótico de *traduzibilidade*, o que obriga a *re-ligar* as múltiplas faces interdependentes do seu trabalho: teoria, crítica, dramaturgia, encenação. Produtor, assim, duas vezes, de *totalidade* — em relação à tradição e em relação ao trabalho de Brecht — o "modelo" apresenta, associados no planejamento da duração, a programação da reposição da obra e um operador básico de sua garantia de integralidade.

Na sua necessidade, ainda, de criar a imitabilidade própria do modelo, a obra de Brecht desenvolve, no seu interior, um trabalho de pesquisa do rigor formal, no sentido da precisão e concisão máximas, próximas do "estilo lapidar" de Brecht de que fala Benjamin.[53] O próprio Brecht virá a definir essa procura do rigor como a necessidade de utilizar a "forma clássica" como "um instrumento de luta" "em meio hostil",[54] opondo-se aí cerradamente a qualquer filiação romântica. Todavia, onde essa procura da máxima e mais estrita adequação formal mais bem se expressa — e onde mais bem aparece também seu caráter clássico — é na elaboração brechtiana da teoria dos gêneros, que ele realiza, como vimos, em estreita conexão com a herança nacional clássica. Como o Goethe e o Schiller da teoria dos gêneros,

---

[53] Cf. Walter Benjamin, *Essais sur Bertolt Brecht, cit.*, p. 84.

[54] Bertolt Brecht, *Écrits sur la politique et la société, cit.*, p. 125.

no bojo da experiência da guerra, Brecht distingue definitivamente do experimentalismo essa nova procura do rigor — num sentido que ultrapassa as concepções experimentalistas do moderno, mas que suas pretendidas "superações" esteticistas também não podem compreender. O caminho que o levaria ao encontro definitivo e consciente com o legado clássico, nos anos 50, estava então aberto. Em 16 de outubro de 1940, ele escreveu em seu *Diário de trabalho*, no exílio da Finlândia:

> "um livreiro daqui me pede que faça uma exposição sobre o teatro diante do elenco universitário. propus aquela SOBRE O TEATRO EXPERIMENTAL que fizera em estocolmo há um ano e meio. ao pronunciar este título, tive o sentimento de nomear um tema antediluviano, e não apenas inatual por causa da guerra. a desagradável ressonância que a noção de 'experimentação' tem hoje, ela devia já possuí-la na era que precedeu bacon. a dinâmica dos acontecimentos na europa não é senão a corrida no vazio do velho que se acaba, a vida frenética daquilo que não acaba de morrer, não há aí nada de experimental. as tentativas de um indivíduo, caído num pântano, para retomar a terra firme não são, naturalmente, experimentações. querer o novo é antigo, o que é novo, é querer o antigo."[55]

---

[55] *Id., Journal de travail, cit.*, p. 140.

Bibliografia

I. OBRAS DE BRECHT

A. EM ALEMÃO:

Gesammelte Werke. Frankfurt am Main: Suhrkamp Verlag, 1967, 20 v.

Arbeitsjournal, 1938-1942. Frankfurt am Main: Suhrkamp Verlag, 1973.

Arbeitsjournal, 1942-1955. Frankfurt am Main: Suhrkamp Verlag, 1973.

Theaterarbeit, 6 Aufführungen des Berliner Ensembles. Dresden: VVV Dresdner Verlag, 1952.

Couragemodell 1949. Berlim: Henschelverlag Kunst und Gesellschaft, 1961.

B. EM FRANCÊS:

Sur le cinéma. Écrits sur la littérature et l'art. Paris: L'Arche, 1976, v. 1.

Sur le réalisme. Écrits sur la littérature et l'art. Paris: L'Arche, 1976, v. 2.

Les arts et la révolution. Écrits sur la littérature et l'art. Paris: L'Arche, 1977, v. 3.

Écrits sur la politique et la société. Paris: L'Arche, 1971.

Écrits sur le théâtre. Paris: L'Arche, 1972 (v. 1) e 1979 (v. 2), 2 v.

Journal de travail: 1938-1955. Paris: L'Arche, 1976.

Journaux 1920-1922; Notes autobiographiques 1920-1954. Paris: L'Arche, 1972.

Poèmes. Paris: L'Arche, 1965-1969, 9 v.

Histoires inédites (1913-1948). Paris: L'Arche, 1967.

Histoires d'almanach. Paris: L'Arche, 1961.

Dialogues d'exilés. Paris: L'Arche, 1972.

Me-ti: livre des retournements, fragment. Paris: L'Arche, 1968.

Le roman de quat'sous. Paris: L'Arche, 1972.

Les affaires de Monsieur Jules César. Paris: L'Arche, 1959.

Théâtre complet. Paris: L'Arche, 1955-1976, 12 v.

Petit organon pour le théâtre: suivi de additifs au Petit organon. Paris: L'Arche, 1978.

C. Em português:

Estudos sobre teatro: para uma arte dramática não aristotélica. Lisboa: Portugália, s.d.

Teatro. Lisboa: Portugália, s.d., 6 v.

Teatro. Rio de Janeiro: Civilização Brasileira, 1976-1978, 6 v.

Os negócios do senhor Júlio César. Lisboa: Portugália, s.d.

Os negócios do senhor Júlio César. São Paulo: Hemus, 1970.

Poemas. Lisboa: Presença, 1976.

Romance dos três vinténs. Rio de Janeiro: Nova Fronteira, 1976.

O senhor Puntila e seu criado Matti. Rio de Janeiro: Civilização Brasileira, 1966.

Teatro dialético. Rio de Janeiro: Civilização Brasileira, 1967.

A vida de Galileu. São Paulo: Abril, 1977.

D. Em espanhol:

Escritos sobre teatro. Buenos Aires: Nueva Visión, 1970-1973, 3 v.

Me-ti: el libro de las mutaciones. Buenos Aires: Nueva Visión, 1973.

Teatro completo. Buenos Aires: Nueva Visión, 1973, 14 v.

II. Obras sobre Brecht

A. Livros e artigos:

Adorno, Theodor W. "Engagement". *In Notas de literatura*. Rio de Janeiro: Tempo Brasileiro, 1973. (Cf. outra tradução, algo melhor, acreditamos, do mesmo trabalho: "Sartre e Brecht: engajamento na literatura", *Cadernos de Opinião*, n. 2, Rio de Janeiro, Inúbia, s.d.)

Althusser, Louis. "O 'Piccolo', Bertolazzi e Brecht". *In Análise crítica da teoria marxista*. Rio de Janeiro: Zahar, 1967.

Bibliografia

Barthes, Roland. *Essais critiques*. Paris: Seuil, 1971. Particularmente: "*Mère Courage* aveugle"; "La révolution brechtienne"; "Les tâches de la critique brechtienne"; "Sur *La Mère* de Brecht"; "Littérature et signification".

_____. "Diderot, Brecht, Eisenstein". In *Cinéma: théorie, lectures*. Paris: Klinksieck, s.d.

_____. "Brecht 'traduit'". *Théâtre Populaire*, n. 23, Paris, mar. 1957.

_____. "Sept photos-modèles de Mère Courage". *Théâtre Populaire*, n. 35, Paris, 3º trimestre 1959.

_____. "Por que he dejado de ir al teatro". In *El teatro y su crisis actual*. Caracas: Monte Avila, 1969.

Benjamin, Walter. *Essais sur Bertolt Brecht*. Paris: Maspero, 1969.

Chiarini, Paolo. *Bertolt Brecht*. Rio de Janeiro: Civilização Brasileira, 1967.

Dort, Bernard. *Lecture de Brecht*. Paris: Seuil, 1960.

_____. *O teatro e sua realidade*. São Paulo: Perspectiva, 1977.

Esslin, Martin. *Brecht: dos males, o menor*. Rio de Janeiro: Zahar, 1979.

Gisselbrecht, André. *Introducción a la obra de Bertolt Brecht*. Buenos Aires: La Pléyade, 1973.

Mayer, Hans. *Brecht et la tradition*. Paris: L'Arche, 1977.

Nichet, Jacques. "La critique du théâtre au théâtre". *Littérature*, n. 9, Paris, Larousse, fev. 1973.

Posada, Francisco. *Lukács, Brecht e a situação atual do realismo socialista*. Rio de Janeiro: Civilização Brasileira, 1970.

Rosenfeld, Anatol. *O teatro épico*. São Paulo: São Paulo Editora, 1965.

_____. *Teatro moderno*. São Paulo: Perspectiva, 1977. Particularmente: "Razões do teatro épico"; "Inícios do teatro épico"; "O teatro de Piscator"; "A teoria de Brecht"; "Teoria e prática"; "A *Ópera dos três vinténs*"; "A cordialidade puntiliana".

_____. *Teatro alemão*. São Paulo: Brasiliense, 1968.

_____. "Brecht: monstro sagrado?" *Suplemento Literário* de *O Estado de S. Paulo*, 11/3/1967.

Willet, John. *O teatro de Brecht*. Rio de Janeiro: Zahar, 1967.

B. Números especiais de revistas e obras coletivas:

L'Arc, n. 55, Paris, 1973.

Obliques, n. 23, 1974.

Les Voies de la Création Théâtrale, Paris, Éditions du CNRS, 1970.

III. Bibliografia geral

Agacinski, Sylviane; Derrida, Jacques et al. *Mimesis desarticulations*. Paris: Aubier-Flammarion, 1975.

Aristóteles. *Poética* (trad. e notas de Eudoro de Sousa). Porto Alegre: Globo, 1966.

Auerbach, Erich. *Mimesis: a representação da realidade na literatura ocidental*. São Paulo: Perspectiva/Edusp, 1971.

Arrigucci Jr., Davi. *O escorpião encalacrado*. São Paulo: Perspectiva, 1973.

Barbosa, João Alexandre. *Opus 60: ensaios de crítica*. São Paulo: Duas Cidades, 1980.

Bakhtine, Mikhail. *L'oeuvre de François Rabelais et la culture populaire au Moyen-Âge et sous la Renaissance*. Paris: Gallimard, 1970

_____. *La poétique de Dostoievski*. Paris: Seuil, 1970.

_____ (Volochinov). *Marxismo e filosofia da linguagem*. São Paulo: Hucitec, 1979.

Barthes, Roland. *Le degré zéro de l'écriture; suivi de nouveaux essais critiques*. Paris: Seuil, 1972.

_____. *Mythologies*. Paris: Seuil, 1970.

_____. *Sur Racine*. Paris: Seuil, 1963.

_____. *Le plaisir du texte*. Paris: Seuil, 1973.

_____. *Alors la Chine?* Paris: Christian Bourgois, 1975.

_____. *Roland Barthes par Roland Barthes*. Paris: Seuil, 1975.

Benjamin, Walter. "A obra de arte na época de suas técnicas de reprodução". *In Walter Benjamin*. São Paulo: Abril, 1975 (Coleção Os Pensadores, 48).

_____. *Mythe et violence. Oeuvres*. Paris: Denoël, 1971, v. 1.

Bibliografia

_____. *Poésie et révolution*. *Oeuvres*. Paris: Denoël, 1971, v. 2.

_____. *Iluminaciones*. Madri: Taurus, 1971, v. 1.

Bentley, Eric. *O teatro engajado*. Rio de Janeiro: Zahar, 1969.

Boesch, B. (org.). *História da literatura alemã*. São Paulo: Herder/Edusp, 1967.

Borges, Jorge Luis. *El Aleph*. Madri/Buenos Aires: Alianza/Emecé, 1972.

_____. *Ficciones*. Madri/Buenos Aires: Alianza/Emecé, 1972.

_____. *Historia de la eternidad*. Buenos Aires: Emecé, 1973.

_____. *Historia universal de la infamia*. Madri/Buenos Aires: Alianza/Emecé, 1971.

_____. *Otras inquisiciones*. Buenos Aires: Emecé, 1971.

Bosi, Alfredo. *História concisa da literatura brasileira*. São Paulo: Cultrix, 1974.

Candido, Antonio. *Formação da literatura brasileira: momentos decisivos*. São Paulo/Belo Horizonte: Itatiaia/Edusp, 1975, 2 v.

_____. *Literatura e sociedade*. São Paulo: Nacional, 1965.

_____. *Teresina etc*. Rio de Janeiro: Paz e Terra, 1980.

Campos, Haroldo de. "A escritura mefistofélica: paródia e carnavalização no *Fausto* de Goethe". *Tempo Brasileiro*, n. 62, Rio de Janeiro, jul.-set. 1980.

_____. *Morfologia do Macunaíma*. São Paulo: Perspectiva, 1973.

Cervantes, Miguel de. *Don Quijote*. Barcelona: Juventude, 1958.

Chklóvski, V. "A arte como procedimento". In *Teoria da literatura: formalistas russos*. Porto Alegre: Globo, 1971.

_____. *Sur la théorie de la prose*. Lausanne: L'Age d'Homme, 1973.

Curtius, E. R. *Balzac*. Paris: Bernard Grasset, 1933.

_____. *Essais sur la littérature européenne*. Paris: Bernard Grasset, 1954.

_____. *Literatura europeia e Idade Média latina*. Rio de Janeiro: MEC/Instituto Nacional do Livro, 1957.

Debord, Guy. *A sociedade do espetáculo*. Lisboa: Afrodite, 1972.

Deleuze, Gilles. *Différence et répétition*. Paris: PUF, 1968.

_____. *Lógica do sentido*. São Paulo: Perspectiva, 1974.

Derrida, Jacques. *L'écriture et la différence*. Paris: Seuil, 1967.

Diderot, Denis. *Oeuvres esthétiques*. Paris: Garnier, 1959.

Duvignaud, Jean. *Le théâtre et après*. Bélgica: Casterman, 1971.

Eliot, T. S. "Que é um clássico?" *In A essência da poesia*. Rio de Janeiro: Artenova, 1972.

_____. *Los poetas metafísicos y otros ensayos sobre teatro y religión*. Buenos Aires: Emecé, 1944.

_____. *Selected prose*. Londres: Faber and Faber, 1975.

Foucault, Michel. *Les mots et les choses*. Paris: Gallimard, 1966.

Galard, Jean. *Mort des beaux-arts*. Paris: Seuil, 1971.

Galas, Helga. *Teoría marxista de la literatura*. Buenos Aires: Siglo XXI, 1973.

Gassner, John. *Mestres do teatro I*. São Paulo: Perspectiva/Edusp, 1974.

Goldmann, Lucien. *Dialética e cultura*. Rio de Janeiro: Paz e Terra, 1967.

Goethe, J. W. *Obras completas*. Madri: Aguilar, 1950, 3 v.

Guinsburg, J. *et al.* (orgs.). *Semiologia do teatro*. São Paulo: Perspectiva, 1978.

Hamiche, Daniel. *Le théâtre et la révolution*. Paris: Union Générale d'Éditions, 1973.

Horácio. *Arte poética*. In *A poética clássica*. São Paulo: Cultrix/Edusp, 1981.

Ingarden, Roman *et al*. *O signo teatral*. Porto Alegre: Globo, 1977.

Jackobson, Roman. *Essais de linguistique générale*. Paris: Seuil, 1970.

_____. *Huit questions de poétique*. Paris: Seuil, 1977.

_____. *Linguística, poética e cinema*. São Paulo: Perspectiva, 1971.

Kaufmann, Pierre. *Psychanalyse et théorie de la culture*. Paris: Denoël/Gonthier, 1974.

Lênin, V. I. *Que fazer?* São Paulo: Hucitec, 1978.

Lessing, G. E. *De teatro e literatura*. São Paulo: Herder, 1964.

Lévi-Strauss, Claude. *Antropologia estrutural*. Rio de Janeiro: Tempo Brasileiro, 1967.

_____. *O pensamento selvagem*. São Paulo: Nacional/Edusp, 1970.

_____. *Tristes tropiques*. Paris: Plon, 1955.

Lukács, G. *Ensaios sobre literatura*. Rio de Janeiro: Civilização Brasileira, 1968.

Bibliografia

_____. *Introdução a uma estética marxista*. Rio de Janeiro: Civilização Brasileira, 1968.

_____. *Marxismo e teoria da literatura*. Rio de Janeiro: Civilização Brasileira, 1968.

_____. *Realismo crítico hoje*. Brasília: Coordenada Editora, 1969.

Marx, Karl. *El capital*. México: Fondo de Cultura Económica, 1973, 3 v.

_____. "O 18 Brumário de Luís Bonaparte". *In Karl Marx*. São Paulo: Abril, 1974 (Coleção Os Pensadores, 35).

Marx, Karl; Engels, Friedrich. *L'idéologie allemande*. Paris: Éditions Sociales, 1968.

Merleau-Ponty, Maurice. *In Merleau-Ponty*. São Paulo: Abril, 1980 (Coleção Os Pensadores). Particularmente: "Em torno do marxismo"; "As aventuras da dialética: a crise do entendimento"; "As aventuras da dialética: epílogo"; "Em toda e em nenhuma parte".

Nietzsche, Friedrich. *Além do bem e do mal*. São Paulo: Hemus, 1976.

_____. *Crepúsculo dos ídolos*. São Paulo: Hemus, 1976.

_____. *Assim falou Zaratustra*. São Paulo: Logos, 1954.

_____. *Estudios sobre Grecia*. Madri: Aguilar, 1968.

_____. *Le gai savoir*. Paris: Gallimard, 1972.

_____. *La naissance de la tragédie*. Paris: Gallimard, 1970.

Piscator, Erwin. *Teatro político*. Rio de Janeiro: Civilização Brasileira, 1968.

Pound, Ezra. *ABC da literatura*. São Paulo: Cultrix, 1970.

_____. *A arte da poesia*. São Paulo: Cultrix/Edusp, 1976.

Propp, V. *Las raíces historicas del cuento*. Caracas/Madri: Fundamentos, 1974.

_____. *Edipo alla luce del folclore*. Turim: Einaudi, 1975.

Proust, Marcel. *À la recherche du temps perdu*. Paris: Gallimard, 1973 (Pléiade).

Ricardou, Jean. *Problèmes du nouveau roman*. Paris: Seuil, 1967.

Ripellino, A. M. *Maiakóvski e o teatro de vanguarda*. São Paulo: Perspectiva, 1971.

Rosenfeld, Anatol. *Teatro moderno*. São Paulo: Perspectiva, 1977.

_____. *Texto/contexto*. São Paulo: Perspectiva, 1969.

_____ et al. *A personagem de ficção*. São Paulo: Perspectiva, 1967.

Sartre, Jean-Paul. *Situações III*. Mem Martins (Portugal): Europa-América, 1971.

Schiller, Friedrich. *Sobre a educação estética*. São Paulo: Herder, 1963.

Schnaiderman, Boris. *A poética de Maiakóvski*. São Paulo: Perspectiva, 1971.

_____. "Paródia e 'Mundo do Riso'". *Tempo Brasileiro*, n. 62, Rio de Janeiro, jul.-set. 1980.

Schwarz, Roberto. *O pai de família e outros estudos*. Rio de Janeiro: Paz e Terra, 1978.

_____. *A sereia e o desconfiado*. Rio de Janeiro: Civilização Brasileira, 1965.

_____. *Ao vencedor as batatas*. São Paulo: Duas Cidades, 1977.

Suzuki, Eico. *Nô: teatro clássico japonês*. São Paulo: Editora do Escritor, 1977.

Trotski, L. *Literatura e revolução*. Rio de Janeiro: Zahar, 1969.

Valéry, Paul. *Tel quel*. Paris: Gallimard, 1941.

Yates, Frances A. *El arte de la memoria*. Madri: Taurus, 1974.

Zumthor, Paul. *Essai de poétique médiévale*. Paris: Seuil, 1972.

_____. "Teoria literária e Idade Média". *In Ficção em debate e outros temas*. São Paulo: Duas Cidades, 1979 (Coleção Remate de Males, 1).

Sobre o autor

José Antonio Pasta é mestre em Teoria Literária e Literatura Comparada e doutor em Literatura Brasileira pela Faculdade de Filosofia, Letras e Ciências Humanas da Universidade de São Paulo. Realizou estágio pós-doutoral na École des Hautes Études en Sciences Sociales de Paris, em 1995/1996.

Desde 1984 é professor de Literatura Brasileira na Faculdade de Filosofia, Letras e Ciências Humanas das USP. Foi, também, professor-associado na Universidade de Paris III — Sorbonne Nouvelle, em 2001/2002.

Publicou, entre outros, os seguintes estudos críticos:

Trabalho de Brecht: breve introdução ao estudo de uma classicidade contemporânea. São Paulo: Ática, 1986 (Coleção Ensaios, 123); 2ª ed., São Paulo: Duas Cidades/Editora 34, 2010.

"O romance de Rosa: temas do *Grande sertão* e do Brasil". *Novos Estudos CEBRAP*, n. 55, São Paulo, 1999.

"Brecht e o Brasil: afinidades eletivas". *Pandaemonium Germanicum*, v. 4, São Paulo, 2000.

"Prodígios de ambivalência: notas sobre *Viva o povo brasileiro!*". *Novos Estudos CEBRAP*, n. 64, São Paulo, 2002.

"Singularité de doublé au Brésil". *In* Roland Chemama *et al.* (orgs.). *La clinique du spéculaire dans l'oeuvre de Machado de Assis.* Paris: Cahiers de l'Association Lacanienne Internacionale, 2003.

"Changement et idée fixe". *In Cahiers du CREPAL-10.* Paris: Presses Sorbonne Nouvelle, 2003.

Littérature et modernisation au Brésil (org. com Jacqueline Penjon). Paris: Presses Sorbonne Nouvelle, 2004.

"Le point de vue de la mort". *In Cahiers du CREPAL-14*. Paris: Presses Sorbonne Nouvelle, 2007.

"Variação machadiana sobre o tema da formação". *In* Marcos Nobre, Marisa Lopes *et. al.* (orgs.). *Tensões e passagens: filosofia crítica e modernidade*. São Paulo: Singular/Esfera Pública, 2008.

Imagem da capa:
A partir de um desenho de Bertolt Brecht
publicado em *Flüchtlingsgespräche* (*Diálogos de exilados*), 1944,
integrante de uma irônica "escritura composta de ideogramas no modelo
chinês", que significa *Hilfreich* ("homem prestativo" ou "altruísta").